新兴车联网的安全与隐私保护技术

崔杰 张静 魏璐 仲红 编著

科学出版社

北京

内 容 简 介

本书从车联网的安全与隐私保护需求出发，结合作者所在课题组在车联网安全与隐私保护领域的多年科研实践成果，并广泛参考了国内外学术界和产业界的最新研究成果与行业标准，较为全面地介绍了新兴车联网的安全通信与隐私保护技术研究领域。本书内容写作上由浅及深、循序渐进，首先阐述了车联网的背景知识、发展历程、安全与隐私保护需求以及所涉及的基础密码学知识，接着分别介绍了融合边缘计算、5G 通信、软件定义网络、区块链四种最新技术背景下的车联网安全通信技术，最后介绍了车联网位置隐私保护技术。通过学习本书内容，读者可以强化对车联网安全与隐私保护技术的认知，了解该研究领域的最新研究成果。

本书可作为普通高等院校物联网工程、信息安全等专业的“网络与信息安全”“物联网安全与隐私保护”等课程的本科生和研究生教材，也可作为对车联网安全与隐私保护领域感兴趣读者的学习参考用书或培训教材。

图书在版编目（CIP）数据

新兴车联网的安全与隐私保护技术 / 崔杰等编著. —北京：科学出版社，2022.3

ISBN 978-7-03-071427-5

Ⅰ. ①新…　Ⅱ. ①崔…　Ⅲ. ①汽车－物联网－网络安全－研究　Ⅳ. ①U469-39

中国版本图书馆 CIP 数据核字（2022）第 025701 号

责任编辑：蒋　芳　高慧元　曾佳佳 / 责任校对：崔向琳
责任印制：赵　博 / 封面设计：许　瑞

科学出版社出版
北京东黄城根北街 16 号
邮政编码：100717
http://www.sciencep.com

北京凌奇印刷有限责任公司印刷
科学出版社发行　各地新华书店经销

*

2022 年 3 月第　一　版　开本：720 × 1000　1/16
2024 年 9 月第三次印刷　印张：11 3/4
字数：235 000

定价：99.00 元

（如有印装质量问题，我社负责调换）

前　言

车联网（vehicular ad hoc network，VANET）是一种移动通信网络，通过将无线通信技术、传感技术和定位技术相结合，实现车辆间以及车辆与路边设备间的数据交互，进而实现对所有车辆动态信息的提取和有效利用，并能根据不同需求对所有车辆进行监管和提供服务。车联网的存在使得信息可以在车辆之间中继，车辆通过传感器等车载设备收集运行状态、道路状况等信息并上传到车联网中。车联网通过对上传信息的整理和分析，根据不同的功能需求对车辆进行有效监管并提供各种服务，从而提升驾驶安全和改善道路交通运行效率。近几年国家部委和部分省（区、市）都在积极部署车联网的发展，制定了多个相关政策与标准；华为、百度、高通、英特尔等企业也在车联网研究领域积极推进，纷纷开发了多项软硬件产品。发展车联网产业，有利于提升汽车网联化、智能化水平，实现自动驾驶，发展智能交通，促进信息消费，对我国推进供给侧结构性改革、推动制造强国和网络强国建设具有重要意义。

车联网是一种无线自组织网络，其中固定节点和移动节点之间相互通信，使得网络具有频繁断开、拓扑结构动态、节点移动性高等特点，这些特征中的每一个都可能导致安全漏洞的出现。一旦通信消息遭到攻击，使得车辆没有收到消息或收到虚假消息，就很有可能会导致交通事故的发生，甚至会威胁到用户的生命财产安全。因此，车联网规模化部署的前提在于系统中存在相对完善的安全与隐私保护机制。

现有的涉及车联网安全研究领域的书籍针对的多是传统的车联网通信协议，鲜有系统性地研究采用边缘计算、5G 通信、软件定义网络、区块链等新技术背景下的新兴车联网安全通信与隐私保护技术的书籍。为此，本书将依托作者所在课题组在国内外权威期刊发表的代表性学术成果，系统性地介绍新兴车联网安全通信与隐私保护方法，方便相关研究人员快速入门该领域，从而为推动国家车联网领域的发展添砖加瓦。

本书主要内容的编写与整理工作由作者课题组多位成员参与，在此对他们表示衷心的感谢。本书在编写过程中参考了大量的书刊与网络资料，吸取了多位专家的宝贵意见，在书中未能全部注明出处，在此对原著作者深表谢意。

由于作者水平有限，书中难免存在疏漏之处，敬请读者朋友与专家学者批评指正。

作　者

2021 年 6 月于安徽大学

前 言

目　录

第1章 绪　　论

万物互联已经成为必然的趋势。作为物联网不可或缺的一部分，车联网在人们的生活中起到越来越重要的作用。作为交通网络中必不可少的一部分，车联网不仅可以通过各种通信技术实现车辆间通信和车辆与路边设备通信，保障交通安全，还能够为用户提供各种娱乐服务，增加了人们的出行乐趣。尽管车联网存在如此巨大的潜能，但其高速变化的网络拓扑、频繁的网络切换以及对时间延迟极其敏感的特点，也给其应用带来了许多困难与挑战。本章首先介绍车联网的研究背景，其次对车联网的国内外研究现状进行简要阐述，然后介绍车联网中的安全问题，最后简要介绍密码学相关背景知识。

1.1　车联网背景介绍

随着生活水平的不断提高和科技的进步，人们对交通安全和舒适驾驶的要求越来越迫切。物联网的兴起为满足人们对交通安全和车辆娱乐服务的要求提供了新的解决方案，并由此诞生了车联网的概念。为了使人们的出行更加便利，满足交通行业进一步发展的需要，构建智能化、信息化的交通系统，有关部门更加地重视车联网通信技术的应用。车联网通信技术能够及时地了解到车辆和道路的信息，为规划出行路线提供支持，得到了较为普遍的应用。本节将从车联网的定义、系统架构、关键技术以及应用场景入手，全面介绍车联网的相关背景。

1.1.1　车联网的定义

车联网（VANET），即车辆自组织网络，是一种新型的移动通信网络，通过将无线通信技术、传感技术和定位技术相结合，实现车辆间以及车辆与路边设备间的数据交互，进而实现对所有车辆动态信息的提取和有效利用，并根据不同需求对所有车辆进行监管和提供服务[1]。2001 年，在“车对车自组织移动通信和网络”应用程序中车联网首次被提及和引入，通过形成车与车之间的通信网络，信息可以在汽车之间中继。车辆通过传感器等车载设备收集运行状态、道路状况等信息并上传到车联网中，车联网通过对上传信息的整理和分析，根据不同的功能需求对车辆进行有效监管并提供各种服务。

车联网通过汽车收集并共享信息，汽车与汽车、汽车与路边基础设施、汽车与城市网络实现互联，从而实现更加智能和安全的驾驶[2]。通过在道路、停车场等场所安装无线识别系统，在所有车辆上安装唯一的电子标签，可以将所有的汽车信息传输至信息平台，由于车联网是交互式的，城市的交通管理中心可以通过它疏导交通，车主可以通过它了解实时路况、停车场停车情况等信息，并减少交通事故的发生。即使发生了交通事故，也可以在第一时间内将信息传输至服务平台，经过服务平台的分析、判断，然后向最近的救援中心发出求救信息，救援中心便会赶赴事故现场。

车联网的网络架构自上而下可以分为四部分：应用层、业务层、网络层和感知层[3]。应用层主要是根据用户的要求为用户提供不同的应用服务，例如，车辆可以通过互联网接入服务平台，获取交通信息、生活娱乐等服务；业务层主要是负责对数据的管理和维护，为应用服务智能化地处理和分析数据；网络层主要是提供数据传输服务，保障数据传输的安全性；感知层由各种类型的传感器组成，作为车辆和车联网的接口。一方面，感知层将传感器收集的信息进行整合并通过网络层上传到业务层；另一方面，感知层接收系统下发的控制指令并传递给车辆，进而实现对车辆的控制。

如表 1-1 所示，与一般的通信网络相比，车联网主要有如下特点。

（1）车联网中的网络节点主要是由车辆组成的，其移动速度快，拓扑结构变化频繁，因此，车联网对信息处理的效率要求极高[4]。

（2）充足的能源和良好的无线通信能力，使得车联网中的车辆节点和路边节点一般都具有强大的计算能力和存储能力；同时，节点也具有比较富裕的外部辅助信息。随着 GPS 的发展与普及，车联网中的节点不仅可以获得自身的位置信息，还可以获得所在区域的位置信息和实时动向。

（3）车联网中节点间的通信受到的干扰因素比一般网络要多，如天气状况、道路交通、周边的建筑物等，因此车联网的通信质量和网络连通性并不稳定。

（4）由于其特殊的应用环境，车联网对网络的安全性和可靠性的要求更高，因为一旦车联网中出现恶意消息，极有可能会导致交通堵塞，甚至造成交通事故的发生[5]。

表 1-1　车联网的主要特点

特点	概念
节点的高移动性	与移动自组织网络相比，车联网具有更高的移动性，减少了网络中的网格（可能的通信路由）
动态拓扑	网络拓扑结构变化快，通信持续时间短，节点密度根据一天中的位置和时间而变化很大，这有利于网络攻击
网络规模不固定	车联网中的网络规模没有地理界限。它可以包含城镇、城市、省（区、市）甚至国家。因此，在人口稠密的城市地区，数以百万计的车辆将构成网络，这可能导致网络拥塞或信息过载

续表

特点	概念
使用无线连接	节点之间使用无线连接进行通信，这可能会导致一些严重的安全漏洞。实际上，此网络的地理网络范围内的任何车辆都可以未经授权访问内部网络资源
支持的匿名性	节点身份匿名有助于保护其隐私，但其匿名结构可能允许敌手在相似的频段内恶意行事
无能源/计算限制	车辆的计算基本没有能源限制，然而实时信息的处理依然是一个挑战
路径可预测性	节点的传播受到城市路线图的限制，这使得路径更加可预测

1.1.2 车联网的系统架构

车联网的组成结构主要包括三部分，即车载单元（onboard unit，OBU）、路边单元（road side unit，RSU）和可信机构（trusted authority，TA）。

OBU 装备在车辆中，周期性地发送交通相关信息，旨在提升道路交通环境、道路安全，可接收来自 TA 的增值服务[6]。RSU 是分布在路边的固定设备，是车载单元和管理中心之间的桥梁，可认证其辖区车辆的消息，同时还负责收集辖区内交通信息和播报必要的交通信息。TA 在车联网中充当可信管理中心的角色，它作为 RSU 和 OBU 的注册和认证中心，同时也为车辆提供各种增值服务。此外，RSU 也可以向交通控制中心发送有关交通状况的信息。交通控制中心可以根据收到的信息，及时采取措施（如调整交通信号灯等），从而提高交通安全性和效率[7, 8]。

车联网模型分为上下两层，上层是基础设施环境，下层是自组织环境。在基础设施环境中，不同的实体可以相互连接。这些实体包括：制造商、可信第三方（trusted third party，TTP）、法律机构和云服务提供商（cloud service provider，CSP）。制造商可以负责生成车辆的唯一 ID，而法律机构负责车辆登记和违法行为报告。TTP 和 CSP 都在车联网环境中提供不同的服务，如凭证管理和数据下载等[9]。

在自组织环境中，车联网中的通信方式主要有两种：车辆与车辆的通信和车辆与路边设施的通信。车辆与车辆的通信是指车辆间通过车载单元进行信息交互，使得车辆可以及时获取周边车辆的车速、位置、方向等行驶信息，避免交通事故的发生。车辆与路边设施的通信是指车辆与路边设施，如交通摄像头、路边单元等进行无线通信，由此，车辆能够获取附近区域内车辆发布的交通信息。

车辆与车辆间、车辆与基础设施之间通信采用的无线通信协议，目前应用最多的是专用短程通信（dedicated short range communication，DSRC）协议[10]。根据 DSRC 协议，车辆根据应用安全要求选择一个合理周期，周期性地发送交通安全相关消息（DSRC 中命名为 beacon 或者 BSM），其中道路交通状况消息包括天气状况、道路缺陷、拥堵情况等，车辆状况消息包括位置、速度、转向角等。根据所使用的接入技术，基础设施和自组织环境之间的连接会有所不同。例如，如果接入技术是 DSRC，则通过 RSU 进行连接，或者通过接入 5G 基站进行连接[11]。

1.1.3 车联网的关键技术

为了解决交通的安全与高效问题，配备了无线互联接口装置的车辆与车辆之间需要在一个暂时的、快速变化的 Ad hoc 网络中进行数据的交换；此外，这些车辆还应能访问路边的网络固定设施，以便满足多方面的数据共享与通信需求。应用需求决定了车联网不仅要包括以车辆为节点的无线自组网，而且要包括车辆为移动节点与路边设施互联的无线移动网。因此，车联网通信包括车辆之间的通信和车辆与路边固定设施之间的通信。

车联网中所依赖的关键技术主要如下。

（1）射频识别（radio frequency identification，RFID）技术：是一种非接触式的自动识别技术，它可以通过射频信号自动识别目标对象并获取相关的数据。RFID 是一种简单的无线系统，由阅读器和电子标签两个基本器件组成，可用于控制、检测和跟踪物体。目前该技术已经应用到生活的很多领域中，如景区管理、停车场和管道监测等。RFID 具有同时识别多个高速运动物体、读写距离远、数据存储量大、系统体积小、安全性好、安装简便、环境要求低等特点，因此可以把 RFID 应用到车联网当中，可以轻松实现车联网中各节点对监测点的感知功能[12, 13]。

（2）异构无线网络的融合：车联网将有多种不同的无线通信技术并存，包括 WLAN（如 IEEE 802.11a/b/g/n/p 协议）、WIMAX（IEEE 802.16a/e）、超宽带通信 UWB（IEEE 802.15.3a）、2G/3G/4G/5G 蜂窝通信、LTE 以及卫星通信等网络。不同的网络有不同的通信方式和特点，适用于不同的场景。为了达到信息共享的目的，车联网中的很多信息需要在不同的网络中传递。另外，车辆作为一个移动单元，在移动过程中将发生水平切换和垂直切换，也需要进行移动性管理。因此，需要在车联网环境下考虑异构无线网络的融合，实现无缝的信息交换[14, 15]。

（3）云计算技术：可以通过网络将庞大的计算处理程序自动分拆成无数个小的程序，再交由多部服务器所组成的庞大系统，经搜寻、计算分析之后将处理结果回传给用户，这样的大规模分布式计算技术即称为云计算技术。在车联网中，通过汽车采集到的数据十分庞大，便可以通过云计算技术对数据进行处理，然后在数秒之内回传给用户，满足使用者对响应时间和信息种类的要求。

（4）边缘计算技术：边缘计算技术可以在靠近物或者数据源头的一端，就近提供最近端服务。边缘计算与云计算的最大区别在于，用户端在边缘计算中同时兼具数据生产者与消费者的角色，而在云计算中只具有数据消费者的角色。边缘计算思想可以有效地提高计算与传输效率。

（5）智能化信息处理：车联网不仅涉及众多的节点，而且可能存在各种各样的业务在并发运行，因此车联网需要考虑云计算或并行处理提高运算能力。车联网所收集到的交通信息量将非常大，如果不对这些数据进行有效处理和利用，就会迅速被信息所湮没。因此需要采用数据挖掘、人工智能等方式提取有效信息，同时过滤掉无用信息。

（6）卫星定位导航技术：卫星定位导航系统具有全天候、高精度、自动化、实时性等特点，用户只需要一个终端，便可以实现定位和导航的目的。因此在车联网中，卫星定位导航系统可以为用户提供电子地图，实现定位和导航，是不可或缺的部分。

1.1.4 车联网的应用场景

随着移动互联网技术的快速发展，车联网技术被广泛地应用，从简单的单跳信息传播如合作感知消息，到多跳信息传播使得信息能够跨越很远的距离。车联网最大的价值在于处理信息，而且能够以最有效的方式解决交通拥堵问题。据预测，车联网的应用可以使交通拥堵减少约 60%，使短途运输效率提高将近 70%，使现有道路网的能力提高 2～3 倍。除了提高效率，减少成本之外，车联网能够实现对整个公众资源的有效利用，政府也可以大幅度减少管理费用。车联网不仅可以保证交通安全，还可以为车主提供丰富的娱乐服务[12, 13]。下面介绍车联网主要应用。

（1）电子制动灯：通过周期性发送（100～300ms 作为一个周期）包含车辆制动信息的消息，处于视线盲区的周边车辆也可以获取到制动信息，用于路口预警，从而使交通出行更安全。

（2）队列驾驶：指利用汽车与汽车直接通信的方式来控制汽车的协调驾驶，通过接收车辆发送的包括加速度、速度、转向度等信息，一个车队的车辆能够保持有规律的队列，从而可以提升交通运行效率、降低能耗。

（3）道路交通紧急服务：通过车联网，道路安全警告和状态信息的传播可以减少紧急救援行动的延误，增加成功挽救事故受伤者生命的概率。

（4）智能交通：车联网可以通过对路况进行监控，从而实现道路信息提前预警，减少交通堵塞，实现智能化交通管理。通过车联网提前告知车主，建议车主做出及时、恰当的驾驶行为，这有助于提升车主的注意力，保持合适的车速及车距，提高驾驶的安全性。

（5）无人驾驶技术：随着智慧城市基础设施的发展与完善，通过路边基础设施的集中控制，实现区域内车辆的全自动驾驶，从而提高道路交通效率和车辆行驶的安全性。

（6）用户通信及多功能娱乐应用：让乘客享受娱乐，即使用各种基于无线网络的业务。典型的应用是下载音乐、电影以及游戏等。例如，在堵车的情况下，车主可以将车载终端接入 Internet，在线听音乐以及看电影等。

1.2 车联网的国内外发展历程

早在 1939 年纽约世博会中，就呈现了未来高速公路和城市可能的“乌托邦”般的景象。之后的几十年，各个国家，尤其是西方发达国家，均以完全的高速公路自动驾驶为目标，展开了一系列的研究。如今，许多国家都颁发了自动驾驶的汽车牌照，3GPP、ITU 等组织和协会等也制定并出台相应的标准。车联网正在为创造真正的智能交通系统做出重要贡献。本节主要介绍车联网的发展历程及未来发展趋势。

20 世纪六七十年代，日本的 CACS、美国的 ERGS、欧洲的 ALI 城市道路路径引导项目，1986～1995 年的欧洲普罗米修斯自动驾驶项目，1986～1992 年美国的 PATH 协同驾驶项目等虽然在商业上没有达到预期的效果，但以上这些项目都产出了最终的样车，并成功进行了实际运行的试验。从 20 世纪 80 年代后期开始，研究逐渐转向如何在与驾驶人进行信息交互前提下实现半自动驾驶，即实现自动驾驶中的某一项功能或某一项前期功能，这同时意味着研究的方向转移到了基础设施辅助的方案。因为研究机构和管理部门等在前期工作中发现，不依赖公共基础设施似乎无法实现真正的自动驾驶。从这以后，自动驾驶逐渐由单车系统的研究转向车与车间通信的研究。

1989 年，日本的科学家们提出了道路-汽车通信系统（road/automobile communication system，RACS），主要提供车辆和路边固定位置设备间的 V2I 通信，但通信距离较短，其功能在于向行驶车辆提供可靠的导航辅助、信息分发服务和双向通信服务。该系统依然未能解决车-车通信的问题。

2000 年左右，欧洲的一些国家和美国也相继启动多个车联网项目，旨在推动车间网联系统的发展。2007 年，欧洲 6 家汽车制造商（包括宝马等）成立了 Car2Car 通信联盟，积极推动建立开放的欧洲通信系统标准，实现不同厂家汽车之间的相互沟通。2009 年，日本的 VICS 车机装载率已达到 90%。而在 2010 年，美国交通部发布了《智能交通战略研究计划》，内容包括美国车辆网络技术发展的详细规划和部署。

与国外车联网产业发展相比，我国的车联网技术直至 2009 年才刚刚起步，好帮手、城际等公司逐步推出汽车网络产品，但只能实现基本的导航、救援等功能。同年，外国汽车网络品牌 G-book 和 OnStar 被引入我国。随着通信技术的发展，2013 年国内汽车网络技术已经能够实现简单的实时通信，如实时导航和实时监控。在 2014～2015 年，3G 和 LTE 技术开始应用于车载通信系统以进行远程控制。

2016年9月，华为、奥迪、宝马和戴姆勒等公司合作推出5G汽车联盟（5GAA），并与汽车经销商和科研机构共同开展了一系列汽车网络应用场景。此后至2017年底，国家公布了多项方案，将发展车联网提到了国家创新战略层面。

5G时代的到来，给人们生活带来了不一样的体验，同样也影响到了工业与自动化领域。汽车作为人类生活中的重要角色，同样也受到5G带来的影响。人工智能和大数据分析等技术的发展使得车联网更加实用，如企业管理和智能物流。此外ADAS等技术可以实现与环境信息交互，使得UBI业务的发展有了强劲的助推力。未来，依托于人工智能、语音识别、大数据等技术的发展，车联网将与移动互联网结合，为用户提供更具个性化的定制服务。

现如今，车联网面临着建造成本高、数据传输效率低，无法进行大数据包传输等问题。而5G移动通信技术的出现更是为车联网带来了新的发展方向。5G通信网络具有高带宽、低时延、通信范围广等特点，利用5G通信网络的特点，车联网可以在短时间内收集并分析大量的安全数据，更加有效地保障交通安全。同时，车联网网络节点之间的通信效率也会得到提高，能够更加快速高效地对通信信息进行交互和处理。

随着各项车联网技术逐步成熟，人们也越来越关注车联网的安全及隐私保护问题。目前，已出现针对车联网的网络攻击事件，部分案例中攻击者可控制汽车动力系统，导致驾驶者的生命安全遭到威胁。2015年，克莱斯勒的Jeep车型被国外的安全专家入侵，利用Linux系统漏洞，远程控制汽车的多媒体系统，进而获取远程向CAN总线发送指令的权限，达到远程控制动力系统和制动系统的目的，可在用户不知情的情况下降低汽车的行驶速度、关闭汽车引擎、突然制动或者让制动失灵。2016年，来自挪威安全公司Promon的专家在入侵用户手机的情况下，获取特斯拉App账户用户名和密码，通过登录特斯拉车联网服务平台可以随时对车辆进行定位、追踪，并解锁、启动车辆，最终导致车辆被盗，造成用户的财产损失。

车联网作为物联网在智能交通领域的典型应用，其产业链覆盖“两端一云”，主要围绕安全、智能出行和信息娱乐，涵盖元器件供应商、设备生产商、整车厂商、软硬件技术提供商、通信服务商、信息服务提供商等。由于车联网产业链较长，且网络安全防护对象多样，安全防护环节众多，不可避免存在产业链某一环节，如元器件供应商，无法在产品中实现足够的安全防护措施，导致存在薄弱环节[16]。同时，车联网还面临网络安全需求复杂，网络安全防护手段建设缺乏针对性和系统性等问题[17]。

车联网网络安全重要性已凸显，我国政府相关部门正在积极规划和部署，并加强车联网安全行业的政策鼓励和支持，推动车联网安全发展。同时，安全产业界也在积极探索，寻求车联网安全关键技术和产品创新，致力于车联网安全防护手段建设，推动车联网安全防护水平的提升。随着车联网的不断深化发展，其面临的网络攻击手段日益复杂，构建贯穿车联网云管端的综合立体防御体系将是保障车联网安全发展的必然趋势[18, 19]。

车联网是下一代智能交通系统的发展方向，是我国下一代互联网的典型示范应用。虽然目前车联网技术的研究还处于起步阶段，各项关键技术还有待完善，但是可以预见随着互联网技术、传感技术、信号处理技术、汽车技术等技术的发展，车联网的框架体系将更加完善，其应用与服务将越来越广泛。

1.3　车联网的安全与隐私保护问题

随着车联网的快速发展，车联网的安全问题逐渐引起重视。由于车联网是一种无线自组织网络，其中固定节点和移动节点之间相互通信，使得网络具有频繁断开、拓扑结构动态变化、节点移动性高等特点，这些特征中的每一个都可能导致安全漏洞的出现[20]。一旦通信消息遭到攻击，使得车辆没有收到消息或收到虚假消息，就很有可能会导致交通事故的发生，甚至会威胁到用户的生命财产安全。本节主要分析车联网中常见的攻击类型和安全设计目标[21]。

1.3.1　车联网中常见攻击类型

车联网涉及重大的人身财产安全，因此在享受车联网带来的便利时，不能忽视网络通信的安全性。攻击者可能利用不正当手段获取自身利益或者系统数据资料，甚至恶意破坏交通系统的正常运作[22]。车联网中的这些攻击者可分类如下。

（1）从成员类型的角度，任何授权或非授权的节点都可在网络中进行破坏行为。成员的类型在很大程度上决定了攻击的效果和应采取的防范措施，主要分为以下两种。

①内部攻击者：这些是在车联网中已经获得授权的节点，如已注册的车辆。这类攻击者对系统造成的伤害一般很严重，但容易防范。

②外部攻击者：这类攻击者往往不具有车联网中合法的身份，试图通过伪装或者窃听等方式侵入网络，相比内部攻击者较难防范。

（2）从攻击方式来看，根据攻击者是否试图主动对网络做出频繁的改变，分为以下两种。

①主动攻击者：这类攻击者会产生恶意的数据包并注入网络中，试图影响网络中传输的通信消息[23]。

②被动攻击者：这类攻击者不会修改和影响正常的网络通信，但是会使用一些手段监听或窃取消息。被动攻击者对网络造成的危害比主动攻击者弱。

（3）不同的攻击者会有不同的目的，其对网络发起的攻击强度也会不同，从攻击强度上可分为以下两种。

①理性攻击者：这些攻击者只是为了寻求方便或者贪图便宜，例如，散播虚假路况消息误导其他车辆以谋取交通便利。

②恶性攻击者：这类攻击者的主要目的在于制造混乱和破坏，试图侵入并影响车联网交通系统的正常运行。

车联网系统的运转关系到车辆驾乘人员的生命安全和交通敏感信息，这些信息会吸引攻击者以各种各样的方式入侵网络。本节把车联网中存在的主要攻击类型总结如下。

（1）拒绝服务（denial of service，DoS）攻击：DoS 攻击在几乎任何网络中都具有很强的攻击性，它可以使被攻击节点的网络拥挤，不能与其他节点进行正常的通信。DoS 攻击包括阻塞、SYN 包洪泛和分布式拒绝服务攻击等。车载单元可以通过过滤 IP 地址来防止这种类型的攻击，即通过检查收到的每个数据包的源 IP 地址，若存在某个 IP 地址重复次数过多，则判定该 IP 地址为 DoS 攻击源并丢弃从该 IP 地址发来的数据包。

（2）散布虚假消息攻击：车联网中主要包含两种类型的消息，分别是安全相关的消息以及信息娱乐消息。恶意的攻击者主要是通过散布虚假的安全相关的信息，如谎报道路状况或者提供虚假的加油站位置等，误导其他车辆选择错误的交通路线，从而破坏交通甚至引发交通事故的产生。

（3）身份隐私攻击：为了实现身份隐私保护，车辆均使用假名发送信息。一旦攻击者通过车辆所发送的消息破解了车辆或车主的真实身份，将有可能造成车辆用户的私密信息泄露甚至对用户的财产人身安全造成威胁[24, 25]。

（4）假冒攻击：攻击者通过冒充车联网中的通信实体，破坏车联网通信以此逃避承担违法犯罪行为的责任[26]。

（5）重放攻击：车联网中的消息尤其是安全相关的信息，如道路状态、交通状况等，为实现车辆用户安全高效的出行提供了一定的保障。虽然攻击者不知道消息的具体内容，但是仍然可以通过原封不动地将消息发送到车联网实现欺骗，从而扰乱车联网的正常通信。

（6）篡改攻击：攻击者对消息中的内容进行篡改，一旦该篡改后的消息成功通过验证，原来的消息含义将会被篡改后的消息所替代，从而破坏车联网通信[27]。

（7）女巫攻击：攻击者或恶意节点同时以多重身份出现在网络中，例如，车辆频繁地在相同的时间广播多个位置信息，而实际上车辆在某一时间只能出现在一个位置。这种攻击将会对网络造成混乱和安全隐患，并且会破坏网络拓扑和造成网络带宽的额外消耗。在车联网中可以采取以下措施来缓解女巫攻击，首先在车辆登记到网络时给其分配唯一的身份标识，然后在车联网的通信过程中对消息发送车辆的位置进行验证，确保每个车辆节点只能使用一个身份。还有一种方法是对通信资源和信道进行检查，找出同时使用不同信道的恶意节点。

（8）窃听攻击：这种攻击会威胁到车联网用户的隐私和系统信息的保密性，并且发生概率较高。攻击者的主要目的是获取机密或敏感数据，一般只会采取监听信道的方式，窃听攻击属于被动攻击的一种。

（9）位置追溯攻击：通过分析车辆发出的位置相关请求消息，得到车辆的具体位置或行驶路线。例如，当车辆使用地图导航等基于位置的服务时，恶意的位置服务器或网络攻击者就有可能利用车辆的请求消息追踪车辆的位置。

（10）时序攻击：恶意节点收到任意数据包后不立即进行转发，而是延迟一段时间再进行转发。由于数据包具有时效性，同时车联网中的信息具有时间敏感性，所以当邻近节点收到该数据包时或许为时已晚，可能就会造成事故或交通安全问题。

（11）会话劫持：攻击者获取每一个新的会话中所分配的唯一会话标识符（session id，SID），然后通过 SID 控制会话。网络层通信中一般只有一次认证，在 SID 产生和分配之后便没有认证过程，这使得会话劫持更加容易。完善的加密和认证技术、随机生成 SID 等方法可以防止这种攻击。

1.3.2 车联网设计安全目标

车联网作为未来智能交通的重要组成部分，其应用场景非常多。然而，不同的应用场景所面临的安全威胁也不尽相同。例如，在经典车联网场景中，现有认证协议存在安全性假设过强所带来的侧信道攻击威胁；在多云车联网场景中，现有密钥协商协议存在临时密钥泄露攻击的威胁；在新型的 5G 边缘计算车联网场景中，迫切需要解决中间人攻击所带来的安全威胁；在无基站覆盖区域场景中，迫切需要解决临时搭建基站可能带来的恶意救援事件，即伪造攻击所导致的安全威胁[28, 29]。由此可见，车联网的安全威胁发生在各种应用场景中，且每个应用场景都面临着诸多问题。

由于节点移动性高，车联网的拓扑结构是动态的、不可预测的，所以当恶劣天气出现、交通密度过高等情形发生时，车联网可能会遭受时不时断开连接的困扰[30, 31]。因此车联网中的安全协议应该满足可认证性、机密性、完整性、可用性、不可否认性、隐私性等要求，具体阐述如下。

（1）可认证性：必须对车联网中的所有节点进行认证，以防攻击者试图使用伪造的身份危害系统。未能维持适当的认证系统可能会导致通信网络急剧退化。

（2）机密性：这是确保只有合法用户才能访问数据的另一项要求。如果不解决机密性问题，数据的安全和用户的隐私难以得到保证。

（3）完整性：传输信息内容的完整性应该得到保证，以防止敌手能够注入虚假消息或者修改消息。保持数据完整性是车联网最重要的安全目标之一。

（4）可用性：始终保证系统功能可用是车联网的一项重要要求。由于安全消息不包括任何敏感信息，因此认证足以为安全消息提供安全性（无须加密）。

（5）不可否认性：满足不可否认性要求可以确保实体不能否认已经发送或接收的消息。

（6）隐私性：车联网的另一个挑战是用户的隐私应该得到保护。一个成功的方案应该能够保护驾驶员的隐私，防止敌手跟踪车辆，或将车辆身份与驾驶员的身份联系起来。

（7）可追溯性：尽管车辆的真实身份对任何其他车辆都是隐藏的，但在必要情况下，可信权威机构可以追踪到该车辆的真实身份。例如，恶意车辆发送错误信息造成交通事故，则该车辆应为其行为接受惩罚。

（8）消息的可靠性：车辆所发送的消息应该是合法车辆发送的有价值的消息，而不是恶意的，或者浪费带宽资源与消耗计算能力的毫无意义的消息。

车联网不仅提高了道路安全性，而且对交通效率也有积极影响。然而，车联网具有的开放性导致其易遭受窃取、干扰、修改等恶意攻击，从而会影响车联网系统的安全性。对车辆节点而言，有效的消息传输和身份认证是非常重要的安全服务。因此，确保车联网环境下信息的安全性，保护信息的有效性不受恶意节点破坏，保证信息的隐私性和检测隐私攻击行为是车联网方案研究中亟待解决的关键问题。

1.4　相关基础知识简介

本节主要介绍密码学相关基础知识，包括对称密码学、非对称密码学及密码学中的数据完整性算法。

1.4.1　对称密码学

对称密码算法又称传统密码算法、秘密密钥密码算法。在对称密码算法中，发送方将明文和加密密钥一起经过一系列的加密算法进行加密处理后，使其变成密文发送给接收方，接收方收到密文后，则需用加密之后的密钥和已知的逆算法进行解密得出相应的明文。

对称加密方案有五个基本成分：

（1）明文，即原始可理解的消息或数据，是算法的输入；

（2）加密算法，加密算法对明文进行各种代替或置换；

（3）密钥，密钥也是算法的输入，但独立于明文和加密算法，算法根据所用的特定的密钥可产生不同的输出；

（4）密文，密文作为算法的输出，看起来杂乱无章，依赖于明文和密钥；

（5）解密算法，解密算法本质上是加密算法的逆运算，输入密文和密钥，输出明文。

对称密码算法加密速度快，加密效率高，算法公开，便于硬件实现和大规模生产；同时对称密码算法密钥必须通过保密信道，无法用来签名和抗抵赖，无法获得第三方公证，安全性得不到保证。对称密码常用的算法有 DES 算法、AES 算法、SM4 算法、RC2 算法等。下面对常用的对称密码算法进行简要介绍。

（1）DES 算法：DES 算法[32]是一种主流的对称加密算法，采用 64bit 的分组长度和 56bit 的密钥长度，它将 64bit 的输入经过一系列变换得到 64bit 的输出。解密则使用相同的步骤和相同的密钥。明文的处理主要经历三个阶段，首先 64bit 的明文经过处事置换 IP 而被重新排列。然后进行 16 轮相同函数的作用，每轮作用都有置换和代替。最后一轮迭代的输出有 64bit，它是输入明文和密钥的函数。产生预输出后，再与初始置换 IP 互逆的置换 IP^{-1} 作用产生 64bit 的密文。DES 算法虽然安全系数高，加密速度快，适合对大量数据进行加密。但随着现代技术的发展和对其研究的深入，它也存在一些缺陷：一是 64bit 的密钥长度相对较短；二是密钥的空间容量为 256bit，密钥空间相对较小；三是它还存在 4 个弱密钥和 12 个半弱密钥。

（2）AES 算法：AES[33]的设计旨在取代 DES 成为广泛使用的标准。AES 明文分组的长度为 128bit（即 16B），密钥长度可以为 16B、24B 或 32B。根据密钥的长度，算法被称为 AES-128、AES-192 或 AES-256。AES 加密循环进行轮密钥加运算，矩阵中的每个字节都与该次轮密钥进行 XOR 运算，每个子密钥由密钥生成方案产生。AES 加密算法是替代 DES 的新密码算法，能提供很好的安全性。

1.4.2　非对称密码学

非对称密码算法又称为公开密钥密码算法，在非对称密码算法中，接收方生成一对密钥（公钥和私钥）并将公钥公开，发送方使用接收方的公钥对明文进行加密，将加密后的明文发送给接收方，接收方通过使用私钥进行解密得到明文。非对称密码算法加密和解密使用不同的密钥，加密密钥公开，解密密钥保密。非对称密码密钥分配不必保持信道的保密性，算法强度复杂，安全性大，可用来签名和抗抵赖；同时非对称密码加密速度慢，不便于硬件实现和大规模生产，其主要用于短消息和对称密钥的加密，如 SSL、PGP、S/MIME 等。非对称密码常用的算法有 DH 算法、RSA 算法、SM2 算法、DSA 算法、背包算法、椭圆曲线密码学算法等。下面简要介绍车联网认证算法中常用的椭圆曲线密码学。

椭圆曲线密码学[34]：假设 F_p 是一个阶为大素数 p 的有限域，则椭圆曲线 E 可以数学表示为 $y^2 = x^3 + ax + b \bmod p$ ，且 $(a,b) \in F_p$ 。群 G 是定义在 E 上的一个循环加法群，O 是其中的无限远点，则 G 可进行如下操作。

（1）点加操作：假设 A 和 B 是 G 上的两个点，若 $A = B$ ，则 $A + B = C$ ，C 是椭圆曲线 E 与 A 点处切线的交点；若 $A = -B$ ，则 $A + B = O$ ；若 $A \neq B$ ，则 C 是 E 与 A、B 两点连线的交点。

（2）点乘：若 n 是 Z_q 域上一个大于 0 的数，$P \in F_p$ ，则存在 $nP = P + P + \cdots + P$（n 次点加操作）。

在椭圆曲线密码学系统中，主要存在两个数学困难问题。

（1）椭圆曲线离散对数问题（elliptic curve discrete logarithm problem，ECDLP）：令 $x \in Z_q^*$ 、 $X = x \cdot P$ ，其中 P 是椭圆曲线 E 的生成元，且 $X \in E$ 。则椭圆曲线离散对数问题的描述为仅通过 $X = x \cdot P$ 计算出 x 是非常困难的。

（2）椭圆曲线 Diffie-Hellman 问题（elliptic curve Diffie-Hellman problem，ECDHP）：若 P 是椭圆曲线 E 的生成元，$x, y \in Z_q^*$，则已知 P 、 xP 、 yP 时，计算出 xyP 是十分困难的。

1.4.3 密码学中的数据完整性算法

本小节介绍几个常用的密码学数据完整性算法，主要包括属性加密算法、密码学 Hash 函数、消息认证码及数字签名算法。

1. 属性加密算法

基于密钥策略的属性加密算法的标准化定义最早由 Goyal 等于 2006 年提出[35]，来实现加密数据的细粒度共享，该方案使用一组属性集与密文相关联，访问结构则对应解密密钥。与之对称的基于密文策略的属性加密算法随后也被正式化定义，这一新的密码学方案被后人不断改进并广泛应用于云计算、订阅/发布系统等多种场景。一个基于密钥策略的属性加密算法方案应包括如下多项式时间算法：

（1）参数生成算法 $1^\lambda \rightarrow (\mathrm{PK}, \mathrm{MK})$ ：该随机算法输入一个安全参数 1^λ ，然后计算获得系统主密钥 MK 和公共参数 PK ，并将结果输出；

（2）加密算法 $(\mathrm{PT}, \gamma, \mathrm{PK}) \rightarrow \mathrm{CT}$ ：加密算法以一个明文状态的消息 PT 、属性串 γ 及公共参数 PK 为输入，输出为用属性串加密后的密文 CT ；

（3）密钥生成算法 $(AS, MK) \to sk$ ：该算法可以根据访问结构 AS 和主密钥 MK 生成对应的私钥 sk ；

（4）解密算法 $(CT, sk) \to PT$ ：输入密文 CT 和私钥 sk ，唯一确定输出解密后的明文 PT 。

2. 密码学 Hash 函数

密码学 Hash 函数又称为哈希算法或者散列函数，是可以用来将任意大小的数据映射到固定大小的数据的任何函数。哈希函数返回的值称为哈希值、哈希码、哈希。其中一个用途是一种称为哈希表的数据结构，广泛用于计算机软件中快速查找数据[36]。哈希算法具有下面的 5 种特性。

（1）不可逆性：从哈希值不能反向推导出原始数据。

（2）难以破解性：如果要得到算法细节，只能暴力枚举，没有比这更好的方法。

（3）发散性：哪怕原始数据只修改了一位，最后得到的哈希值也大不相同。

（4）抗碰撞性：对于不同的原始数据，哈希值相同的概率非常小。

（5）高效性：针对较长的文本，也能快速地计算出哈希值。

密码学 Hash 函数的应用范围主要如下。

（1）消息认证：消息认证是用来验证消息完整性的一种机制或服务。消息认证确保收到的数据确实和发送时的一样（即没有修改、插入、删除或重放）。当 Hash 函数用于提供消息认证功能时，Hash 函数值通常称为消息摘要。

（2）数字签名：在进行数字签名过程中使用用户的私钥加密消息的 Hash 值，其他任何知道该用户公钥的人都能够通过数字签名来验证消息的完整性。

（3）其他应用：单向口令文件、入侵检测、病毒检测、构建随机函数（pseudo random function，PRF）或用作伪随机数发生器（pseudo random number generator，PRNG）。

安全散列算法（secure Hash algorithm，SHA）是美国国家安全局（NSA）设计，美国国家标准与技术研究院（NIST）发布的一系列密码散列函数，包括 SHA-1、SHA-224、SHA-256、SHA-384、SHA-512 等变体。该算法主要适用于数字签名标准（digital signature standard，DSS）里面定义的数字签名算法（digital signature algorithm，DSA）。

3. 消息认证码

在密码学中，消息认证码（message authentication code，MAC），又译为消息鉴别码、文件消息认证码、信息鉴别码、信息认证码，是经过特定算法后产生的一小段信息，检查某段消息的完整性，以及用作身份验证。它可以用来检查在消息传递过程中，其内容是否被更改过，无论更改的原因是来自意外或是蓄意攻击。

同时可以作为消息来源的身份验证，确认消息的来源[37]。一般而言，消息认证码由三种算法组成：

（1）密钥生成算法随机均匀地从密钥空间中选择密钥；

（2）给定密钥和消息的签名算法有效地返回标签；

（3）验证算法有效地验证给定密钥和标签的消息的真实性。

对于安全的不可伪造的消息认证代码，在不知道密钥的情况下计算给定消息的有效标签在计算上是不可行的，即使在最坏的情况下，我们假设敌手可以伪造除给定消息之外的任何消息的标签。

虽然 MAC 功能类似于加密散列函数，但它们具有不同的安全要求。为了被认为是安全的，MAC 功能必须抵抗选择明文攻击下的存在性伪造。这意味着，即使攻击者可以访问拥有密钥并为攻击者选择的消息生成 MAC 的 oracle，攻击者也无法在不执行不可行数量的情况下猜测其他消息（不用于查询 oracle）的 MAC 计算。

MAC 与数字签名不同，因为 MAC 值都是使用相同的密钥生成和验证的。这意味着，消息的发送方和接收方必须在启动通信之前就相同的密钥达成一致，如对称加密的情况。出于同样的原因，在网络范围的共享密钥的情况下，MAC 无法提供不可否认性：任何可以验证 MAC 的用户也能够为其他消息生成 MAC。相反地，使用密钥对的私钥生成数字签名，该密钥对是公钥密码术。此私钥只能由其持有者访问，因此数字签名证明文档是由该持有者签署的。因此，数字签名确实提供了不可否认性。但是，可以通过将密钥使用信息安全地绑定到 MAC 密钥的系统来提供不可否认性。相同的密钥由两个实体拥有，但是一个密钥的副本可用于 MAC 生成，而另一个密钥的副本在硬件安全模块中仅允许 MAC 验证。

4. 数字签名算法

数字签名算法是数字签名标准的一个子集，表示了只用作数字签名的一个特定的公钥算法。通过对消息执行哈希操作产生哈希值，并对该哈希值使用私钥运行签名生成算法产生一个数字签名；签名的验证方需要先对消息执行哈希操作得到哈希值，并对该哈希值使用公钥运行签名验证算法，从而判断签名的合法性。数字签名机制提供了一种鉴别方法，以解决伪造、抵赖、冒充和篡改等问题，利用数据加密技术、数据变换技术，使收发数据双方能够满足两个条件，即接收方能够鉴别发送方所宣称的身份；并且发送方以后不能否认其发送过该数据这一事实[38]。

简单地说，所谓数字签名就是附加在数据单元上的一些数据，或是对数据单元所做的密码变换。这种数据或变换允许数据单元的接收者用以确认数据单元的来源和数据单元的完整性并保护数据，防止被人（如接收者）进行伪造。它是对电子形式的消息进行签名的一种方法，一个签名消息能在一个通信网络中传输。基于公钥密码体制和私钥密码体制都可以获得数字签名，主要是基于公钥密码体制的数字签名，包括普通数字签名和特殊数字签名。普通数字签名算法有RSA、ElGamal、Fiat-Shamir、Guillou-Quisquarter、Schnorr、Ong-Schnorr-Shamir数字签名算法、DSA等，以及椭圆曲线数字签名算法和有限自动机数字签名算法等。特殊数字签名有盲签名、代理签名、群签名、不可否认签名、公平盲签名、门限签名、具有消息恢复功能的签名等，它与具体应用环境密切相关。显然，数字签名的应用涉及法律问题，美国联邦政府基于有限域上的离散对数问题制定了自己的数字签名标准。

数字签名是密码学理论中的一个重要分支。它的提出是为了对电子文档进行签名，以替代传统纸质文档上的手写签名，因此它必须具备5个特性。

（1）签名是可信的；

（2）签名是不可伪造的；

（3）签名是不可重用的；

（4）签名的文件是不可改变的；

（5）签名是不可抵赖的。

常见的数字签名算法包括如下。

（1）RSA数字签名算法：RSA是目前计算机密码学中最经典的算法，也是目前为止使用最广泛的数字签名算法，RSA数字签名算法的密钥实现与RSA的加密算法是一样的，算法的名称都为RSA。密钥的产生和转换都是一样的，包括在售的所有SSL数字证书、代码签名证书、文档签名以及邮件签名大多都采用RSA算法进行加密。RSA数字签名算法主要包括MD和SHA两种算法，例如，我们熟知的MD5和SHA-256即为这两种算法中的一类。

（2）DSA数字签名算法：DSA只是一种算法，和RSA不同之处在于它不能用作加密和解密，也不能进行密钥交换，只用于签名，所以它比RSA要快很多，其安全性与RSA相比差别不大。DSA的一个重要特点是两个素数公开，这样，当使用别人的p和q时，即使不知道私钥，也能确认它们是否是随机产生的。

（3）ECDSA数字签名算法：ECDSA可用于数字签名，是椭圆曲线密码学与DSA的结合，整个签名过程与DSA类似，所不一样的是签名中采取的算法为ECC，最后签名出来的值也是两个大数。

1.5　本章小结

车联网技术的实现将会为人类生活带来诸多好处，并将进一步促成许多潜在智能服务，如改善驾乘体验、提供资讯需求、降低环境污染和提高交通效率，从而推动智能交通的快速发展和应用。本章全方位展示了车联网的背景、发展历程、安全问题及设计目标；同时就相关密码学基础知识做出了简要介绍。未来车联网需要城市智能交通系统具有更高的安全性以及信息共享能力，同时还需要建立全球范围的统一的技术、服务以及质量标准。在推进车联网通信技术的发展过程中，更要注意其存在的安全及隐私保护问题，只有切实解决这些问题，才能保障车辆用户的利益，尽可能避免交通事故及其他恶意攻击行为，真正打造一个安全高效的现代化智能交通系统。

第 2 章　边缘计算背景下的车联网安全通信技术

通过将边缘计算技术融入车联网，为上层应用提供了通信、计算、存储等资源的服务支持，可有效提升网络资源利用率和服务质量。相对于传统的基于云的车联网架构，基于边缘计算的车联网面临着更严峻的安全脆弱性，因此需要考虑到边缘计算背景下的车联网安全通信问题。本章首先介绍边缘计算技术的基本概念以及边缘计算背景下的车联网安全通信模型，接着介绍边缘计算背景下的一种车联网安全认证方案，最后介绍边缘计算背景下的一种车联网协同下载方案。

2.1　边缘计算背景下的车联网

边缘计算技术通过将计算、存储等资源从集中式的云端下发到分布式的边缘端，赋予车联网的边缘端具有更强的数据处理与转发能力，从而为上层智能交通应用提供了高服务质量、低时延的网络服务支撑。

2.1.1　边缘计算技术简介

近年来，随着万物互联时代的到来，各种网络设备的数量和产生的数据量都在快速增长。根据 IDC 预测，到 2025 年全球数据总量将超过 175ZB，而物联网产生的数据中高达 45%由边缘端产生与处理。在这种背景下，以云计算模型为核心的集中式处理模式难以高效和及时地处理边缘端产生的数据。具体而言，在万物互联的背景下，传统云计算存在实时性较差、带宽不足、能耗较大、数据隐私性较弱等不足。

为了解决传统云计算模型在万物互联时代存在的不足，直接面向网络边缘端的边缘计算模型应运而生。所谓边缘计算，指的是为应用开发者和服务提供商在网络的边缘端提供云服务和 IT 环境服务，目标是在靠近数据输入或用户的地方提供计算、存储和网络带宽。边缘计算操作的对象包括来自云服务的下行数据和来自万物互联服务的上行数据，而边缘计算的边缘是指从数据源到云计算中心路径之间的任意计算和网络资源。如图 2-1 所示，相对于传统的云计算模型，边缘计算模型的优点包括：通过在网络边缘直接处理数据而不用将全部数据上传至云端，从而显著减轻了云端的计算与存储压力；数据的处理发生在边缘端，从而极大地降低了系统延迟，增强了服务响应能力；用户隐私数据无须上传到云端，而是直接存储在边缘设备中，从而提升了数据的隐私性[39, 40]。

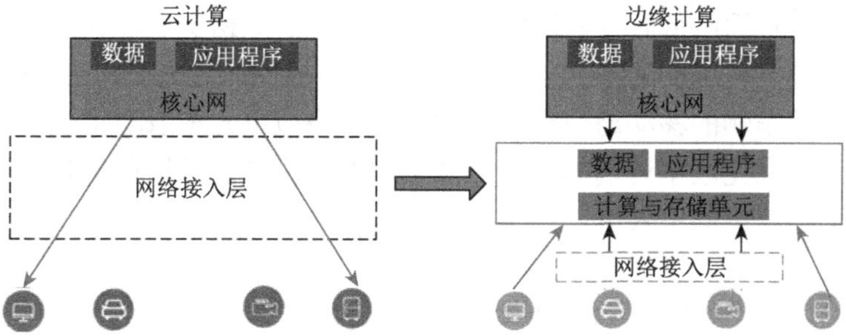

图 2-1　云计算与边缘计算的区别

边缘计算通过将计算、存储、带宽、应用等资源放在网络的边缘侧，减小传输延迟和带宽限制，从而实现应用的分布式自治与智能化处理。边缘计算其实是对云计算的协同与延伸，通过依托现代通信网络，以物联网的海量终端设备为感知前端，形成云边协同的联合式网络架构。通过终端层、边缘计算层和云计算层之间的层间及跨层通信，实现层级的计算和存储功能。目前，在边缘计算层的技术应用主要以智能 DNS、SD-WAN、SDN 控制器、K8s、Serverless 技术以及容器化技术、机器学习为主，它们分布在边缘计算层的网络、调度、资源三大功能层，用于实现对计算资源的调度与数据的处理。终端设备通过网络将产生的数据传输至调度/编排层，利用 K8s 完善的集群管理能力与 Serverless（无服务器）技术对资源进行高效编排，将数据映射到资源层基于机器学习的智能性与容器化技术轻量级和可移植性的特点对数据进行处理与分析，实现边缘计算的结果反馈。图 2-2 展示了典型的边缘计算框架。

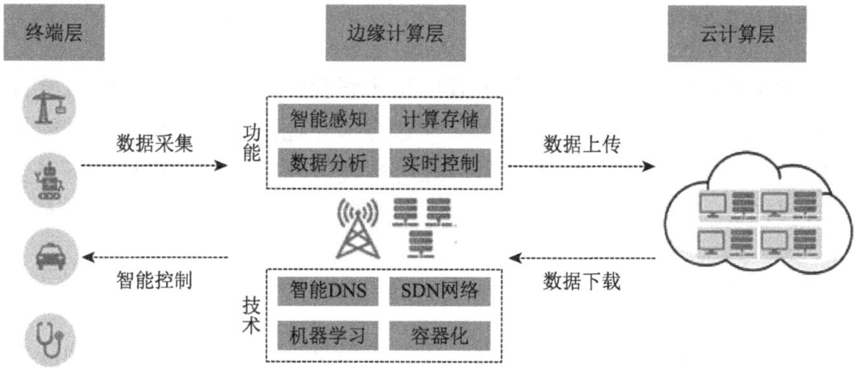

图 2-2　边缘计算框架

5G 核心网控制面与数据面彻底分离，NFV 技术使得网络部署更加灵活，两者相结合能够实现分布式的边缘计算环境。边缘计算将更多的数据计算和存储从“核心”下沉到“边缘”，部署于接近数据源的地方，一些数据不必再经过网络到达云端处理，从而降低时延和网络负荷，也提升了数据安全性和隐私性。这对于时延要求极高、数据处理和存储量极大的众多车联网应用而言，重要性不言而喻。未来对于靠近车辆的移动通信设备，如基站、路边单元等或均将部署车联网的边缘计算节点，来完成本地端的数据处理、加密和决策，并提供实时、高可靠的通信能力。边缘计算的引入可以在车联网中构建四种典型应用。

1. 本地信息分发

通过利用车联网中的边缘节点实现在线分发和流量卸载的功能，可为车辆提供音视频等多媒体休闲娱乐信息服务、区域性商旅餐饮等信息服务，或提供软件/固件升级等服务。在此类场景中，边缘节点的部署位置可根据接入用户数和服务流量灵活选择，通常可选择部署在 RSU 或基站的汇聚节点后，为相对较大的范围提供服务。车辆无须装配智能传感器等设备，在网络部署了边缘计算功能服务后，具备对应通信模组的车辆可以直接使用此类服务。

2. 动态高精度地图

车联网中的边缘节点可以存储动态高精度地图信息，减少时延并降低对核心网传输带宽的压力。当车辆传感器检测到现实路况与高精度地图存在偏差时，可将自身传感信息上传至边缘节点用于对地图进行更新，随后边缘节点的地图服务可选择将更新后的高精度地图回传至中心云平台。在此类场景中，边缘节点提供存储高精度地图能力、用于动态地图更新的计算能力，同时提供与中心云的交互能力。

3. 车载信息增强

车联网中的边缘节点通过提供车载信息增强功能，车辆可将车载传感设备感知的视频/雷达信号等上传至边缘节点，而边缘节点通过车载信息增强功能提供的视频分析、感知融合、AR 合成等多种应用实现信息增强，并将结果下发至车辆进行直观显示。

4. 车辆在线诊断

车辆在驾驶过程中，可将其状态、决策等信息上传至边缘节点，边缘节点利用在线诊断功能对实时数据样本进行监控分析，用于试验、测试、评估或应对紧急情况处理。同时边缘节点可定期将样本及诊断结果汇总压缩后回传中心云平台。在此场景中，边缘节点提供支持实时处理大量数据的计算能力、数据存储能力和低时延的通信能力，同时提供与中心云的交互能力。

边缘计算使得数据的计算与存储服务发生在靠近用户的地方，也使得很多数据不用上传到云端，在一定程度上降低了数据泄露的风险。然而，相对于云计算架构中的中心化服务器，边缘计算架构中的边缘设备通常靠近用户侧，具有更高的安全风险。因此，边缘计算节点自身的安全性是个不可忽略的问题。

2.1.2　边缘计算背景下的车联网通信模型

边缘计算技术的引用使得资源的利用率得到了提升，为了充分利用边缘计算技术的优势，需要针对性地设计适用于边缘计算背景下的车联网通信模型。为此，文献[41]设计了一个利用车辆作为边缘节点的通信模型。如图 2-3 所示，该模型包括四个实体，即可信机构（trusted authority，TA）、路边单元（roadside unit，RSU）、内容服务提供商（content service provider，CSP）、装备车载单元（on-board unit，OBU）的车辆。具体定义如下。

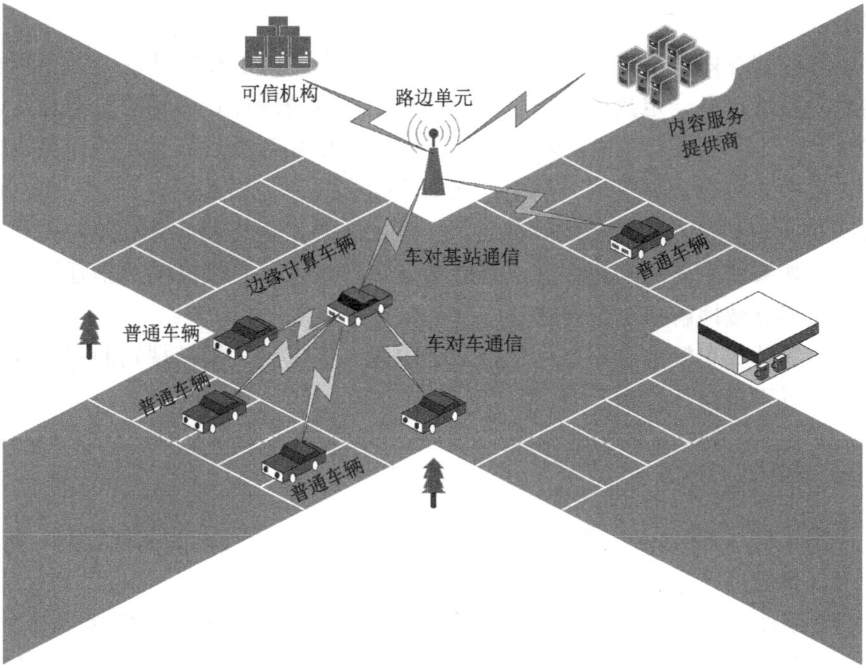

图 2-3　边缘计算背景下的车联网通信模型图

（1）TA 充当着 RSU 和车辆的注册中心，被车联网中的所有实体所信任，负责给所有实体分发密钥材料，并且具有能够在必要时刻追溯车辆真实身份的能力。为了安全通信，TA 和 RSU 之间使用有线安全传输协议。为了避免形成性能瓶颈，并提高可靠性，通常会设置冗余 TA。

（2）RSU 被设置在路边，能与车辆直接通信，作为 TA 车辆之间的桥梁。RSU 可以对其收到的消息进行认证，根据应用需求可直接在本地端处理认证结果，也可将结果发送至交通管理中心用于数据分析。为了保证 RSU 能够帮助车辆进行消息认证，RSU 的计算性能应远大于车辆，并且 RSU 和车辆间最大通信距离应至少是车辆间最大通信距离的两倍。

（3）CSP 是负责为车辆提供交通相关服务或附加服务的内容服务提供商的总称。

（4）车辆分为普通车辆（ordinary vehicle，OV）和边缘计算车辆（edge-computing vehicle，ECV）两种，其中 OV 指的是不直接参与边缘计算的车辆；ECV 指的是从普通车辆中选取出的参与边缘计算的车辆，直接涉及车联网数据的计算与存储任务。车辆的通信方式主要有两种，包括车与车之间的通信（vehicle-to-vehicle，V2V）、车与基础设施之间的通信（vehicle-to-infrastructure，V2I）。

由于 TA 和 RSU 都是固定的角色，而 ECV 属于非固定的角色，该通信模型的核心在于 ECV 的选举问题。为此，文献[41]设计了一种合理且高效的 ECV 选举算法。

该算法的总体思想是，为了使得车辆尽可能多地帮助 RSU 认证辖区车辆发送的消息，系统选举一定数量且满足要求的车辆作为边缘计算车辆负责消息认证任务。为了提升服务稳定性和认证成功率，距离 RSU 相对近且具有足够计算资源的车辆被选举为边缘计算车辆。然而，这两个指标往往是相互矛盾的，例如，距离 RSU 近的车辆可能具有较低的计算资源。除此之外，距离和计算资源往往难以精确测量。如果使用传统的排序方法可能会开销过大且具有较高的选举延迟，而模糊逻辑能够有效地解决这个问题。

对边缘计算车辆的选举过程包括三个阶段：模糊化、模糊规则的定义以及去模糊化，以下是具体过程。

1. 模糊化

围绕车辆与 RSU 之间的相对距离、车辆拥有的可用性能的高低等两个指标，分别设计隶属度函数。

（1）距离隶属度：由于边缘计算车辆的任务是负责分担 RSU 的消息认证任务，所以它应该与 RSU 之间保持着相对低的距离以减少传输延迟和保证相对认证成功率。令 $d(x)$ 表示 RSU 与车辆 V_x 之间的笛卡儿距离，R 表示 DSRC 标准中信号最大有效传输距离，定义如式（2-1）所示的距离隶属度函数计算方法，并且距离隶属度函数如图 2-4 所示。

$$\mathrm{DM}(x)=\begin{cases}1, & d(x)\leqslant \dfrac{R}{2}\\ \dfrac{R-d(x)}{R/2}, & \dfrac{R}{2}<d(x)\leqslant R\\ 0, & d(x)>R\end{cases} \tag{2-1}$$

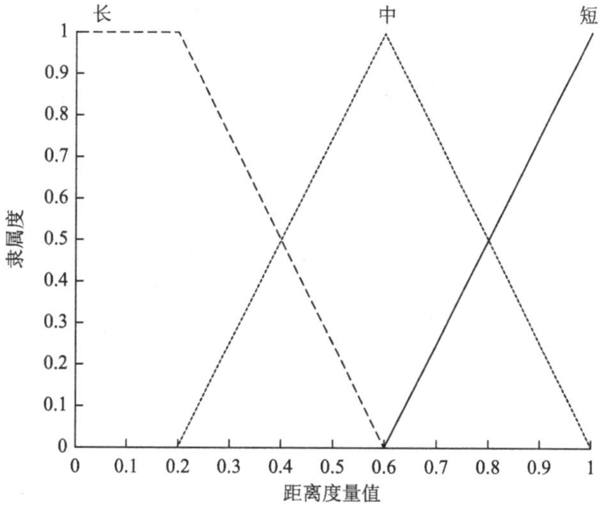

图 2-4　距离隶属度函数

（2）可用性能隶属度函数：消息签名的认证需要消耗一定的可用性能，边缘计算车辆需要具有足够的可用性能，否则会无法完成认证任务。假设所有车辆的最大计算负载相同，令 $\mathrm{UCR}(x)$ 表示车辆 V_x 的已占用可用性能，$\mathrm{MCL}(x)$ 表示车辆 V_x 的最大计算负载，定义如式（2-2）所示的可用性能隶属度计算方法，可用性能隶属度函数如图 2-5 所示。

$$\mathrm{APM}(x)=\frac{\mathrm{MCL}(x)-\mathrm{UCR}(x)}{\mathrm{MCL}(x)} \tag{2-2}$$

2. 模糊规则的定义

对车辆与 RSU 之间的距离、车辆可用性能这两个模糊值指定如表 2-1 所示的 If-Then 规则，并采用最小-最大法来得到输出。

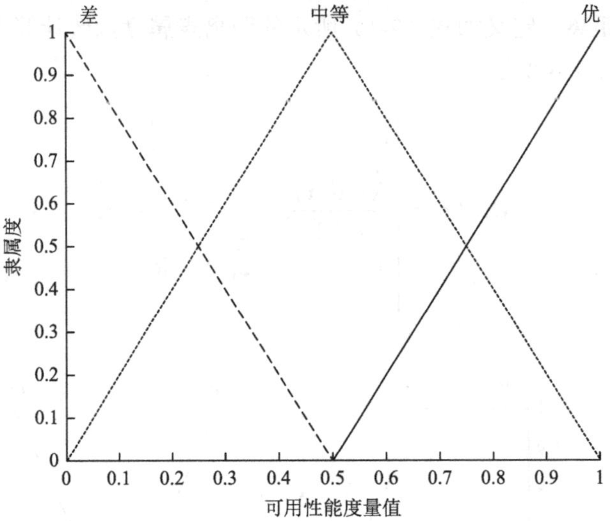

图 2-5　可用性能隶属度函数

表 2-1　模糊规则的定义

规则	距离	可用性能	评级
规则 1	近	多	很高
规则 2	近	中	高
规则 3	近	少	中
规则 4	中	多	高
规则 5	中	中	中
规则 6	中	少	低
规则 7	远	多	中
规则 8	远	中	低
规则 9	远	少	很低

3. 去模糊化

明确集在经过模糊化以及 If-Then 规则的处理后，还需要通过去模糊化过程得到一个 0～1 的合适度，1 表示完美地适合，0 表示毫不适合。本章所提出的方案使用的去模糊化方法是中央重心（center of gravity，COG）法，其中输出隶属度函数定义如图 2-6 所示。去模糊化后的结果代表一个车辆成为边缘计算车辆的合适程度，如果结果大于预设值 K，则说明该车辆适合作为边缘计算车辆。

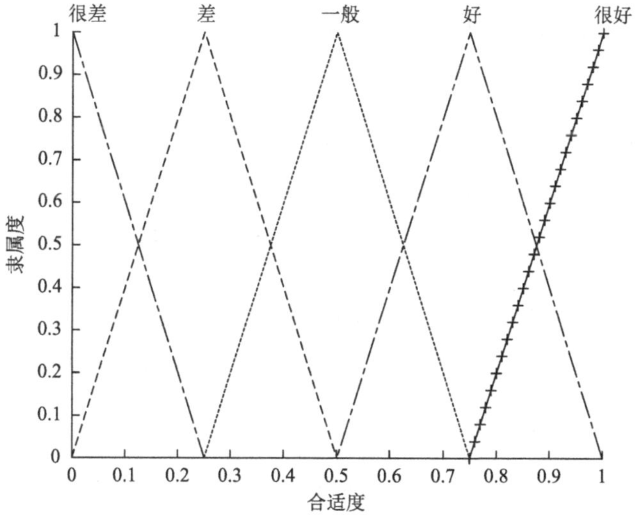

图 2-6　输出隶属度函数

2.2　边缘计算背景下的车联网安全认证技术

车联网采用的是无线通信协议，且车辆发送的消息涉及驾驶者生命安全，因此车辆接收到的消息必须要经过认证才可被进一步处理。传统的消息认证对 RSU 的计算性能要求依赖很高，且认证结果无法得到复用，因此整个系统的认证效率很低。在边缘计算背景下的车联网，由于部分车辆具有较高的计算与存储性能，通过将边缘计算的理念引入车联网的消息认证领域中并采用轻量级的密码学协议来构造方案，可以有效地利用车辆端即边缘端的计算性能，且可降低 RSU 端的计算负担，从而提升了整个系统的认证效率。本章首先介绍文献[41]中的认证算法，该算法利用轻量级密码学算法高效地解决了边缘计算背景下的车联网安全认证问题；接着给出该认证算法的安全性证明与分析；最后利用仿真实验对该认证算法的性能情况进行了分析。

2.2.1　认证算法

该算法包括五个阶段，具体为系统初始化阶段、车辆假名及签名生成阶段、消息批认证阶段、RSU 检查边缘计算车辆的认证结果阶段、车辆认证消息阶段。

1. 系统初始化阶段

在该阶段，TA 生成必要的系统参数，然后 TA 将这些系统参数通过安全的通信渠道预加载到车辆的反篡改设备（tamper-proof device，TPD）和所有的 RSU 中。具体步骤如下。

（1）TA 随机选取两个大素数 p，q，以及一个定义为 $y^2 = x^3 + ax + b \bmod q$ 的非奇异椭圆曲线 E（其中 $a,b \in F_p$），并在群 G_q 上随机选取生成元 P。

（2）TA 随机选取 $s \in Z_q^*$ 作为系统私钥，计算出系统公钥 $P_{\text{pub}} = sP$。

（3）TA 随机选取 $x \in Z_q^*$ 作为 RSU 的私钥，计算出 RSU 的私钥 $\text{PK}_R = xP$。

（4）TA 选取安全的 Hash 函数：$h:\{0,1\}^* \to Z_q$。

（5）TA 为每辆车分配真实身份 RID 及密码 PWD，通过安全的通道将{RID, PWD, s}预加载至车辆的 TPD 中。

（6）TA 通过安全的通道将 RSU 的私钥 x 发送至 RSU。

（7）TA 向 RSU 和所有车辆公布系统公开参数 $\{p,q,a,b,P,P_{\text{pub}},\text{PK}_R,h\}$。

2. 车辆假名及签名生成阶段

车辆在发送消息之前，为保证消息的可认证性，需提供对消息的签名。以下的工作由 TPD 进行，用于生成车辆的假名、公钥和签名。

（1）车辆将自己的真实身份 RID 和密码 PWD 发送至 TPD 进行身份合法性检查，如果这两个值等于 TPD 中预存储的值，则认证通过并进行下面的步骤，否则认证失败并拒绝服务。

（2）TPD 随机选取一个数 $r_i \in Z_q^*$，计算出假名 $\text{PID} = \{\text{PID}_i^1, \text{PID}_i^2\}$，其中 $\text{PID}_i^1 = r_i \cdot P$，$\text{PID}_i^2 = \text{RID} \oplus h(r_i \cdot P_{\text{pub}})$。

（3）车辆 V_i 将需要发送的信息 M 与此时的时间戳 T 联立成 $M_i = M \| T$，TPD 输入 M_i 生成签名 $\sigma_i = \text{sh}(\text{PID}_i) + r_i h(M_i)$。

（4）车辆广播消息 $\{\text{PID}_i, M_i, \sigma_i\}$。

3. 消息批认证阶段

在该阶段，ECV 收集消息认证任务并利用批认证算法对多个消息批量认证。具体步骤如下。

（1）边缘计算车辆 ECV_i 在认证其他车辆消息签名之前，需要告知 RSU 其剩余可用资源大小。当 RSU 收到 ECV_i 的任务请求消息后，RSU 根据其可用计算资源大小为其分配需要认证的消息拥有者的假名集合为 $\text{PID} = \{\text{PID}_1, \text{PID}_2, \cdots, \text{PID}_n\}$。接着 RSU 将消息 $\{\text{PID}, \text{SIG}_{\text{SK}_R}(\text{PID})\}$ 发送给 ECV_i。

（2）边缘计算车辆 ECV_i 在收到消息 $\{\text{PID}, \text{SIG}_{\text{SK}_R}(\text{PID})\}$ 后，用 RSU 的公钥 PK_R 对该消息进行认证，如果不合法，则拒绝该条消息。如果合法，则 ECV_i 针对收到的 $\text{PID} = \{\text{PID}_1, \text{PID}_2, \cdots, \text{PID}_n\}$ 在自己的消息缓存中寻找其需要认证的消息签名对（$\text{PID}_i, M_i, \sigma_i$），其中 $1 \leqslant i \leqslant n$。针对这些消息签名对，$\text{ECV}_i$ 检查所有消息的时间戳的有效性，如果存在过期消息，则向 RSU 发送报告，RSU 从 ECV_i 对应的消息拥有者列表 PID 中剔除过期消息对应的假名。

（3）为防止敌手攻击批量求和，需要在批认证时乘上一个小向量，即ECV_i随机选取一个长度为10bit的小整数t，随机生成向量$v=\{v_1,v_2,\cdots,v_n\}$，$v_i\in[1,2^t]$。接着验证批量消息认证式（2-3）是否成立。如果式（2-3）成立，表明ECV_i所认证的这批消息通过了消息拥有者的身份以及消息本身的完整性检查；如果不成立，则说明这批消息中至少包含一个无效的消息，则ECV_i需要进行下一步骤。

$$\begin{aligned}&\left(\sum_{i=1}^{n}v_i\cdot\sigma_i\right)P\\&=\left(\sum_{i=1}^{n}v_i\cdot(\mathrm{sh}(\mathrm{PID}_i)+r_ih(M_i))\right)P\\&=\left(\sum_{i=1}^{n}v_i\cdot\mathrm{sh}(\mathrm{PID}_i)\right)\cdot P+\left(\sum_{i=1}^{n}v_i\cdot r_i\cdot h(M_i)\right)\cdot P\\&=\sum_{i=1}^{n}v_i\cdot s\cdot P\cdot h(\mathrm{PID}_i)+\sum_{i=1}^{n}v_i\cdot r_i\cdot P\cdot h(M_i)\\&=\left(\sum_{i=1}^{n}v_i\cdot h(\mathrm{PID}_i)\right)\cdot P_{\mathrm{pub}}+\sum_{i=1}^{n}v_i\cdot\mathrm{PID}_i^1\cdot h(M_i)\end{aligned}\tag{2-3}$$

（4）为了能够快速找到批量消息中包含的无效消息，可采用算法2.1。

算法2.1　结合批认证的二分查找算法

1. 设置一个用于存储待处理消息的列表List = $\{M_1, M_2, \cdots, M_n\}$；
2. 设置一个用于存储无效消息的列表List1；
3. 令batchAuth（List，low，high）表示对消息数组下标属于[low, high]部分的消息进行式（2-3）所述的批认证，成功则返回True，失败则返回False；
4. 定义下面的方法：

```
bSearch（List, List1, low, high）:
  if batchAuth（List, low, high）:
     return True
  else:
     if low = = high:
       List1.append（Message[low]）
       return 1
     else:
       mid = (low + high)/2
       bSearch（List, List1, low, high）
       bSearch（List, List1, mid + 1, high）
       return 1
```

5. ECV_i执行bSearch（List, List1, 1, n）。

通过执行该算法，ECV_i 找到了批量消息中的无效消息，在自己的消息缓冲池中找到这些消息拥有者的身份序列 $InvalidList_{ECV_i} = \{PID_1, PID_2, \cdots, PID_n\}$ 。接着 ECV_i 向 RSU 反馈自己的认证结果：$\{InvalidList_{ECV_i}, SIG_{SK_{ECV_i}}(InvalidList_{ECV_i})\}$ 。值得注意的是，为了节省网络带宽，ECV_i 仅需要发送无效消息拥有者的假名。因为在车联网中，绝大部分消息都是有效的，并且 RSU 从 ECV_i 需要认证的消息对应的假名集合中减去从 ECV_i 收到的假名集合便可得到合法消息对应的身份。

4. RSU 检查边缘计算车辆的认证结果阶段

RSU收到边缘计算车辆的身份消息以及对应的签名后，先检查签名是否有效，如果无效则拒绝该消息，如果有效则进行如下步骤。

（1）在自己的内存中搜索 ECV_i 需认证的消息对应的假名 PID 序列，记为 $List_{ECV_i} = \{PID_1, PID_2, \cdots, PID_n\}$，该序列减去 ECV_i 发送的无效消息拥有者身份序列 $InvalidList_{ECV_i}$，即可得到 ECV_i 认证通过的消息拥有者的 PID 序列。

（2）对 $ValidList_{ECV_i}$ 对应的消息签名进行式（2-3）所述的批认证，如果通过，则输出 $a = \text{True}$；如果不通过，则输出 $a = \text{False}$。对无效消息拥有者身份序列中的所有元素对应的消息签名逐个进行式（2-4）所述的认证。如果所有的签名都认证不通过，则输出 $b = \text{True}$；否则，输出 $b = \text{False}$。

$$\sigma_i \cdot P = h(PID_i) \cdot P_{pub} + h(M_i) \cdot PID_i^1 \tag{2-4}$$

（3）若 $a = \text{True}$ 且 $b = \text{True}$，则 ECV_i 的消息认证结果可靠，继续进行步骤（4）；反之，说明 ECV_i 试图欺骗 RSU，RSU 便认定 ECV_i 为恶意车辆，取消 ECV_i 的边缘计算车辆资格，并向 TA 发送 ECV_i 的假名 PID_{ECV_i} ，请求 TA 撤销 ECV_i 。

（4）经过步骤（3）的检查，RSU 确认了 ECV_i 的认证结果可靠。RSU 初始化两个 Cuckoo 过滤器，即正过滤器 posFilter 和负过滤器 negFilter。RSU 分别计算 $ValidList_{ECV_i}$ 中所有元素对应的消息的指纹，即 fingerprint(M_i)，将指纹存入正过滤器中；再分别计算 $InvalidList_{ECV_i}$ 中所有元素对应的消息的指纹，将指纹存入到负过滤器中。初始化完毕后，RSU 向辖区车辆广播正过滤器 posFilter、负过滤器 negFilter 以及对应的签名。

5. 车辆认证消息阶段

车辆不再需要独立认证其他车辆所发送的消息，因为 RSU 广播的两个过滤器中包含了其他车辆的消息签名合法性信息。如果车辆 V_i 想要认证消息 M_i 是否合法，首先计算 M_i 对应的指纹 $f = \text{fingerprint}(M_i)$ ，分别在正过滤器 posFilter 和负过滤器 negFilter 中查询指纹 f 值是否能被查询到，并根据表 2-2 判断消息是否合法。

表 2-2　所有可能状态与结果

情形	正过滤器查询结果	负过滤器查询结果	结论
1	成功	失败	合法消息
2	失败	成功	非法消息
3	失败	失败	不确定
4	成功	成功	不确定

情形 1 或者 2 都可以明确消息 M_i 合法与否，但是会有一定的概率遇到情形 3。情形 3 如果出现，表明 RSU 尚未验证消息 M_i 或者验证结果未及时更新到过滤器中，此时车辆等待下一轮的过滤器更新，若超过系统预设的轮数依然查询失败，则由车辆自行根据式（2-4）认证消息 M_i 合法与否。情形 4 的出现是因为 Cuckoo 过滤器有一定的假阳率，但只需根据实际需求增大指纹函数 fingerprint 的长度以及增加 Bucket Size 使得情形 4 出现的概率可忽略不计。

2.2.2　安全性分析

本节将分析文献[41]所满足的安全性要求，包括消息的可认证性、车辆身份条件性隐私保护、抵抗重放攻击、不可链接性等。

1. 消息的可认证性

在文献[41]所提出的方案中，对消息的签名保证了消息的完整性和消息拥有者的合法性。定理 2.1 证明了该方案使用的签名在随机预言机模型下不可伪造，因此，恶意攻击者无法伪造有效的签名或者有效篡改合法的签名。车辆发送的消息签名 RSU 不直接认证，而是通过分发给边缘计算车辆来认证。由于边缘计算车辆可能会被攻破，成为恶意车辆，因此它可能会向 RSU 发送错误的认证结果，企图欺骗 RSU。具体而言，恶意边缘计算车辆可能将有效的消息签名声称成无效的消息签名，或将无效的消息签名声称成有效的消息签名。定理 2.2 说明边缘计算车辆无法成功欺骗 RSU。

定理 2.1　该方案在随机预言机模型下能够抵抗自适应选择消息攻击。

证明　令 A 表示随机预言机模型下攻击本章提出的方案且在多项式时间内运行的敌手，该敌手能够监控、修改甚至伪造车辆间的通信。令 C 表示一个挑战者，该敌手能够通过以子程序的方式调用 A 以不可忽略的概率解决 ECDLP 问题，并且 C 扮演着 A 的预言机的角色。A 和 C 的交互如下所示。

设置：首先，挑战者 C 选取系统安全参数 n 和系统私钥 s，生成阶为 q 的椭圆

曲线 E 并选取基点 P，计算系统公钥 $P_{pub}=sP$；接着挑战者 C 公开发布 $\{P,q,G,E,P_{pub},H(\cdot)\}$。

H_1 哈希查询：挑战者 C 生成一个空的列表 L_{H_1}，在接收到敌手 A 发送的对消息 M_i 的请求后，C 检查 $\langle M_i,\tau_{H_1}\rangle$ 是否已存在于 L_{H_1}。如果不在，随机生成一个 $\tau_{H_1}\in Z_q^*$ 并将 $\langle M_i,\tau_{H_1}\rangle$ 添加到 L_{H_1} 中，并发送 $\tau_{H_1}=H_1(M_i)$ 给敌手 A；反之，则直接发送 $\tau_{H_1}=H_1(M_i)$ 给敌手 A。

H_2 哈希查询：挑战者 C 生成一个空的列表 L_{H_2}，在接收到敌手 A 发送的对消息 M_i 的请求后，C 检查 $\langle \mathrm{PID}_i^1,\mathrm{PID}_i^2\rangle$ 是否已存在于 L_{H_2}。如果不在，随机生成一个 $\tau_{H_1}\in Z_q^*$ 并将 $\langle \mathrm{PID}_i^1,\mathrm{PID}_i^2\rangle$ 添加到 L_{H_2} 中，并发送 $\tau_{H_2}=H_2(\mathrm{PID}_i^1,\mathrm{PID}_i^2)$ 给敌手 A；反之，则直接发送 $\tau_{H_2}=H_2(\mathrm{PID}_i^1,\mathrm{PID}_i^2)$ 给敌手 A。

签名预言机：在接收到敌手 A 发送的对消息 M_i 的请求后，挑战者 C 首先选取 $\sigma,h_{i,1},h_{i,2}\in Z_q^*$ 和 E 上的点 PID_i^2，计算 $\mathrm{PID}_i^1=(\sigma P-h_{i,1}P_{pub})/h_{i,2}$；接着，分别将 $\langle M_i,h_{i,1}\rangle$ 和 $\langle \mathrm{PID}_i^1,\mathrm{PID}_i^2,h_{i,2}\rangle$ 添加到 L_{H_1} 和 L_{H_2}。

根据交叉引理[42]，当挑战者 C 再次用相同元素发送给敌手 A 后，可以得到两个有效的签名 $\sigma=r_ih_{i,1}+\mathrm{sh}_{i,2}$ 和 $\sigma'=r_ih'_{i,1}+\mathrm{sh}_{i,2}$，并能通过式（2-5）得到 s：

$$\frac{h'_{i,1}\sigma-\mathrm{sh}_{i,2}}{h_{i,2}(h'_{i,1}-h_{i,1})}\bmod q=s \tag{2-5}$$

这就意味着敌手 A 能够在多项式时间内解决 ECDLP 问题，而这与假设相矛盾。因此，本章的签名方案在随机预言机模型下能够抵抗自适应选择消息攻击。

定理 2.2　边缘计算车辆无法成功伪造有效的消息签名认证结果以达到欺骗 RSU 的目的。

证明　设边缘计算车辆 ECV_i 需认证的消息签名集合为 $\mathrm{TaskList}_{\mathrm{ECV}_i}$，其向 RSU 反馈的无效签名集合为 $\mathrm{InvalidList}_{\mathrm{ECV}_i}$，则 RSU 可以根据这两个签名集合得出 ECV_i 认证通过的消息签名集合为 $\mathrm{ValidList}_{\mathrm{ECV}_i}=\mathrm{TaskList}_{\mathrm{ECV}_i}-\mathrm{InvalidList}_{\mathrm{ECV}_i}$。对于 $\mathrm{ValidList}_{\mathrm{ECV}_i}$ 中的所有签名，RSU 将它们进行式（2-3）所述的批认证，如果 ECV_i 未欺骗 RSU，那么批认证肯定会通过，但如果未通过，则说明 ECV_i 企图欺骗 RSU 将无效的消息签名声称成有效的消息签名；对于 $\mathrm{InvalidList}_{\mathrm{ECV}_i}$ 中的所有签名，RSU 逐个进行式（2-4）所述的认证，如果 ECV_i 未欺骗 RSU，那么所有的认证肯定无法通过，但若有通过认证的签名，则说明 ECV_i 试图欺骗 RSU 将有效的消息签名声称成无效的消息签名。由于 RSU 同时检查两个列表即 $\mathrm{ValidList}_{\mathrm{ECV}_i}$ 和 $\mathrm{InvalidList}_{\mathrm{ECV}_i}$，所以边缘计算车辆无法成功欺骗 RSU。

2. 车辆身份条件性隐私保护

车辆 V_i 在与车联网其他实体通信过程中，使用的不是自己的真实身份，而是自己的假名 $\mathrm{PID}_i=\{\mathrm{PID}_i^1,\mathrm{PID}_i^2\}$，其中 $\mathrm{PID}_i^1=r_i\cdot P$，$\mathrm{PID}_i^2=\mathrm{RID}\oplus h(r_i\cdot P_{pub})$。根据

离散对数问题（DLP），其他车辆在已知 PID_i^1 和 P 的情况下，无法得到车辆 V_i 的私钥 r_i。与此同时，由于 r_i 存储在车辆安全的 TPD 中，因此即使是车辆 V_i 自己也无法泄露 r_i。因此，对于假名拥有者之外的车辆而言，根据其收到的假名和已知的公开消息，无法得到假名对应的真实身份。为了能够追究恶意车辆的责任，TA 需具有追溯车辆的真实身份的能力。如果 TA 需要追溯车辆 V_i 的真实身份，首先找到 V_i 发送的消息中对应的假名 $\mathrm{PID}_i = \{\mathrm{PID}_i^1, \mathrm{PID}_i^2\}$，根据等式得到 V_i 的真实身份：$\mathrm{PID}_i^2 \oplus h(s \cdot \mathrm{PID}_i^1) = \mathrm{RID} \oplus h(r_i \cdot P_{\mathrm{pub}}) \oplus h(s \cdot r_i \cdot P) = h(r_i \cdot P_{\mathrm{pub}}) = \mathrm{RID}$。

3. 抵抗重放攻击

为了保证消息的时效性，消息接收者在收到一条消息后，首先检查消息是否过期。令 T_R 表示消息的接收时间，T 表示消息内包含的时间戳，Δt_1 表示消息发送车辆时钟与系统时钟的时间差，Δt_2 表示预估的网络延迟。如果满足 $|T_R - T| < \Delta t_1 + \Delta t_2$，那么接收者接受此消息，反之说明消息过期，接收者拒绝此消息。

4. 不可链接性

车辆的假名生成阶段使用的是 TPD 生成的随机数 r_i，车辆每发送一条消息，使用的假名改变一次。因此，对攻击者而言，无法根据同一车辆发送的多个一次性假名锁定到源头。类似于假名，车辆发送的消息签名中也使用到了一次性随机数 r_i，因此根据同一车辆发送的多个消息签名也无法追溯到消息源头。即使联合假名和签名也可以满足不可链接性，因为对假名和签名联合求解问题实际上就是丢番图方程求解问题。

2.2.3 性能分析

为了证明该方案的优势，本节将从计算开销与通信开销两方面将该方案与同一研究领域的代表性方案进行对比。

1. 计算开销分析

为了公平地比较各个方案之间的签名认证开销，需要度量基本运算操作的时间。令 T_{bp} 表示双线性配对操作时间，$T_{\mathrm{sm-bp}}$ 表示双线性配对点乘操作时间，$T_{\mathrm{sm-ecc}}$ 表示椭圆曲线点乘操作时间，$T_{\mathrm{sm-ecc-s}}$ 表示椭圆曲线小向量点乘操作时间，T_{mtp} 表示哈希到点运算操作时间。

由于文献[43]、[45]方案基于双线性配对操作密码学，而本节方案基于椭圆曲线密码学，为此，本书分别构造了安全级别为 80bit 的 2 个密码学运算方案。双线性配对操作密码学方案设置如下：$G_1 \times G_1 \to G_2$，其中加法群 G_1 是由生成元 $\bar{P}$ 生成的阶为 $\bar{q}$ 的加法群，$\bar{P}$ 是曲线 $\bar{E}: y^2 = x^3 + x \bmod \bar{p}$ 上的一个点，$\bar{p}$ 是一个

521bit 的素数，$\bar{q}$ 为一个 160bit 的素数并满足等式 $\bar{p}+1=12\bar{q}\bar{r}$ 。椭圆曲线密码学方案构造如下：加法群 G 是由生成元 P 生成的阶为 q 的加法群，其中 P 为非超奇异椭圆曲线 $y^2=x^3+ax+b \bmod p$ 上的点，p、q 为 160bit 的素数，$a,b\in Z_p^*$。在主频为 3.4GHz 的 i7-4770 下，通过 MIRACL 库可以度量得到以下结论：$T_{bp}=4.211\text{ms}$，$T_{sm-bp}=1.709\text{ms}$，$T_{sm-ecc}=0.442\text{ms}$，$T_{sm-ecc-s}=0.0276\text{ms}$，$T_{mtp}=4.406\text{ms}$。

在本节方案中，RSU 能够通过把批认证外包给边缘计算车辆认证来做到快速寻找无效签名。然而在绝大部分情形下，批认证都是一次成功通过的。为了体现本节方案的效率，以下首先说明本节方案在批认证一次性通过时的开销优于对比方案。本书分 RSU 端开销、RSU 端和 RSU 辖区内所有车辆的共同开销分别讨论批认证开销。

首先只考虑 RSU 端的计算开销。在文献[43]方案中，批量消息验证 n 个签名主要包括了 2 个双线性配对操作 T_{bp}、$2n$ 个双线性配对点乘操作 T_{sm-bp}、n 个哈希到点运算操作，总和为 $2T_{bp}+2nT_{sm-bp}+nT_{mtp}=7.824n+8.422\text{ms}$。在文献[44]方案中，批量消息验证 n 个签名主要包括了 $n+2$ 个 ECC 的椭圆曲线点乘操作 T_{sm-ecc}、$2n$ 个椭圆曲线小向量点乘操作 $T_{sm-ecc-s}$，总和为 $(n+2)T_{sm-ecc}+2nT_{sm-ecc-s}=0.4972n+0.884\text{ ms}$。在文献[45]方案中，批量消息验证 n 个签名主要包括了 3 个双线性配对操作 T_{bp} 和 $n+1$ 个双线性配对点乘操作 T_{sm-bp}，开销总和为 $3T_{bp}+(n+1)T_{sm-bp}=1.709n+14.342\text{ms}$。而在本节方案中，批量消息验证 n 个签名主要包括了 $n+2$ 个椭圆曲线点乘操作 T_{sm-ecc}、n 个椭圆曲线小向量点乘操作 $T_{sm-ecc-s}$，总和为 $(n+2)T_{sm-ecc}+nT_{sm-ecc-s}=0.4696n+0.884\text{ms}$。根据以上数据，图 2-7 展示了四种方案在批量认证一次性通过时的 RSU 端开销与消息数量之间的线性关系。

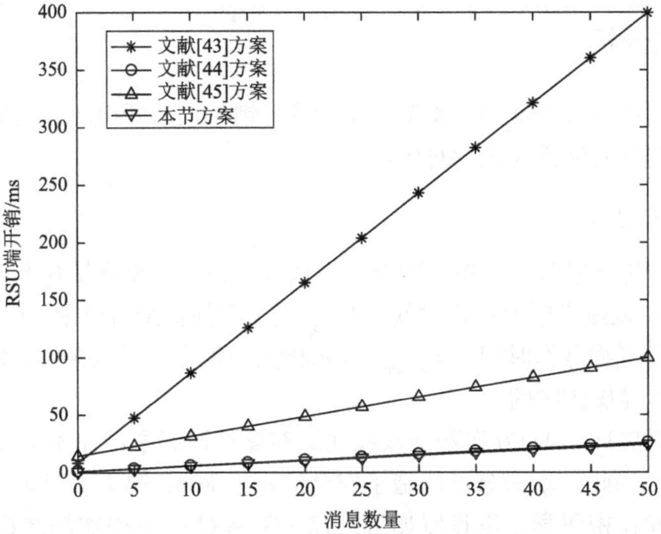

图 2-7　RSU 端开销与消息数量的关系

从图 2-7 中可以看到本节方案在大部分情形即批认证一次性通过时的 RSU 端显著优于文献[43]和[45]方案，略优于文献[44]方案。

其次考虑一个 RSU 域内所有开销，即 RSU 和 RSU 域内所有车辆的开销之和。设 RSU 域内有 n 辆车，根据 DSRC 协议，车辆发送消息的周期为 300ms 左右。为了便于分析，假定 300ms 内每辆车仅发送一条消息，记车辆数量为 n，批认证所用开销为 $\mathrm{bv}(n)$，RSU 端认证消息所用开销为 T_{RSU}，车辆端认证消息开销为 T_V，RSU 和 RSU 域内所有车辆消息认证开销之和为 T_{allCost}。在文献[43]方案中，车辆的认证任务完全交给 RSU 集中处理，车辆只需查询 RSU 广播的认证结果即可做到认证消息，因此 $T_{\mathrm{allCost}} = T_{\mathrm{RSU}} = \mathrm{bv}(n) = 7.824n + 8.422\mathrm{ms}$。在文献[44]方案中，RSU 和 n 辆车各自独立认证所接收到的消息，所以 $T_{\mathrm{allCost}} = T_{\mathrm{RSU}} + nT_V = \mathrm{bv}(n) + n \cdot \mathrm{bv}(n-1) = 0.4972n^2 + 0.884n + 0.884\mathrm{ms}$。在文献[45]方案中，消息的接收方需要独立对收到的消息队列进行认证，其中 $T_{\mathrm{allCost}} = T_{\mathrm{RSU}} + nT_V = 1.709n + 14.342 + n(1.709(n-1) + 14.342) = 1.709n^2 + 14.342n + 14.342\mathrm{ms}$。而在本节方案中，车辆的认证任务交给 RSU 和性能优于普通车辆的边缘计算车辆共同处理，因此车辆端的开销只包括边缘计算车辆端的开销，即 $T_{\mathrm{allCost}} = T_{\mathrm{RSU}} + T_V = T_{\mathrm{RSU}} + T_{\mathrm{ECV}} \approx 0.4696n + 0.884 + 0.4696(n-1) = 0.9392n + 0.4144\mathrm{ms}$。根据以上数据，图 2-8 给出了批认证一次性通过时 RSU 端和车辆端的消息认证开销之和（RSU 域内消息认证开销之和）与车辆数量之间的关系。

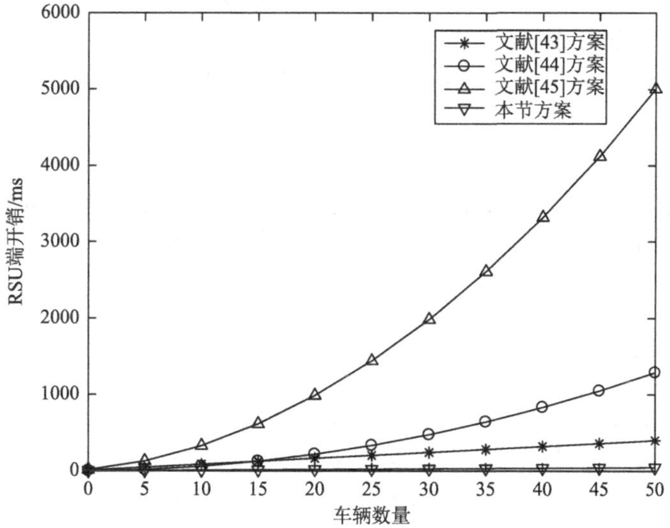

图 2-8　RSU 域内消息认证开销之和与车辆数量之间的关系

从图 2-8 可以看出，当在大部分情形即系统不存在无效签名，且考虑 RSU 和 RSU 域内车辆的认证开销之和时，该方案的效率显著优于其他方案。

在真实的车联网情景下，往往存在着恶意攻击者，因此难以避免无效签名的存在，在这种情况下，RSU 往往无法独立支撑寻找无效签名的工作。本节方案的独特之处在于首次提出利用边缘计算车辆帮助 RSU 寻找无效签名，换句话说，RSU 将寻找无效签名的工作外包给边缘计算车辆来处理，而 RSU 自身只需要校验边缘计算车辆回馈的结果。设 RSU 域内消息的数量为 n，其中无效消息签名的比例为 ϵ ，则本节方案当存在恶意攻击者时的 RSU 端开销为 $T_{\mathrm{RSU}} = n\epsilon \cdot 1.326 + 0.4696(n - n\epsilon) + 0.884 = 0.8564n\epsilon + 0.4696n + 0.884\mathrm{ms}$ 。

在无效消息签名比例高达 0.1 时，RSU 也可在车辆消息的一次发送周期即 300ms 内认证超过 500 条包含无效签名的消息签名。而在文献[43]方案中，使用结合批认证的二分查找方法是在 RSU 端进行的，如果无效签名比例稍大，就需要进行多次的批认证操作来寻找出无效签名，这就意味着 RSU 端在极端情况下无法及时完成消息认证工作。以下说明 RSU 域内仅有 20 个签名时，这种现象就很明显。为了方便对比，假设签名个数为 20 个并存放在数组 sigList[]中，考虑以下两种情形。

（1）当只存在一个无效签名并且存放在 sigList[0]时，无效消息签名比例为 5%。为了鉴别无效签名，批认证开销为：$\mathrm{bv}(20) + 2\mathrm{bv}(10) + 2\mathrm{bv}(5) + \mathrm{bv}(3) + 2\mathrm{bv}(2) + 3\mathrm{bv}(1)$ ，则此时文献[43]方案的总开销为 562.082ms，本节方案的 RSU 端开销为 11.1324ms，本节方案的边缘计算车辆端总开销约为 37.9ms。

（2）当存在两个无效签名，分别存放在 sigList[0]和 sigList[19]时，无效消息签名比例为 10%。为了寻找出无效签名，批认证所用开销为：$\mathrm{bv}(20) + 2[\mathrm{bv}(10) + 2\mathrm{bv}(5) + \mathrm{bv}(3) + 2\mathrm{bv}(2) + 3\mathrm{bv}(1)]$ ，则此时文献[43]方案的总开销为 785.938ms，本节方案的 RSU 端开销为 11.989ms，本节方案的边缘计算车辆端总开销约为 54.364ms。

通过上面的分析可知，当车联网中存在无效消息签名时，类似于传统的批认证完全在 RSU 端进行的方案效率很低，相对于这种方案，本书提出的结合边缘计算思想的认证方案有着较为高效的效率，能够在恶劣情况（攻击者产生的无效签名较多时）下依然高效地工作。

2. 通信开销分析

根据前面的分析可知，$\bar{p}$ 与 p 所占字节分别为 64B 和 20B，因此，群 G_1 与群 G 中的元素所占的字节分别是 128B 和 40B。除此之外，真实身份 RID 所占字节数为 20B，单向散列函数输出的值占用 20B，时间戳占据 4B。

在文献[43]方案中，车辆发送的假名和身份消息为 $\{\mathrm{ID}_i, M_i, \sigma_i\}$ ，其中 $\mathrm{ID}_i = \{\mathrm{ID}_i^1, \mathrm{ID}_i^2\}$ ，$\mathrm{ID}_i^1, \mathrm{ID}_i^2, \sigma_i \in G_1$ ，因此该方案的通信开销为 $128 \times 3 = 384\mathrm{B}$。在文献[44]方案中，车辆发送的假名和身份消息为 $\{\mathrm{ID}_i, R_i, \sigma_i, T_i\}$ ，其中 $\mathrm{ID}_i = \{\mathrm{ID}_i^1, \mathrm{ID}_i^2\}$ ，并且 ID_i^1，$\mathrm{ID}_i^2, R_i \in G$，$\sigma_i \in Z_q^*$，因此该方案的通信开销为 $40 \times 3 + 20 + 4 = 144\mathrm{B}$。

在文献[45]方案中，车辆发送的假名和身份消息为$\{\mathrm{ID}_i,\sigma_i,T_i\}$，其中$\mathrm{ID}_i=\{\mathrm{ID}_i^1,\mathrm{ID}_i^2\}$，且$\mathrm{ID}_i^1,\mathrm{ID}_i^2,\sigma_i\in G_1$，因此该方案的通信开销为 $128\times3+4=388$B。而在本节方案中，车辆发送的假名和身份消息为$\{\mathrm{ID}_i,\sigma_i,T_i\}$，其中$\mathrm{ID}_i=\{\mathrm{ID}_i^1,\mathrm{ID}_i^2\}$、$\mathrm{ID}_i^1,R_i\in G$、$\sigma_i,\mathrm{ID}_i^2\in Z_q^*$，因此该方案的通信开销为 $40+20\times2+4$=84B。

2.3　边缘计算背景下的车联网协同下载方案

车辆的行驶安全不是仅靠车辆发送的安全消息来保证的，还需要依赖路边基础设施所提供服务的帮助。此外，各种附加服务成为驾驶者行驶途中的必需品，因此有必要为车联网设计出安全高效的数据下载方案。传统的车联网数据协同下载方案基本没有考虑到这样一个问题，即处于同一 RSU 区域内的车辆总是会有相同的数据下载请求，因此有必要利用这一特性设计出不泄露单个车辆下载隐私的前提下高效安全的协同下载方案。本节将介绍文献[46]的主要方案，该方案通过结合边缘计算理念与轻量级的密码学协议，设计出一个保护车辆隐私的安全且轻量级协同下载方案。该方案可以在不泄露车辆下载请求隐私的同时考虑数据复用问题，并通过将这些复用率高的内容缓存到合适的车辆中，以达到提升下载成功率、降低网络传输开销的目的。

2.3.1　协同下载算法

文献[46]的主要方案可分为两个阶段，即非加速阶段和加速阶段。非加速阶段是指系统运行的初始阶段。在非加速阶段，车辆向 CSP 发送数据下载请求，并通过 RSU 从 CSP 获取数据。当 RSU 从附近的车辆收集到足够的请求后，系统进入加速阶段。在加速阶段，RSU 通过分析过去阶段收到的加密下载请求来查找频繁最高的下载请求，并将这些高频下载请求对应的数据缓存到边缘计算车辆中，这样想要下载这些高频数据的车辆可以直接从最近的边缘计算车辆直接下载数据。

1. 非加速阶段

非加速阶段主要分为四个步骤，即系统初始化、内容列表广播、车辆发送数据下载请求以及车辆下载数据。

1）系统初始化

在系统初始化阶段，RSU 和车辆都从 TA 接收一些必要的密钥生成关键材料和初始化参数，同时车辆需要选择自己的假名。TA 和 RSU 之间的连接是固定的安全有线网络，因此它们之间的关键材料和参数传输可以随时处理。然而，TA 和车辆之间的连接是不安全的无线网络，容易受到各种攻击。因此，TA 与车辆之间的初始关键材料和参数需要在一些特殊场合下进行处理，例如，在通过 ETC 时或根据预定策略进行预加载。具体而言，TA 随机选举两个大素数 p 和 q，生成一个定义为 $y^2 = x^3 + ax + b \bmod p$ 的非奇异椭圆曲线 E 以及随机的生成元 P；TA 随机生成 $s \in Z_q^*$ 作为系统私钥，并计算相应的系统公钥 $\mathrm{PK_{pub}} = sP$；TA 随机生成 $x \in Z_q^*$ 作为 RSU 的私钥，计算相应的 RSU 公钥 $\mathrm{PK_{RSU}} = xP$；TA 随机生成 $y \in Z_q^*$ 作为 CSP 的私钥，计算相应的 CSP 公钥 $\mathrm{PK_{CSP}} = yP$；TA 选取一个安全防碰撞的哈希函数 $H:\{0,1\}^* \to Z_q^*$ 以及消息认证码函数 $\mathrm{MAC}_k(m) = H(k \oplus \mathrm{opad} \oplus H(k \oplus \mathrm{ipad} \oplus m))$，其中 opad 和 ipad 是填充常数；TA 为每辆车 V_i 分配对应的真实身份 RID_i 和密码 PWD_i，通过一个安全的信道将 $\{\mathrm{PWD}, \mathrm{RID}, s\}$ 预加载到车辆 V_i 的 TPD 中，并通过专有安全线路发送私钥 x 给 RSU；TA 广播系统公开参数 $\{p, q, a, b, P, \mathrm{PK_{pub}}, \mathrm{PK_{RSU}}, H, \mathrm{MAC}\}$；车辆 V_i 随机生成一个随机数 $r_i \in Z_q^*$ 并计算假名 $\mathrm{PID}_i = \{\mathrm{PID}_i^1, \mathrm{PID}_i^2\}$，其中 $\mathrm{PID}_i^1 = r_i \cdot P$，$\mathrm{PID}_i^2 = \mathrm{RID}_i \oplus H(r_i \cdot P_{\mathrm{pub}})$；CSP 计算 $n = p \cdot q$ 和 $\lambda = \mathrm{lcm}(p-1, q-1)$，生成一个随机数 $g \in Z_{n^2}^*$，其中，lcm 表示求最小公倍数函数。

2）内容列表广播

为了向车辆提供内容下载服务，CSP 需要广播一个列表，该列表描述它能够提供什么样的内容。本章方案中的列表称为内容服务列表（content service list，CSL）。假设 CSL 的结构主要包括三个部分——索引、描述和长度，其中索引项用于定位内容，描述项是内容的摘要，长度项是内容的大小。表 2-3 给出了 CSL 的一个示例。

表 2-3 CSL 结构

索引	描述	长度
0	前方交通状况	10KB
1	某音乐	3MB
2	实时天气预报	5KB
⋮	⋮	⋮
255	上海市地图	8MB

CSP 需要不断地更新并广播 CSL，这样车辆才能获取实时的可下载内容列表。车联网无线网络的特性决定了 CSL 容易被篡改或者伪造，从而破坏服务稳定性甚至威胁交通安全。最常见的解决思路是将 CSL 进行签名，然而 CSL 处于不断更新且属于广播型消息，使用数字签名算法会消耗较多的计算资源和网络带宽，不够高效，一种更好的解决思路是使用 TESLA 算法来保证 CSL 的可认证性。具体的步骤如下。

（1）生成哈希链：CSP 将时间轴分为连续的时间片 $I_0,I_1,\cdots,I_n$，随机选举一个密钥 K_n，不断地进行如图 2-9 所示的哈希运算，生成序列 $\{K_0,K_1,\cdots,K_n\}$，得到密钥 $\{K'_0,K'_1,\cdots,K'_n\}$。

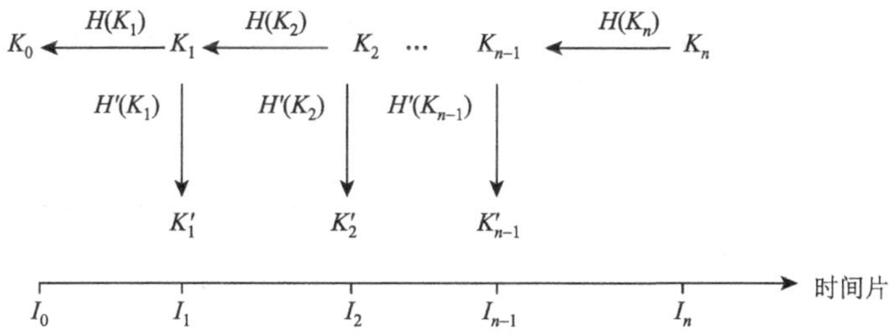

图 2-9　哈希链生成过程

（2）初始密钥广播：CSP 使用 ECDSA 签名算法对 I_0 对应的初始密钥 K_0 以及时间戳进行签名，并广播 $m_0=\{T_i,K_0,\text{ECDSA\_Sign}_y(K_0\|T_i)\}$。注意，消息 m_0 需要被周期性地广播，因为会有新的车辆不断地加入，而 m_0 是保证不可抵赖性的关键。

（3）CSL 广播：CSP 在准备好 CSL 后，计算当前的时间片 I_i，广播消息 $m_i=\{T_i,\text{CSL},\text{MAC}_{K_i}(\text{CSL}|T_i),K_{i-1}\}$。

3）车辆发送数据下载请求

车辆确定下载请求后，需要向 CSP 和 RSU 发送请求。因为内容下载请求涉及用户隐私，所以应该对其进行加密。对于 RSU 而言，其不应该获取单个车辆的下载隐私，但可以知道众多车辆下载内容的频率信息，具体步骤如下。

（1）CSL 认证：当车辆 V_i 接收到来自 CSP 的 CSL 后，需要通过以下的方法认证 CSL。首先，使用 ECDSA 认证算法检查之前接收到的 m_0 的正确性，如果认证通过说明接收到的 K_0 合法。然后，对接收到的消息 m_i 中的 K_{i-1} 进行 $i-1$ 次迭代哈希运算并判断结果是否等价于 K_0。如果等价，则 K_{i-1} 可以用于检查上一时间片收到的 m_{i-1} 的合法性。m_i 的合法性检查类似于上述方法，只需要在接收到 m_{i+1} 后进行判断。

（2）CSP 与车辆之间的密钥协商：车辆 V_i 选举一个随机数 $z\in Z_p^*$，计算 $Z=zP$ 和签名 $\sigma_i=s\cdot H(\text{PID}_i)+r_i\cdot H(Z\|T_i)$，并发送 $\{Z,T_i,\sigma_i\}$ 给 CSP。CSP 接收到消息 $\{Z,T_i,\sigma_i\}$ 后，检查 $\sigma_i\cdot p=H(\text{PID}_i)\cdot P_{\text{pub}}+H(Z\|T_i)\cdot\text{PID}_i^1$ 是否成立。

（3）车辆发送加密请求给 RSU：车辆 V_i 将自己想要下载的内容集合表示为二进制集合的形式 $\{S_1(v),S_2(v),\cdots,S_m(v)\}$，其中 $S_j(v)$ 的最后一位表示是否想要下载内容 j（0 表示不需要下载，1 表示需要下载）。例如，车辆需要下载索引分别为

1 和 4 的内容，则该集合表示为{001,000,000,001}。接着，车辆V_i对请求集合进行加密，产生加密的请求集合$C_i = g^{S_1(v)\|S_2(v)\|\cdots\|S_m(v)} r_i^n \bmod n^2$，对$C_v$计算签名$\sigma_i = s \cdot H(\mathrm{PID}_i) + r_i \cdot H(C_v \| T_i)$，接着发送$\{C_i, T_i, \sigma_i\}$给 RSU。

（4）车辆发送加密请求给 CSP：对于车辆想要下载的内容对应的请求集合$\{S_1(v), S_2(v), \cdots, S_m(v)\}$，车辆$V_i$进行加密，接着车辆$V_i$生成签名$\sigma_i = s \cdot H(\mathrm{PID}_i) + r_i \cdot H(E_{V_i} \| T_i)$，并发送$\{E_{V_i}, T_i, \sigma_i\}$给 CSP。

4）车辆下载数据

当 CSP 收到来自车辆V_i的加密请求后，首先检查请求对应的签名是否有效，即判断等式$\sigma_i \cdot p = H(\mathrm{PID}_i) \cdot P_{\mathrm{pub}} + H(\mathrm{Enc}_{\mathrm{SK}_{V_i}} \| T_i) \cdot \mathrm{PID}_i^1$是否成立，如果成立则通过计算$\mathrm{Dec}_{\mathrm{SK}_{\mathrm{CSP}}}(E_{V_i})$解密加密的请求，其中 Dec 表示 AES 解密算法，Enc 表示 AES 加密算法，SK_{V_i}由$\mathrm{SK}_{V_i} = H(z \cdot \mathrm{PK}_{\mathrm{CSP}})$计算得出，$\mathrm{SK}_{\mathrm{CSP}}$通过$\mathrm{SK}_{\mathrm{CSP}} = H(y \cdot Z)$计算得出。CSP 根据请求将对应的内容以及签名$\{\mathrm{CS}_i, \sigma_{\mathrm{CS}_i}\}$发送给车辆$V_i$。

2. 加速阶段

RSU 在得到附近车辆的足够请求后，即进入加速阶段。在该阶段，RSU 通过进行同态加密运算，得出哪些内容属于高频请求内容。针对这些高频内容，RSU 将其预先缓存到 ECV 中，而普通车辆可直接从 ECV 下载，从而有效提升下载效率。

令k表示 RSU 在一个周期内收到的加密请求数量，RSU 首先对这些请求进行聚合得到聚合加密请求C，方法如式（2-6）所示：

$$
\begin{aligned}
C &= \prod_{v=0}^{k} C_v \bmod n^2 \\
&= \prod_{v=0}^{k} g^{(S_0(v)\|S_1(v)\|\cdots\|S_m(v))} r_v^n \bmod n^2 \\
&= g^{\left(\sum_{v=0}^{k} S_0(v) \| \sum_{v=0}^{k} S_1(v) \| \cdots \| \sum_{v=0}^{k} S_m(v)\right)} \left(\prod_{v=0}^{k} r_v \right)^n \bmod n^2
\end{aligned}
\tag{2-6}
$$

接着 RSU 计算$\mu = (L(g^{\lambda} \bmod n^2))^{-1} \bmod n$，其中$L(x) = (x-1)/n$。最后，RSU 计算频率信息$\mathrm{FI} = \sum_{v=0}^{k} S_0(v) \| \sum_{v=0}^{k} S_1(v) \| \cdots \| \sum_{v=0}^{k} S_m(v) = L(c^{\lambda} \bmod n^2) \cdot \mu \bmod n$。由于 FI 中包括了所有内容请求分别对应的请求次数信息，因此 RSU 可从中筛选出哪些请求是高频请求。针对这些高频请求，RSU 可将对应的内容预先缓存到一定数量的 ECV 上，构建边缘端内容下载服务器，从而可以有效加速高频访问内容的下载速度。

2.3.2　安全性分析

本节将分析文献[46]满足的安全要求，包括消息可认证性、下载请求的隐私保护性、抵抗 DoS 攻击、身份隐私保护、抵抗重放攻击、抵抗中间人攻击等。

1. 消息可认证性

基于 TESLA 的认证算法使得 CSP 广播的 CSL 满足可认证性，该点在定理 2.3 中得到证明，而 CSP 提供的内容的认证由 ECDSA 算法保证。

定理 2.3　如果 MAC 算法和哈希链能够抵抗自适应选择消息攻击，那么本节的方案中 CSL 的广播是安全的。

证明　对恶意的敌手而言，潜在三种可能的攻击方式。第一种攻击方式是攻击者会尝试寻找一个消息 m_i'，该消息的 MAC 与合法消息的 MAC 相同，即 $\mathrm{MAC}_{K_i}(m_i)=\mathrm{MAC}_{K_i}(m_i')$。然而，这与假设中 MAC 算法能够抵抗自适应选择消息攻击相矛盾。第二种攻击方式是攻击者试图根据收到的合法 MAC 恢复其中的密钥，从而伪造一个新的合法 MAC。然而，哈希函数是安全的单向函数，攻击者无法在多项式时间内求逆。第三种攻击方式是攻击者尝试伪装成 CSP 的身份，发送自己选取的消息与对应的 MAC。然而，CSP 会持续性地广播用自己私钥进行签名的初始密钥 K_0，只要 CSP 的私钥不被泄露，攻击者伪造的消息与对应的 MAC 就无法通过检查。

2. 下载请求的隐私保护性

在车辆确定好下载请求集 RS_i 后，分别给 CSP 和 RSU 发送加密的请求。对于发送给 CSP 的加密请求，其被 AES 加密，而 AES 中的加密算法的安全性已得到证明。因此只要 CSP 和车辆之间的会话密钥不被泄露，隐私就不会泄露。如果攻击者想要获取密钥，实际上是在解决离散对数问题（DLP）。对于发送给 RSU 的请求，离散对数和随机数的使用使得原始明文无法被获知，该请求只是被用来分析频率的，而不是让 RSU 知道单个车辆的下载请求。

3. 抵抗 DoS 攻击

在该方案中，最频繁的通信场景之一是周期性执行的 CSL 广播过程。攻击者可能试图产生许多无效的消息和 MAC 对，以产生基于计算的拒绝服务攻击。然而，CSL 的认证是基于对称算法的。MAC 和哈希链校验的计算开销都很低。另一种频繁的通信是车辆之间的信息交互，由于车辆在接收到消息后需要进行消息认证，因此攻击者可能会试图伪造大量的消息以消耗车辆的计算资源。本章中的车辆消息的签名方案是基于 ECC 的，具有很低的计算开销。因此，我们的方案能够在很大程度上抵抗 DoS 攻击。

4. 身份隐私保护

在本章提出的方案中，消息中包含的身份是车辆的假名而不是真实身份。之所以这样设计，是因为同一辆车发送的多个消息中包含的真实身份可以被恶意攻击者持续性跟踪，从而导致驾驶员的隐私泄露。车辆发送的假名 PID_i 包括两部分，即 PID_i^1 和 PID_i^2，其中 $\mathrm{PID}_i^1 = r_i \cdot P$，$\mathrm{PID}_i^2 = \mathrm{RID} \oplus h(r_i \cdot P_{\mathrm{pub}})$。由于离散对数问题（DLP）的计算复杂性，攻击者无法在知晓 PID_i^1 和 P 的前提下计算出 r_i。在不知道密钥 r_i 的条件下，敌手无法从 PID_i^1 和 PID_i^2 中提取到真实身份 RID。尽管敌手无法追踪到车辆的真实身份，但是 TA 能够通过式（2-7）追踪到车辆的真实身份，以追究车辆可能存在的事故责任。

$$\mathrm{PID}_i^2 \oplus h(s \cdot \mathrm{PID}_i^1) = \mathrm{RID} \oplus h(r_i \cdot P_{\mathrm{pub}}) \oplus h(s \cdot r_i \cdot P) = \mathrm{RID} \tag{2-7}$$

5. 抵抗重放攻击

为了抵抗重放攻击，每个消息中都附带了时间戳，消息的接收者在进一步处理消息之前都需要检查时间戳的有效性。令 T_R 表示消息的接收时间，T 表示消息的发送时间，Δt_1 表示时钟差，Δt_2 表示网络延迟，只有满足等式 $|T_R - T| < \Delta t_1 + \Delta t_2$ 时，消息才会被进一步处理。

6. 抵抗中间人攻击

对于从车辆向 CSP 发送的下载请求，其使用 AES 加密算法进行加密。攻击者显然无法对加密的请求进行解密，因为无法在多项式时间内破解 AES 算法。因此，攻击者可能希望从密钥协商阶段获得会话密钥。然而，由于在多项式时间内求解椭圆曲线离散对数问题（ECDLP）是计算困难的，因此攻击者无法获得会话密钥，从而无法进行中间人攻击。

2.3.3 性能分析

为了说明 2.3.2 节所介绍方案的优势，本节将从计算开销与通信开销两方面将该方案与同一研究领域的代表性方案（包括文献[47]、[48]中的方案）进行对比。

1. 计算开销分析

为了比较各方案之间的密码学计算开销的区别，在 Intel i7-6700 处理器和 8GB RAM 上使用 MIRACL 库来测量几个核心操作的计算开销。为了测量操作开销，使用达到 80bit 安全强度的对称双线性配对操作 $\overline{e}:G_1 \times G_1 \to G_2$，其中 G_1 是生成元为 $\overline{P}$、阶为 $\overline{q}$ 的加法群，且该双线性配对操作构造于超奇异椭圆曲线 $E:y^2 = x^3 + x \bmod \overline{p}$，其中 $\overline{p}$ 为 512bit 的素数，$\overline{q}$ 为 160bit 的 Solinas 素数。与此同时，构造基于加法群构造的、生成元为 P、阶为 q 的非超奇异椭圆曲线 $E:y^2 = x^3 + ax + b \bmod p$，其中 p 和 q 为 160bit 的素数，并且 $a,b \in Z_p^*$。通过以上平台和参数，测得几种主流的密码学基本操作的度量时间如表 2-4 所示。根据表中的测量时间，可以分析本章提出的方案中各实体的运算开销。

表 2-4　密码学基本度量时间

密码学操作	开销/ms
点乘操作 $T_{\text{sm-ecc}}$	0.442
指数运算 $T_{\exp}$	2.126
椭圆曲线小向量点乘操作 $T_{\text{sm-ecc-s}}$	0.0276
哈希到点运算操作 T_{mtp}	4.406
ECDSA 认证运算开销	1.06
ECDSA 签名运算开销	1.4

1）车辆端开销分析

首先分析本章提出的方案中普通消息签名认证开销。假设消息接收方已经接收到 n 条消息，认证操作需要 $n+2$ 个椭圆曲线点乘操作以及 n 个椭圆曲线小向量点乘操作，因此，计算开销为 $(n+2)T_{\text{sm-ecc}} + nT_{\text{sm-ecc-s}} = 0.4696n + 0.884\text{ms}$。接下来分析下载请求加密开销。对于向 CSP 发送的请求，需要基于 AES 加密算法进行加密，加密代价小于 0.1ms。对于向 RSU 发送的请求，其中的加密运算过程涉及一个椭圆曲线点乘操作，其开销为 0.442ms。最后，分析了 CSL 的检测开销。CSL 校验过程的主要计算开销包含一个 ECDSA 校验操作，其开销为 1.06ms。

2）RSU 端开销分析

假设 RSU 接收到 n 条消息，单个身份验证过程需要三个椭圆曲线点乘操作，这意味着总的消息身份验证开销是 1.326n ms。对于加密请求聚合过程，需要一次点乘操作，这意味着总的加密请求聚合开销是 0.442n ms。对于加密下载请求的分析频率过程，需要一个指数运算，开销是 2.126ms，因此 RSU 端的总计算开销（包括身份验证、加密请求聚合、频率分析三步）是$1.326n + 0.442n + 2.126 = 1.768n + 2.126\text{ms}$。

3）CSP 端开销分析

对于从车辆发送的请求消息，单个认证过程需要三个椭圆曲线点乘操作，花费 1.326ms；对于 CSL 生成过程，需要一个 ECDSA 签名操作，花费 1.4ms；对于密钥协商阶段，需要三个椭圆曲线点乘操作，花费 1.326ms。因此 CSP 的总计算开销是$1.326n + 1.4 + 1.326n = 2.652n + 1.4\text{ms}$。

2. 通信开销分析

假设哈希函数和时间戳的输出的大小分别为 160bit 和 32bit。值得注意的是，160bit ECC 的安全强度被认为与 1024bit RSA 密码系统的安全强度相当。因此，本节方案中的椭圆曲线上的点占用 320bit。本节方案中的车辆和 CSP 通信开销分别如下。

1）车辆端

车辆发送的消息主要包括五个部分，即假名、发给 RSU 的加密请求、发给 CSP 的加密请求、时间戳、ECC 签名。假名又包括两个子部分 PID_i^1 和 PID_i^2，其中 $\text{PID}_i^1, R_i \in G$，$\text{PID}_i^2, \sigma_i \in Z_q^*$，所以假名占用 $(40+20\times2+4)\times8=672\text{bit}$。发给 RSU 的同态加密密文取值于 $Z_{n^2}^*$，即占用 $n^2\text{bit}$。假设一段时间内 RSU 辖区内的车辆数目为 m，车辆的最大下载请求数量为 η，则车辆的下载请求占用 $\lfloor \eta\log_2 m \rfloor\text{bit}$。发给 CSP 的 AES 加密请求在 PKCS7 标准下占用 $128\lceil (\lceil \eta\log_2 m \rceil)/128+1 \rceil\text{bit}$。时间戳和椭圆曲线签名的大小分别为 32bit 和 320bit。

2）CSP 端

CSP 的广播内容主要包括初始密钥广播和 CSL 广播。初始密钥广播的报文结构为 $\{T_i, K_0, \text{ECDSA}_{\text{sign}}(K_0)\}$，占用 32 + 160 + 512 = 704bit。CSL 广播的密码学部分报文结构为 $\{T_i, \text{MAC}_{K_i}(\text{CSL}\|T_i), K_{i-1}\}$，占用 32 + 160 + 160 = 352bit。

2.3.4 网络仿真

为了评估所提出方案的网络性能，本节的分析使用了三个工具：Omnet + + 、Sumo 和 Veins[49]。Omnet + + 是一个可扩展的、模块化的、基于组件的 C + + 仿真库和框架，主要用于构建支持有线网络和无线自组网仿真的网络仿真器。Sumo 是一个开源的、高度模块化的且支持微观层面操作的道路交通模拟软件包，旨在处理和分析大型道路网络。Veins 充当 Omnet + + 和 Sumo 之间的中间件，负责协调两者之间的交互。仿真参数设置如表 2-5 所示。为了评估本节方案的网络性能，我们主要考虑以下指标：丢包率、传输时延、MAC 层忙碌时间。

表 2-5　仿真参数设置

参数	设置值
仿真区域	$2.5km^2$
路径丢失模型	双射线干涉模型
障碍物遮挡模型	简单障碍物遮挡模型
最大干扰距离	2.6km
传输功率	20mW
数据传输率	6Mbit/s
灵敏度	−89dBm
热噪声	−110dBm
Beacon 间隔	1s
下载请求发送间隔	5s
最大速度	40m/s
车辆最大数目	50
仿真时间	200s

1. 丢包率

丢包率指的是丢失的报文占据发送出的报文的比例。令 AVG(·) 表示求平均值函数，n 表示车辆的数量，N_{received}^i 表示车辆 V_i 在 MAC 层收到的消息的数量，N_{lost}^i 表示车辆 V_i 在 MAC 层丢失的消息的数量，则丢包率可以用式（2-8）表示：

$$\text{PLR} = \text{AVG}\left(\sum_{i=1}^{n}\frac{N_{\text{lost}}^i}{N_{\text{received}}^i + N_{\text{lost}}^i}\right) \tag{2-8}$$

首先分析 CSP 提供的内容大小与丢包率的关系。众所周知，车辆的核心任务是向附近的车辆广播信标或基本安全消息（basic safety message，BSM），以改善 VANET 中的道路安全。然而，数据下载服务可能干扰常规的信标传输，因为大的数据下载可能长期占用无线信道，从而导致高的丢失率。我们将丢失率与文献[47]和[48]方案进行比较，它们是安全数据下载/共享研究领域的两个代表性方案，并控制车辆的最大速度为 20m/s，可得出车辆接收消息的丢包率与发送的内容大小的关系，如图 2-10 所示。从图 2-10 中可以得出结论，本节提出的方案具有较低的丢包率。本节提出的方案之所以具有较低的丢包率，是因为车辆直接从附近的 ECV 中检索内容。但在文献[48]方案中，一个数据请求需要车辆从多个代理车辆和中继车辆下载文件，这会导致频繁的信道争用。

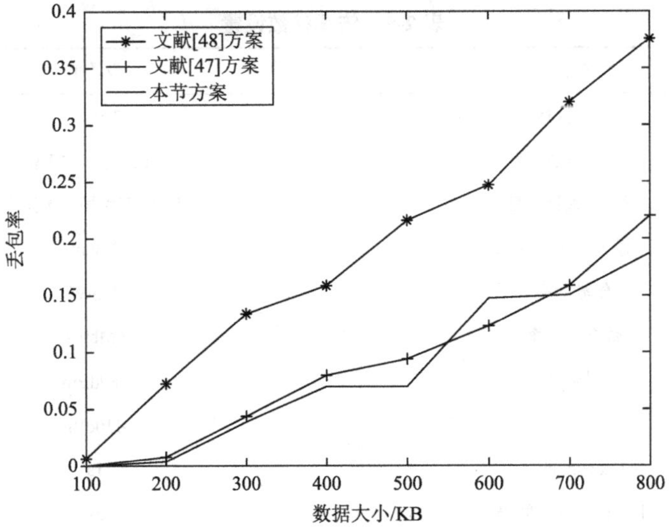

图 2-10　丢包率与内容数据大小的关系

接下来分析丢包率与车辆平均速度之间的关系。设置请求数据最大为 400KB，可得出车辆接收消息的丢包率与车辆平均速度的关系，实验结果如图 2-11 所示。从中可以看出两个事实：①三种方案具有相似的趋势，即适当的速度可以带来相对较低的丢包率；②虽然足够多的车辆可以提高从边缘节点中下载内容的成功率，但由于信道竞争频繁也会给车辆带来较高的丢包率。

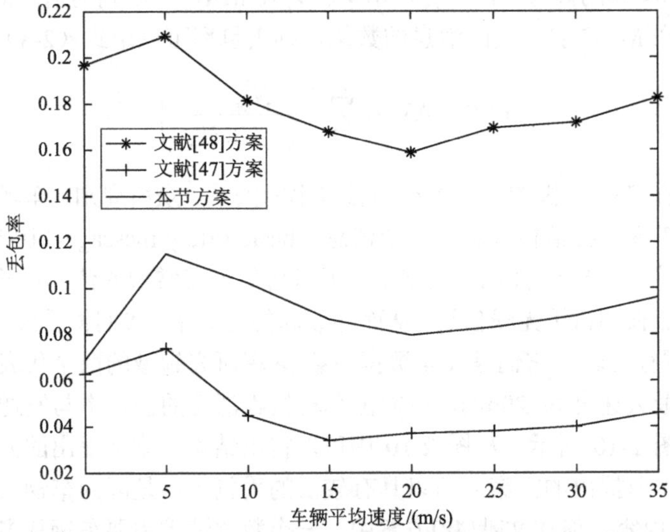

图 2-11　丢包率与车辆平均速度之间的关系

2. 传输时延

传输时延定义为一个消息从发送方发出去到接收方接收到之间的时间间隔。令 n 表示车辆的数量，N_i 表示车辆 V_i 接收到的消息数量，T_{received}^j 表示消息 m_j 的接收时间，T_{send}^j 表示消息 m_j 的发送时间，则传输时延可以用式（2-9）表示：

$$\text{ATD} = \frac{1}{n}\sum_{i=1}^{n}\left(\frac{1}{N_i}\sum_{j=1}^{N_i}(T_{\text{received}}^j - T_{\text{send}}^j)\right) \tag{2-9}$$

设置车辆的最大行驶速度为 20m/s，可以得出平均传输时延与 CSP 提供的内容数据大小的关系，如图 2-12 所示。从图中看出本节提出的方案的传输时延低于对比方案。之所以这样，是因为在本节提出的方案中，具有下载请求的车辆可以直接从附近的边缘计算车辆中提取下载内容，而边缘计算车辆本身具有距离近、适合网络传输的优势。设置下载内容最大为 400KB，得出平均传输时延与车辆平均速度的关系，如图 2-13 所示。从图中可以看出，无论本节提出的方案还是对比方案，平均传输时延受车辆平均速度的影响都很小，且本节提出的方案具有传输时延较低的优势。

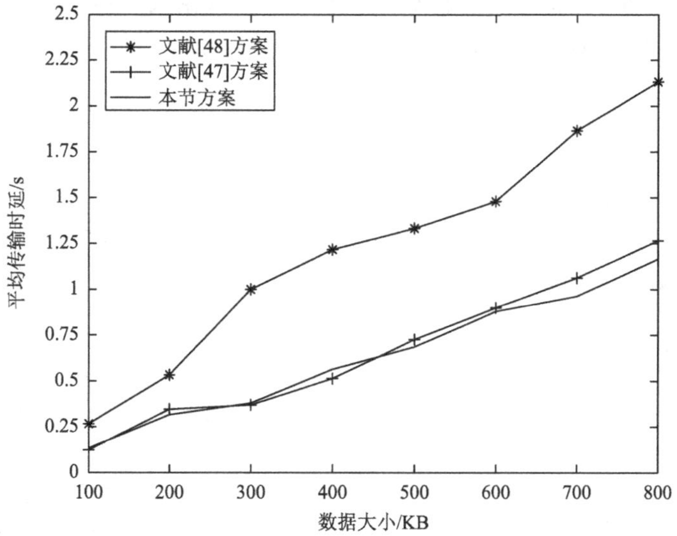

图 2-12　平均传输时延与内容数据大小的关系

3. MAC 层忙碌时间

MAC 层忙碌时间反映了忙碌的程度。设置车辆的最大行驶速度，通过实验

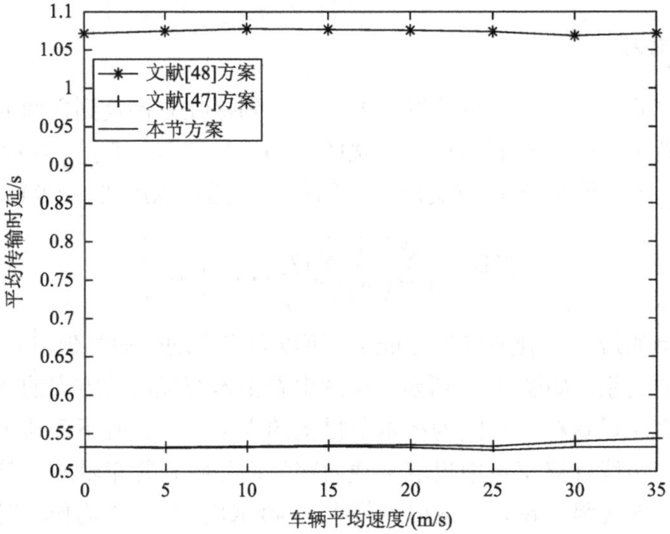

图 2-13　平均传输时延与车辆平均速度之间的关系

可得出 RSU 的 MAC 层的忙碌时间与 CSP 提供的内容大小之间的关系。从图 2-14 中可以看出，MAC 层忙碌时间和 CSP 提供的内容数据大小具有紧密的线性关系，且本节的方案对 RSU 的负担最小。

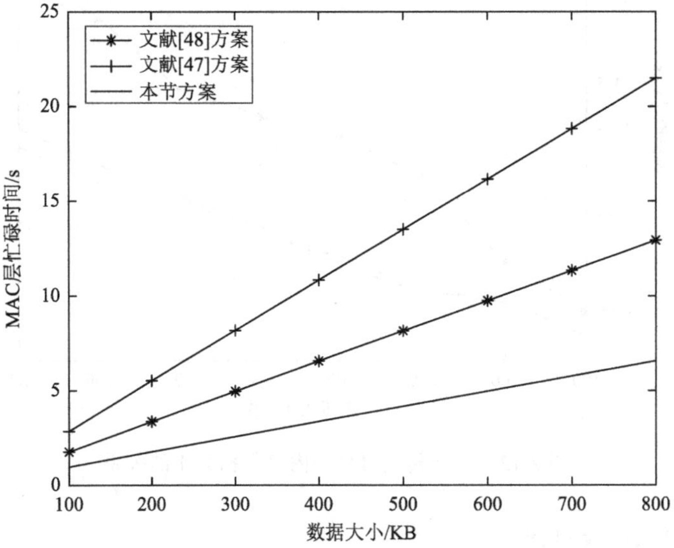

图 2-14　MAC 层忙碌时间与内容数据大小的关系

2.4 本章小结

本章首先介绍了边缘计算技术的基本概念以及边缘计算背景下的车联网安全通信模型；接着介绍了一种基于边缘计算的车联网消息认证算法并分析了该方案的安全性与性能，该方案将边缘计算的理念引入车联网的消息认证领域中并采用轻量级的密码学协议来构造方案，可以有效地利用车辆端即边缘端的计算性能，且可降低 RSU 端的计算负担，从而提升了整个系统的认证效率；最后介绍了一种基于边缘计算的车联网安全协同下载方案并分析了该方案的安全性与性能，该方案可以在不泄露车辆下载请求隐私的同时考虑数据复用问题，并通过将这些复用率高的内容缓存到合适的车辆中，以达到提升下载成功率、降低网络传输开销的目的。

第3章　5G背景下的车联网安全通信技术

网络通信技术不断革新，尤其是第五代移动通信技术（5th generation mobile communication technology，5G）的兴起与应用，助力了车联网中对带宽和时间延迟要求较高的应用程序的发展，成为实现现代智能交通系统（intelligent traffic system，ITS）的强大推动力量。尽管5G具有高速率、低时延、广覆盖范围、支持设备到设备（device-to-device communication，D2D）直接通信等显著特点，但是5G网络环境下的安全通信问题不容忽视。本章首先介绍5G移动通信技术的基本特性以及5G背景下的车联网安全通信模型，接着介绍5G背景下一种基于信誉系统的车联网安全认证方案，最后介绍5G背景下一种基于边缘计算的车联网条件隐私保护方案。

3.1　5G背景下的车联网

5G技术将推动各个行业的发展，其高速率、低时延、广覆盖等特性，将补齐车联网在通信网络层的技术缺口[50]。

3.1.1　5G通信技术简介

5G是融合超密集组网、大规模天线阵列、认知无线电等关键技术于一体的新一代蜂窝移动通信技术。5G移动通信技术能够以更加灵活的体系结构，解决多样化应用场景中差异化性能指标带来的挑战[51]。其主要优势为以下几个方面，这些优势体现了移动通信逐步从以技术为中心向以用户为中心转变。

（1）高数据传输速率：5G的峰值速率最高可达每秒10Gbit，比4G LTE蜂窝网络快100倍，能够支持高清视频等大数据传输。

（2）低时间延迟：4G的网络延迟为30～70ms，而5G能够实现低于1ms的网络延迟，为实现时延敏感的应用提供了充分的支持。

（3）更广的网络覆盖：大规模部署的5G通信基础设施实现了更广的网络覆盖，使用户随时随地进行通信成为可能。

（4）支持大规模设备连接：5G的连接密度可达每平方公里100万个，其超大网络容量，提供千亿设备的连接能力，能够满足物联网通信。

目前，5G通信技术正在引起全球学术界的研究兴趣[52-55]。5G将为自动驾驶汽车以及现代 ITS 带来新的功能[56]。例如，超高吞吐量之类的功能，以及结合了更高带宽的先进的天线系统，将为某些数据密集型应用（如自动驾驶）提供固有支持。这项技术为满足低延迟标准，以实现高效的车对万物（vehicle-to-everything，V2X）通信创造了巨大的机会[57-59]。5G 通信技术对车联网的影响主要分为以下三个方面。

（1）降低部署车联网通信环境的成本。基于 5G 环境下的车载通信不再需要专用的路边单元提供支撑，并且 5G 支持设备到设备（D2D）的直接通信。车辆无须通过网络基础设施也可实现信息交互，因而能够降低端到端的传输时间延迟，有效分担基站的压力，提高频谱资源利用率。

（2）提升车联网环境下的通信效率。5G 移动通信技术解决了带宽和时间延迟的相关问题，不仅能够为车辆用户提供更加优越的通信质量，拥有舒适的服务体验，更是为涉及车辆安全控制以及安全通信类的应用提供了充分的支持。

（3）实现多样化的车联网服务。5G 移动通信技术为实现车辆用户的新型服务需求，如视频流下载、音视频通话、网络内容共享、自动驾驶、智能泊车等，创造了可能。5G 技术将推动智能交通产业的发展。

3.1.2　5G 背景下的车联网通信模型

图 3-1 展示了本章所介绍方案的 5G 车联网架构。该架构主要包含四种类型的实体，分别是：可信机构（trusted authority，TA）、全球信誉中心（global reputation center，GRC）、5G 基站（5G base station，5G_BS）以及配备有车载单元的车辆。具体细节描述如下。

1. 可信机构

可信机构拥有充足的存储空间和足够的计算能力。它负责生成系统参数，是唯一可以从消息中获知车辆真实身份的实体[60]。可信机构是完全可信并且不会被攻破的，在本节方案中，主要负责以下两项工作。

（1）车辆注册：车辆需要在离开制造厂之前进行注册或者通过安全信道向可信机构进行注册。可信机构存储车辆的基本信息，同时将安全参数以及伪身份和伪身份对应的私钥存储在车辆中。为了抵抗恶意攻击，可信机构会在一定的时间间隔内，为申请更新伪身份的合法车辆生成新的伪身份以及对应的私钥。

（2）信誉管理：除了注册，可信机构需要根据其他车辆的反馈信息，计算并更新车辆的信誉值。只有信誉值大于阈值的车辆才能获得在特定时间周期内有效的可信证明。

2. 全球信誉中心

全球信誉中心是一个全球信誉数据库，存储了来自可信机构发送的所有车辆的信誉信息。它的主要作用是当车辆行驶到另一个可信机构管辖的范围内时，方便该地区的可信机构查找车辆的信誉信息。

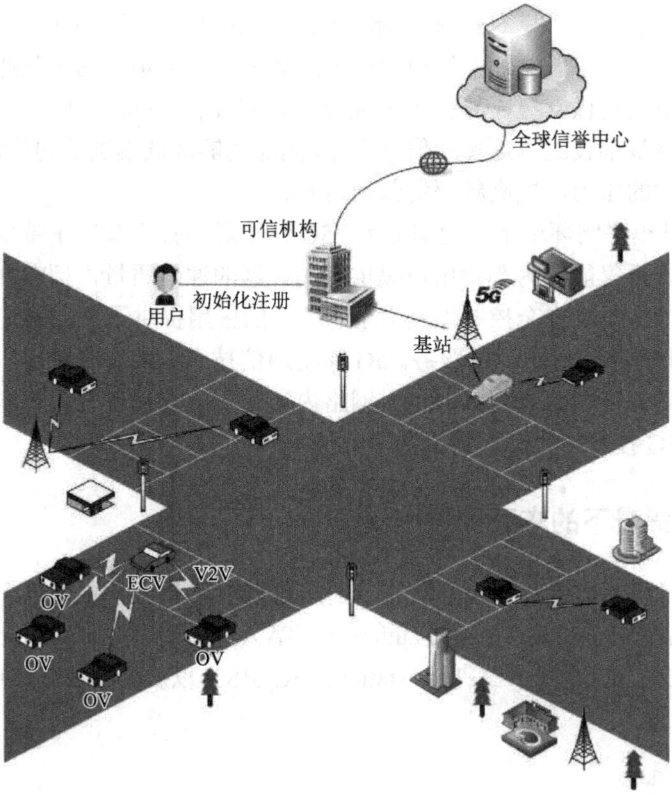

图 3-1　5G 车联网架构

3. 5G 基站

5G 基站在城市中提供良好的网络覆盖，具有非常快的信息传输速度。它负责协助车辆之间或车辆与可信机构之间的消息传输[61]。

4. 车辆

车辆配备有支持 5G 通信的车载单元。借助车载单元提供的无线通信能力，车辆能够与可信机构及其他车辆通信。车载单元是一个防篡改设备，保护车辆私密信息不会被任何第三方知道，并且具有加密解密以及消息签名的能力。系统中的车辆与可信机构保持时钟同步。如第 2 章所述，车辆分为普通车辆（OV）和边缘计算车辆（ECV）两种。

考虑到若由车辆自主进行信誉值计算，无法确保信誉值的更新过程是准确并且公正可靠的[62]。为此，文献[63]设计了一种由可信机构所管理的信誉系统。同时鉴于现实生活中的车辆数目过于庞大，为了避免单个可信机构因出现物理故障而无法工作或因工作量过大而遭遇通信和计算瓶颈。可以根据实际需要部署多个可信机构。通过在不同的地理位置设置多个可信机构，可以提供车辆的注册、信誉值的管理、可信关系的证明、伪身份及私钥的发送等服务[64, 65]。

信誉被定义为一个用户或设备关于另外一个用户或设备的意见，换句话说，它可以被认为是用户的可信度[66]。可信机构所管理的信誉系统由三个模块构成，分别是反馈信息收集模块（feedback collection module，FCM）、信誉值计算模块（reputation calculation module，RCM）、信誉值更新模块（reputation update module，RUM）。5G 车联网中的信誉系统模型如图 3-2 所示。

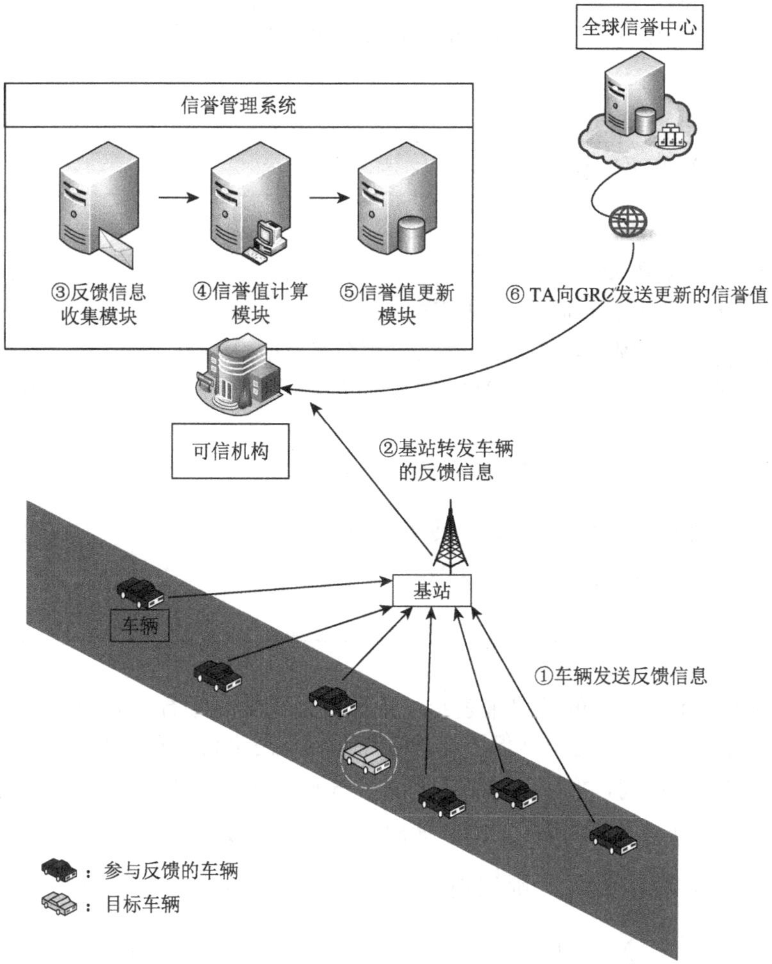

图 3-2　5G 车联网中的信誉系统模型

（1）反馈信息收集模块：车辆收到其他车辆发布的如道路拥堵情况、附近加油站的位置等消息以后，根据消息内容给出自己的反馈，并通过 5G_BS 将反馈上传到可信机构。反馈信息中包含了时间戳、目标车辆发送的消息以及参与反馈车辆的身份。可信机构进行评价核实。之后，可信机构根据参与反馈车辆发送的消息的类型（有益的或恶意的）、参与反馈的车辆的信誉值进行分类。同时为了保证反馈消息的新鲜性，该模块中设置了消息过滤系统——消息接收时间窗口。

（2）信誉值计算模块：信誉值的准确性至关重要并且需要被及时更新。目前存在的信誉值计算方法主要是使用加权和、贝叶斯网络、信誉启发式算法等数学模型[67, 68]。文献[63]采用基于加权和的方法，将车辆用户的信誉值作为车辆的初始信誉值，以解决信誉值计算过程中的冷启动问题。利用反馈信息收集模块的结果，通过算法 3.1 中的四个步骤即可计算出给定目标车辆 V_i 的新的信誉值。

算法 3.1　信誉值更新算法

输入：M_i， $\text{RS}, \{\text{RS}_{\text{VR}_j}, j=1,2,3,\cdots,N\}$

输出：V_i 的信誉值 RS

While 当前时间–消息时间戳＜规定时间阈值

1. 根据 M_i 的影响程度对应的权重 T_i，计算 $D^t = T_i \times N$；
2. 根据 $\{\text{RS}_{\text{VR}_j}, j=1,2,3,\cdots,N\}$ 对应的权重 R_i 和不同信誉等级中的车辆数目 n_i $\left(\sum_{i=1}^{3} n_i = N\right)$，计算 $E^t = R_1 \times n_1 + R_2 \times n_2 + R_3 \times n_3$；
3. 获取 V_i 最近的历史信誉值 RS，令 $H^t = \text{RS}$；
4. 计算 $\text{RS}' = \alpha \times D^t + \beta \times E^t + \gamma \times H^t$；

返回 RS

车辆的信誉用具体的数值来表示，该数值是车辆长期行为表现的量化形式。需要注意的是，信誉值会更新但不会清零或重置。由于目标车辆 V_i 发送的消息 M_i 造成的影响程度不同，并且参与举报的 N 个车辆 $\{\text{VR}_j, j=1,2,3,\cdots,N\}$ 对应的信誉值 $\{\text{RS}_{\text{VR}_j}, j=1,2,3,\cdots,N\}$ 不同，因此使用多重加权，以提高信誉值更新的准确性。M_i 造成的影响程度越大，则该消息对应的危害程度权重 T_i 就越大（T_1 = 轻，T_2 = 中，T_3 = 重，$\sum_{i=1}^{3} T_i = 1$）。信誉等级最高的车辆拥有最大的话语权，故对应最

大的权重 R_i（R_1= 低，R_2= 中，R_3= 高，$\sum_{i=1}^{3} R_i = 1$）。步骤 1 是将参与举报车辆的总数 N 乘以 M_i 的消息影响程度所对应的权重 T_i，得到影响程度值 D^t。步骤 2 则是将不同信誉等级车辆的数目乘以该等级对应的权重 R_i，得到客观评价值 E^t。步骤 3 是查找目标车辆的历史信誉值 RS。最后，基于步骤 1～3 在步骤 4 中生成最终的新的信誉值 RS′，该值是消息的影响程度值 D^t、参与举报车辆的客观评价值 E^t 以及目标车辆的历史信誉值 RS 的加权平均值，其中 D^t、E^t和RS 的权重分别对应α、β和γ，并且$\alpha + \beta + \gamma = 1$。

(3)信誉值更新模块：可信机构将本地信誉数据库中的信誉值 RS 更新为 RS′，同时通过网络将该值上传到全球信誉中心。当不良评论积累到一定程度，导致车辆的信誉值低于阈值时，可信机构判定其为恶意车辆，并将该车辆加入黑名单，广播该车辆的真实身份。值得注意的是，首先，在计算过程中，若可信机构在本地的信誉数据库查找不到新加入车辆的身份及信誉值信息，则可以从全球信誉中心中调取该车最新的信誉值信息；其次，因为信誉计算是相对独立的模块，因此能够非常容易地与其他高效的信誉计算方法结合。

3.2　5G 背景下基于信誉系统的车联网安全认证技术

基于公钥基础设施的认证方案为车联网提供了身份认证和条件隐私保护，但却无法评估车联网中消息的可信度。此外，虽然新一代 5G 蜂窝网络可以大幅度提高消息的传输效率，但是现有的许多认证方案基于复杂的双线性配对操作运算，终端节点的计算时间过长，因而并不适用于对时间延迟敏感的 5G 车联网。为了解决这些问题，基于信誉系统的 5G 车联网认证方案备受关注。本小节将首先介绍文献[63]中基于信誉系统的车联网安全认证算法，该算法引入信誉系统以减少 5G 车联网中不可靠消息的数量。信誉值低于阈值的车辆因无法从可信机构获得可信令牌，而不能参与通信，故该系统从源头减少了不可靠消息在车联网环境中的传播；然后在随机预言机下证明该算法能够抵抗适应性选择消息攻击；最后将从计算、通信开销和信誉系统评估方面对性能评估进行分析。

3.2.1　认证算法

本节详细描述所提出的包含七个阶段的认证方案。表 3-1 列出了本节所用的符号及其对应的含义。

表 3-1　本节所用符号及其含义

符号	含义
TA	可信机构
V_i	第 i 个车辆
G	加法群
P	加法群 G 的生成元
q	加法群 G 的阶数
s	可信机构的私钥
P_{pub}	可信机构的公钥，并且 $P_{\text{pub}} = sP$
UID_i	用户 i 的真实身份
ID_i	车辆 V_i 的真实身份
AID_i	车辆 V_i 的匿名身份
PW_i	车辆 V_i 的登录密码
M_{ku}	更新可信证明和伪身份的请求消息
CR_i	第 i 个可信证明
tt_i	时间戳

1. 系统初始化阶段

（1）TA 生成一个生成元为 P、阶为 q 的加法循环群 G，其中 $(a,b)\in F_p$ 是椭圆曲线 E 上的参数。并随机选择 $s\in Z_q^*$ 作为其主密钥，然后计算相应的公钥 $P_{\text{pub}} = sP$。之后 TA 选择无碰撞单向哈希函数 $h:\{0,1\}^* \to Z_q, H_1:\{0,1\}^* \to Z_q$，$H_2:\{0,1\}^* \to Z_q$。最后，TA 保留系统私钥 s 并广播公共参数 $\{P, P_{\text{pub}}, q, H_1, H_2\}$。

（2）TA 使用 $h:\{0,1\}^* \to Z_q$ 生成可信证明集 $\{\text{CR}_i, i=1,2,\cdots,N\}$，为了保证方案的健壮性，可信证明具有一定的使用寿命。因为所有的 TA 会在固定的时间周期内更新可用于车辆通信的可信证明。因此在当前的可信证明失效之前，每辆车必须向附近的 TA 发送 M_{ku}。图 3-3 展示了可信证明集的生成过程。从图中可以看到，由于哈希函数的单向不可逆性，CR_{i+1} 无法从 CR_i 中推导出来。需要注意的是，在本节方案中，可信机构需要在固定时间周期内为所有合法车辆发送相同的新的可信证明，因此所有的可信机构需要存储相同的可信证明集合。

$$\begin{matrix} \text{CR}_n & & \text{CR}_{n-1} & & & & \text{CR}_2 & & \text{CR}_1 \\ h(\text{nonce}) & \to & h^2(\text{nonce}) & \to & \cdots & \to & h^{n-1}(\text{nonce}) & \to & h^n(\text{nonce}) \end{matrix}$$

图 3-3　可信证明集生成过程

2. 注册阶段

加入车联网之前，车辆需要向本地可信机构进行初始注册。该过程只需要执行一次，具体过程如下。

（1）车辆用户向TA提供自己和车辆的真实身份UID_i、ID_i以及登录密码PW_i。

（2）TA根据用户的身份查看用户的信誉值，并将该值作为车辆的初始信誉值，以解决信誉值冷启动问题。同时TA为车辆颁发当前环境下的可信证明CR_i。之后，TA计算$A_i = h(\text{UID}_i \| \text{ID}_i \| s)$以及$B_i = h(\text{PW}_i) \oplus A_i$，并选取一个随机数$r_i \in Z_q^*$，并计算$R_i = r_i P$。通过计算式（3-1）与式（3-2）为车辆生成伪身份AID_i以及该身份对应的私钥$S_{\text{AID}i}$。注意，与可信证明不同的是，各个地区的可信机构可以生成不同的R_i，只需保证R_i的更新周期与可信证明同步。

$$\text{AID}_i = \text{ID}_i \oplus h(s \| R_i) \tag{3-1}$$

$$S_{\text{AID}i} = r_i + H_1(\text{AID}_i \| R_i) \times s \bmod q \tag{3-2}$$

（3）TA将系统参数、秘密认证参数，以及$\{\text{UID}_i, \text{ID}_i, \text{PW}_i, \text{CR}_i, \text{AID}_i, S_{\text{AID}i}, h\}$存储在$V_i$中，并在本地保存用户及车辆的真实身份和初始信誉值。TA并不保存车辆的登录密码PW_i，因此，敌手无法获得窃听验证表攻击所需要的信息。由于系统主密钥s是保密的，所以车辆无法自己生成一个有效的伪身份。

3. 登录阶段

在此阶段车辆V_i通过以下两个步骤检查登录用户的合法性。

（1）用户输入自己的身份UID_i和车辆V_i的真实身份ID_i以及登录密码PW_i。

（2）V_i验证用户所输入的PW_i是否使得公式$B_i = h(\text{PW}_i) \oplus A_i$成立。若公式成立，则允许用户登录，否则拒绝此次的登录请求。

4. 消息签名与认证阶段

在成功登录后，车辆V_i利用TA为其生成的临时伪身份与私钥以及可信证明，向其他车辆发送消息。

（1）V_i选择一个随机数$d_i \in Z_q^*$，计算$D_i = d_i P$，$M_1 = \text{CR} \oplus M_i$以及$M_2 = \text{CR} \oplus D_i$，对消息$M_i$加密，其中$M_i$是道路安全相关信息或娱乐相关信息。$V_i$通过执行式（3-3）对消息进行签名。注意，$D_i$可以在签名消息前计算以节省计算时间。

$$\sigma_{Vi} = H_2(\text{AID}_i \| R_i \| D_i \| M_1 \| \text{tt}_i) \times d_i + S_{\text{AID}i} \bmod q \tag{3-3}$$

（2）V_i将消息$\{\text{AID}_i, R_i, M_1, M_2, \text{tt}_i, \sigma_{Vi}\}$发送给邻居车辆。

（3）当邻居车辆收到消息后，首先查看消息的时间戳tt_i，若消息仍在有效时间内，则使用CR解密消息M_1、M_2以获得M_i与D_i。之后，计算式（3-4）与式（3-5）来验证式（3-6）是否成立。若公式不成立则说明消息被篡改，拒绝接收此消息。否则，接收此消息。

$$h_{i,1}=H_1(\mathrm{AID}_i \parallel R_i) \tag{3-4}$$

$$h_{i,2}=H_2(\mathrm{AID}_i \parallel R_i \parallel D_i \parallel M_1 \parallel \mathrm{tt}_i) \tag{3-5}$$

$$\sigma_{Vi}P=h_{i,2}D_i+R_i+h_{i,1}P_{\mathrm{pub}} \tag{3-6}$$

（4）本节方案支持批量验证，即方案支持一辆车同时验证多条来自其他车辆发送的消息。为了抵抗针对基于身份的批量签名的新型攻击，验证者选取随机向量 $a=\{a_1,a_2,\cdots,a_n\}$，其中 $a_i\in[1,2^t]$，t 是一个整数，仅需要很小的计算开销。针对接收到的不同车辆发送的消息元组，通过计算式（3-7），验证者能够验证 n 个不同的消息是否有效。

$$\sum_{i=1}^{n}a_i\sigma_{Vi}P=\left(\sum_{i=1}^{n}a_ih_{i,2}D_i\right)+\sum_{i=1}^{n}a_iR_i+\sum_{i=1}^{n}a_ih_{i,1}P_{\mathrm{pub}} \tag{3-7}$$

5. TA 处理反馈消息阶段

当 TA 收到反馈信息后，会调用信誉管理系统对信誉值进行更新并上传至 GRC。对于信誉值低于阈值的车辆，TA 会将该车辆列入黑名单，拒绝为其发送新的私钥和可信证明，并广播其真实身份。此外，该车辆在恢复较高的信誉值之前无法获得任何服务。同时，为了鼓励车辆行为良好并积极参与反馈过程，有必要为信誉值高于阈值的车辆建立激励机制，例如，降低车辆的保险费用、优先为其提供服务等。

6. 伪身份与可信证明获取阶段

如前所述，TA 会在新的时间周期统一进行可信证明的更新，因此车辆 V_i 在当前拥有的 CR_i 的使用寿命快要结束的时候，会向 TA 发送更新请求。

（1）TA 首先查看 V_i 的信誉值，若信誉值大于阈值，则 TA 以加密的方式发送新的可信证明 CR_{i+1} 给 V_i。需要注意的是，同一时间段内不同合法车辆获得的可信证明相同。

（2）V_i 选取一个随机数 $n_i\in Z_q^*$，计算 $N_i=n_iP$，并利用 CR_i 通过计算式（3-8）加密更新请求 M_{ku}。最后，通过执行式（3-9）实现对消息的签名。

$$M_{Vi}=\mathrm{CR}_i\oplus M_{\mathrm{ku}} \tag{3-8}$$

$$\sigma_{Vi}=H_2(\mathrm{AID}_i \parallel R_i \parallel N_i \parallel M_{\mathrm{ku}} \parallel \mathrm{tt}_i)d_i+S_{\mathrm{AID}i} \bmod q \tag{3-9}$$

（3）V_i 将消息元组 $\{\mathrm{AID}_i \parallel R_i \parallel N_i \parallel M_{Vi} \parallel \sigma_{Vi} \parallel \mathrm{tt}_i\}$ 发送给附近的 TA。TA 收到请求消息后，首先检验消息的时间戳。若消息仍然新鲜，则利用 CR_i 获得车辆的更新请求，TA 计算式（3-4）与式（3-5），以验证式（3-6）是否成立。若式（3-6）

成立，则通过计算式（3-10）获得V_i的真实身份ID_i。若V_i的身份信息在本地数据库中找不到，则从GRC中获取V_i的相关信息。

$$\mathrm{ID}_i = \mathrm{AID}_i \oplus h(s \| R_i) \tag{3-10}$$

（4）如果V_i的信誉值大于阈值，则TA选取一个随机数r_i'，计算$R_i' = r_i'P$。通过计算式（3-11）与式（3-12）为其生成新的伪身份AID_i'以及该伪身份对应的私钥S'_{AID}。在此，为了保证伪身份私钥以及可信证明不会被其他车辆获取，将会以加密的方式发送给V_i。由式（3-13）与式（3-14）以及式（3-15）可得只有拥有私密认证参数B_i的车辆，才能获取新的伪身份私钥与可信证明。最后TA执行式（3-16）对消息进行签名。

$$\mathrm{AID}_i' = \mathrm{ID}_i \oplus h(s \| R_i') \tag{3-11}$$

$$S'_{\mathrm{AID}} = r_i' + H_1(\mathrm{AID}_i' \| R_i') \times s \bmod q \tag{3-12}$$

$$M_{T,1} = h(B_i \| N_i) \oplus \mathrm{CR}_{i+1} \tag{3-13}$$

$$M_{T,2} = h(B_i \| N_i) \oplus \mathrm{AID}_i' \tag{3-14}$$

$$M_{T,3} = h(B_i \| N_i) \oplus S'_{\mathrm{AID}i} \tag{3-15}$$

$$\sigma_{\mathrm{TA}} = H_2(P_{\mathrm{pub}} \| B_i \| N_i \| M_{(T,1)} \| M_{(T,2)} \| M_{(T,3)} \| \mathrm{tt}_i) \times r_i + s \bmod q \tag{3-16}$$

（5）TA返回答复消息$\{M_{T,1}, M_{T,2}, M_{T,3}, \sigma_{\mathrm{TA}}\}$给$V_i$。

（6）收到答复消息后，V_i首先检查消息的时间戳。之后，查看CR_i是否与$h(\mathrm{CR}_{i+1})$相等，来验证TA的身份。若CR_i与$h(\mathrm{CR}_{i+1})$相等，则车辆计算式（3-17）以验证式（3-18）是否成立。若成立，V_i计算TA为其生成的新的伪身份AID_i'以及私钥$S'_{\mathrm{AID}i}$。V_i计算并保存用于参与下一次车联网通信的CR_{i+1}、$S'_{\mathrm{AID}i}$与AID_i'。

$$h_{i,2} = H_2(P_{\mathrm{pub}} \| B_i \| N_i \| M_{T,1} \| M_{T,2} \| M_{T,3} \| \mathrm{tt}_i) \tag{3-17}$$

$$\sigma_{\mathrm{TA}} P = H_{(i,2)} R_i + P_{\mathrm{pub}} \tag{3-18}$$

7. 密码更改阶段

本节方案为用户提供了方便快捷的登录密码更改程序。具体过程如下。

（1）用户输入$\mathrm{UID}_i, \mathrm{ID}_i, \mathrm{PW}_i$，以及新的登录密码$\mathrm{PW}_i'$。

（2）V_i检查用户输入的信息是否使式（3-19）成立。若式（3-19）成立，则V_i执行式（3-20），将登录密码更改为新的登录密码PW_i'，否则拒绝此次的密码更改请求。

$$B_i = h(\mathrm{PW}_i) \oplus A_i \tag{3-19}$$

$$B_i' = B_i \oplus h(\mathrm{PW}_i) \oplus h(\mathrm{PW}_i') \tag{3-20}$$

3.2.2 安全性分析

本节将证明文献[63]所提出的签名方案在随机预言机模型下是安全的，然后进一步分析该方案能够满足所需的安全要求，包括消息完整性与可认证性、消息的可靠性、身份隐私保护、可追踪性、不可链接性、抵抗各种攻击等。

1. 消息完整性与可认证性

分叉引理[69]：设有概率多项式时间的图灵机，其输入只包含公共数据。敌手 $\mathcal{A}$ 是执行存在性伪造的敌手，并在时间界限 T 内以 $\mathcal{A}$ 概率针对所提议的方案进行自适应选择消息攻击。Q 和 R 分别代表 $\mathcal{A}$ 可以访问随机预言机和签名预言机的次数。假设在时间界限 T 内，$\mathcal{A}$ 能够以 $\varepsilon \geqslant \frac{10(R+1)(R+Q)}{2^k}$（$k$ 代表安全参数）的概率，产生一个有效签名 (m,σ_1,h,σ_2)。此外，在不知道私钥的情况下，$\mathcal{A}$ 能够以不可区分的概率成功模拟该三元组 (σ_1,h,σ_2)，则存在挑战者 C 能够利用 $\mathcal{A}$，通过模拟签名者与 $\mathcal{A}$ 的交互，在预期时间 $T' \geqslant \frac{120686QT}{\varepsilon}$ 内，通过交互产生两个有效签名 (m,σ_1,h,σ_2) 和 $(m,\sigma_1,h',\sigma_2')$，并且 $h \neq h'$。

定理 3.1 Q 和 R 分别代表 $\mathcal{A}$ 可以访问随机预言机和签名预言机的次数。如果 $\mathcal{A}$ 能够攻破本章提出的认证方案，那么存在一个挑战者 C 能够在小于 $\frac{120686QT}{\varepsilon}$ 的限制时间 T 内（$\varepsilon \geqslant \frac{10(R+1)(R+Q)}{q}$），破解 ECDLP。

证明 对于 $S_{\mathrm{AID}i} \in Z_q$ 给出一个 ECDLP 的实例（$P,S_{\mathrm{AID}i}P$）。挑战者 C 执行本章的认证方案。假设存在一个敌手 $\mathcal{A}$ 能够攻破本章提出的认证方案，则通过执行以下来自 $\mathcal{A}$ 的查询，C 可以利用 $\mathcal{A}$ 来获得解决 ECDLP。即 C 能够通过（$P,S_{\mathrm{AID}i}P$）获取 $S_{\mathrm{AID}i}$ 从而攻破本节方案。注意，两个哈希列表 L_{H1} 和 L_{H2} 由 C 维护。

（1）初始化：初始化算法将安全参数 k 作为输入，然后选择一个随机数 s 作为其私钥，并计算该私钥对应的公钥 $P_{\mathrm{pub}} = sP$。接下来，把公共参数 $\{P,P_{\mathrm{pub}},q,H_1,H_2\}$ 发送给 $\mathcal{A}$。

（2）H_1 查询：当 $\mathcal{A}$ 调用 H_1 并且使用参数 (AID_i,R_i) 查询时，C 将检查参数 (AID_i,R_i) 是否已经存在于 L_{H1} 中。如果参数 (AID_i,R_i) 已经存储在 L_{H1} 的元组 (AID_i,R_i,h_1) 中，则 C 发送 h_1 给 $\mathcal{A}$；否则，C 选取一个随机 h_1，并将新的元组 (AID_i,R_i,h_1) 插入到 L_{H1}。接下来，C 将值 $h_1 = H_1(\mathrm{AID}_i \| R_i)$ 返回给 $\mathcal{A}$。

（3）H_2 查询：如果 $\mathcal{A}$ 调用 H_2 并且使用参数 $(R_i,D_i,\mathrm{AID}_i,M_i,\mathrm{tt}_i)$ 查询时，C 将检查该参数 $(R_i,D_i,\mathrm{AID}_i,M_i,\mathrm{tt}_i)$ 是否已经存在于 L_{H2} 中。如果参数 $(R_i,D_i,\mathrm{AID}_i,M_i,\mathrm{tt}_i)$

已经存储在 L_{H2} 的元组 $(R_i,D_i,\mathrm{AID}_i,M_i,\mathrm{tt}_i,h_2)$ 中，C 发送 h_2 给 $\mathcal{A}$；否则，C 选取一个随机 h_2，将新的元组 $(R_i,D_i,\mathrm{AID}_i,M_i,\mathrm{tt}_i,h_2)$ 插入 L_{H2} 中。之后，C 返回 $h_2 = H_2(R_i \| D_i \| \mathrm{AID}_i \| M_i \| \mathrm{tt}_i)$ 给 $\mathcal{A}$。

（4）私钥查询：如果 $\mathcal{A}$ 对身份为 ID_i 的用户进行提取查询，C 计算 $R_i = r_i P$，然后查看元组 (AID_i,R_i) 是否已经存在于 L_{H1} 中，其中 r_i 是一个随机数。如果 C 找不到基于 (AID_i,R_i) 相应的元组（AID_i,R_i，$h_1 = H_1(\mathrm{AID}_i \| R_i)$），则 C 向 $\mathcal{A}$ 发送失败消息，然后拒绝该查询请求。否则，C 计算 $S_{\mathrm{AID}i} = r_i + H_1(\mathrm{AID}_i \| R_i) \times s \bmod q$，然后返回 $S_{\mathrm{AID}i}$ 给 $\mathcal{A}$。注意，$\mathcal{A}$ 不能通过调用提取查询得到目标用户 AID_j 的 $S_{\mathrm{AID}j}$。

（5）签名查询：如果 $\mathcal{A}$ 使用 AID_i 对 M_i 进行签名查询，C 首先根据 AID_i 查看 L_{H1} 中是否存在元组 (AID_i,R_i,h_1)。若存在，则 C 返回元组 (AID_i,R_i,h_1) 给 $\mathcal{A}$。否则，C 选择随机数 u_i，并计算 $D_i = h_2^{-1}u_i P - Q$，$h_2 = H_2(R_i \| D_i \| \mathrm{AID}_i \| M_i \| \mathrm{tt}_i)$ 以及 $\sigma_i = h_2 d + S_{\mathrm{AID}i}$，然后将值 (u_i,σ_i) 返回给 $\mathcal{A}$。

（6）分析：由分叉引理可知，一旦 $\mathcal{A}$ 能够成功地构造出两个有效的签名 $(D_i,\sigma_i = h_2 \times d_i + S_{\mathrm{AID}i} \bmod q)$ 和 $(D_i',\sigma_i' = h_2' \times d_i + S_{\mathrm{AID}i} \bmod q)$，并且满足 $h_2 \neq h_2'$，那么 C 就能够通过式（3-21），从这两个有效的签名中，成功推导出目标用户 AID_j 的 $S_{\mathrm{AID}j}$。

$$
\begin{aligned}
&\frac{H_2'\sigma_{Vi} - h_2\sigma_{Vi}'}{h_2' - h_2} \bmod q \\
&= \frac{h_2' h_2 d + h_2' S_{\mathrm{AID}i} - h_2 h_2' d_i - h_2 S_{\mathrm{AID}i}}{h_2' - h_2} \bmod q \\
&= S_{\mathrm{AID}i}
\end{aligned}
\tag{3-21}
$$

因此，C 可以在小于 $\dfrac{120686QT}{\varepsilon}$ 的预期时间内（其中 $\varepsilon \geqslant \dfrac{10(R+1)(R+Q)}{q}$），解决椭圆曲线离散对数问题，这与假设相矛盾，故该方案是安全的，即能够抵抗适应性选择消息攻击。

2. 消息的可靠性

只有信誉值大于阈值的车辆才能获得由 TA 颁发的可信证明，从而参与车载通信。因此本节方案提高了消息的可靠性。

3. 身份隐私保护

车辆的真实身份隐藏在由 TA 为其生成的伪身份中。由于无法获得 TA 的主密钥，敌手无法获得车辆的真实身份。

4. 可追踪性

一旦消息出现争议，根据举报车辆发送的举报消息以及伪身份，TA 通过计算 $\mathrm{ID}_i = \mathrm{AID}_i \oplus h(s \| R_i)$，即可追溯到恶意车辆的真实身份 ID_i。

5. 不可链接性

因为车辆利用动态更新的伪身份与私钥签署消息，并且消息当中均包含随机数，故敌手无法链接同一个车辆发送的多条消息。

6. 抵抗各种攻击

本节提出的方案能够抵抗如下常见类型的攻击。

（1）假冒攻击：敌手扮演 TA 为车辆生成新的伪身份私钥以及可信证明。由于伪身份与私钥之中均包含 TA 的主密钥，故敌手无法生成有效的伪身份与私钥。另外，由于可信证明是基于无碰撞单向哈希函数生成，一旦车辆收到可信证明，可以通过执行 $\mathrm{CR}_i = h(\mathrm{CR}_{i+1})$，验证可信证明的正确性，故敌手无法成功伪造成 TA。

（2）重放攻击：车辆与 TA 发送的消息当中均包含时间戳，通过检验时间戳的新鲜性，即可抵抗重放攻击。

（3）修改攻击：一旦消息被篡改，公式将不再成立，因而不能通过验证。因此本节方案能够抵抗修改攻击。

（4）离线密码猜测攻击：TA 使用主密钥 s 为车辆 V_i 计算 $A_i = h(\mathrm{UID}_i \| \mathrm{ID}_i \| s)$，而敌手是无法获知系统主密钥 s 的。另外，因为用户可以经常更改登录密码，所以敌手不可能在多项式时间内同时猜测出主密钥 s 和车辆的登录密码。

以下是将本节所提出的方案与文献[70]、[71]、[44]中提出的同样支持消息批量认证的方案进行对比。各方案的安全性对比见表 3-2。对比结果表明，只有本节提出的方案在满足基本的安全要求的同时，能够提供密码修改并考虑了消息的可靠性，因而具有更好的安全性能表现。

表 3-2 安全性对比

要求	文献[70]	文献[71]	文献[44]	本节方案
消息完整性与认证	√	√	√	√
身份隐私保护	√	√	√	√
不可链接性	×	√	√	√
抵抗重放攻击	×	×	√	√
抵抗离线密码猜测攻击	×	×	×	√

3.2.3　性能分析

为了证明该方案的优势，本节将从计算开销与通信开销两方面将该方案与同一研究领域的代表性方案进行对比。

1. 计算开销分析

各方案生成以及验证消息的时间参见表 3-3。在文献[70]方案中，签名一条消息，需要 3 次基于双线性配对操作上的点乘运算、1 次点加操作和 1 次普通的单向哈希运算。同样的步骤，在文献[71]方案中，需要 3 次基于双线性配对操作上的点乘运算、1 次点加操作、2 次 MapToPoint 操作和 1 次普通的单向哈希运算。在文献[44]方案中，需要 3 次椭圆曲线上的点乘运算和 3 次普通单向哈希运算。而在本节的方案中仅需要 1 次椭圆曲线上的点乘运算和 1 次普通单向哈希运算。

表 3-3　签名生成与验证时间

方案	签名生成/ms	单个签名验证/ms	批量签名验证/ms
文献[70]	$3T_{bm}+1T_{ba}+1T_h=2.0848$	$3T_{bp}+1T_{bm}+1T_{ba}+2T_h=15.9558$	$3T_{bp}+(n+1)T_{bm}+(2n+1)T_{ba}+2nT_h=15.9538+0.6996n$
文献[71]	$3T_{bm}+1T_{ba}+2T_{mtp}+1T_h=2.2832$	$2T_{bp}+2T_{bm}+1T_{ba}+1T_{mtp}+1T_h=11.662$	$2T_{bp}+2nT_{bm}+3nT_{ba}+nT_{mtp}+nT_h=10.172+1.4936n$
文献[44]	$3T_{em}+3T_h=0.9684$	$3T_{em}+2T_{ba}+2T_h=0.9722$	$(2n+2)T_{em}+(2n+2)T_{ba}+2nT_h=0.6484+0.6504n$
本节方案	$1T_{em}+1T_h=0.3228$	$3T_{em}+2T_{ea}+2T_h=0.9722$	$(n+2)T_{em}+(2n+2)T_{ea}+2nT_h=0.6484+0.3286n$

仅验证车辆发送的一条消息时，在文献[70]方案中，需要 3 次基于双线性配对操作、1 次点乘运算、1 次点加操作和 2 次普通的单向哈希运算。在文献[71]方案中，需要 2 次基于双线性配对操作、2 次点乘运算、1 次点加操作、1 次 MapToPoint 操作和 1 次普通的单向哈希运算。该方案以及文献[44]方案，需要 3 次椭圆曲线上的点乘运算、2 次点加操作和 2 次普通单向哈希运算。

当批量验证 n 条消息时，在文献[70]方案中，需要 3 次基于双线性配对操作、$n+1$ 次点乘运算、$2n+1$ 次点加操作和 $2n$ 次普通的单向哈希运算。在文献[71]方案中，需要 2 次基于双线性配对操作、$2n$ 次点乘运算、$3n$ 次点加操作、n 次

MapToPoint 操作和 n 次普通的单向哈希运算。在文献[44]方案中，需要 $2n+2$ 次椭圆曲线上的点乘运算、$2n+2$ 次点加操作和 $2n$ 次普通单向哈希运算。在本节方案中需要 $n+2$ 次椭圆曲线上的点乘运算、$2n+2$ 次点加操作和 $2n$ 次普通单向哈希运算。在表 3-3 中可以清楚地看到，本节所提出的方案在批量验证签名时实现了更低的计算开销。

2. 通信开销分析

由前面分析可知，$\bar{P}$ 是一个 64B 的素数，P 所占字节是 20B，因此，群 G_1 和 G 中的元素所占字节数分别是 128B 和 40B。不失一般性，时间戳与普通单向哈希函数的输出长度分别为 20B 和 4B。

在文献[70]方案中，车辆广播的消息结构是 $\{\mathrm{PID}_i, M_i, \mathrm{tt}_i, \tau_i\}$，其中 $\mathrm{PID}_i = (\mathrm{PID}_{i,1}, \mathrm{PID}_{i,2}, \mathrm{ET}_i)$，$\tau_i = (T_i, U_i, V_i)$，$\mathrm{ET}_i$ 代表伪身份的有效时间，tt_i 是时间戳，所以增加的通信开销为 $128\times5+4\times2=648\mathrm{B}$。在文献[71]方案中，消息结构是 $\{\mathrm{ID}_i, M_i, \sigma_i\}$，其中 $\mathrm{ID}_i = (\mathrm{ID}_{i,1}, \mathrm{ID}_{i,2})$，所以增加的通信开销为 $128\times3=384\mathrm{B}$。在文献[44]方案中，车辆广播的消息结构是 $\{M_i, \mathrm{AID}_i, T_i, R_i, \sigma_i\}$，其中 $\mathrm{AID}_i = (\mathrm{AID}_{i,1}, \mathrm{AID}_{i,2})$，$\sigma_i \in Z_q^*$，$T_i$ 是时间戳，所以增加的通信开销为 $40\times3+20+4=144\mathrm{B}$。本节方案的消息结构是 $\{\mathrm{AID}_i, R_i, M_{Vi}, \mathrm{tt}_i, \sigma_{Vi}\}$，其中，$\mathrm{AID}_i, \sigma_i \in Z_q^*$，$\mathrm{tt}_i$ 是时间戳，因此增加的通信开销为 $20\times2+40+4=84\mathrm{B}$。可以看出，本节方案相对于对比方案在通信开销上具有显著的优势。表 3-4 给出了具体的通信开销对比。

表 3-4　通信开销对比

方案	发送一条消息/B	发送 n 条消息/B
文献[70]	648	$648n$
文献[71]	384	$384n$
文献[44]	144	$144n$
本节方案	84	$84n$

3. 信誉系统评估

为了评估信誉系统的有效性，进行了初步的仿真实验。因为可信机构已经对反馈收集模块中的消息进行了过滤，所以在信誉值计算模块中使用的反馈消息都是有效的。在这里，将参与反馈的车辆数量设置为 0～30。目标车辆的初始信誉值设置为 60～90，信誉值阈值设定为 60。在信誉系统中，消息的影响程度 D^t、客观评估值 E^t 和历史信誉值 H^t 的权重分别设定为 $\alpha=0.9$、$\beta=0.05$ 和 $\gamma=0.05$。由图 3-4 可知，在一定时间内，车辆的不同行为（好的或恶意的）会导致不同的结果。

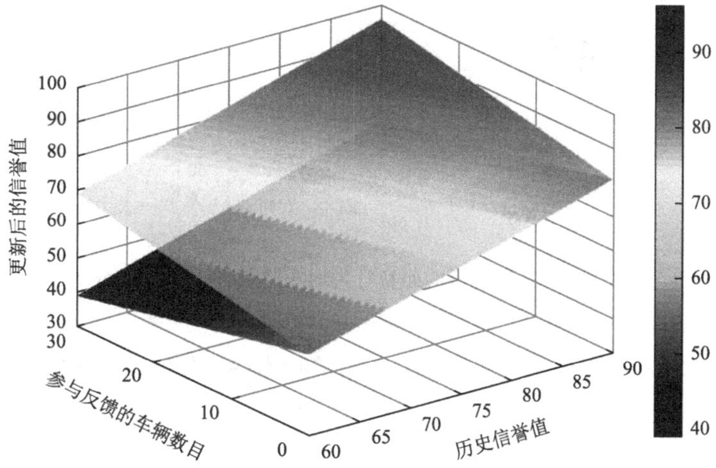

图 3-4　不同行为（好的或恶意的）对车辆信誉得分的影响

由图 3-4 可知，好的行为会增加车辆的信誉评分，而恶意的行为会导致其信誉分值的降低。以下利用三维坐标轴得到的坐标值来解释这一结论。例如，[60, 25, 66.5]的对应含义是，初始信誉值为 60 的车辆，由于其良好的行为（如及时发布交通拥堵信息），被 25 辆车反馈给 TA。在 TA 进行信誉计算后，车辆的信誉值将上升为 66.5。同理，[60, 25, 41.5]表示如果 25 辆车举报该车的恶意行为（如发送虚假信息导致交通事故），则该车的信誉值将降至 41.5。另外，由图 3-5 可知，目标车辆的不同恶意行为会导致其不同程度上的信誉分值下降。消息造成的恶意影响越大，车辆的信誉评分下降越快。结合图 3-4 和图 3-5 可知，参与反馈的车辆越多，目标车辆的信誉评分变化得越快。

由于系统设置了信誉值阈值，如果车辆的信誉值低于该阈值，可信机构将视该车辆为恶意车辆，拒绝向该车辆发送信息。通过及时屏蔽恶意车辆参与车联网通信，能够有效改善车联网环境。因此，所提出的信誉系统可以在一定程度上提高车联网中消息的可信度。此外，参数可以根据实际应用情况被设置为不同的权重。

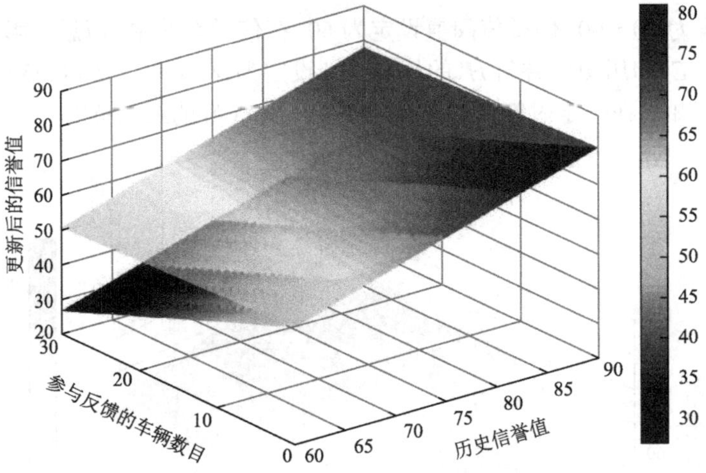

图 3-5　不同程度的恶意行为对车辆信誉得分的影响

3.3　5G 背景下基于边缘计算的条件隐私保护技术

针对云端处理大量数据带来的响应时间较长和带宽需求较高的问题，文献[72]设计了一种基于 5G 边缘计算的条件隐私保护认证方案。该方案使用模糊逻辑算法选择出一个最优的边缘计算车辆来协助收集和处理周边车辆信息，从而降低了系统的计算开销和传输时延。本节将首先介绍文献[72]的主要方案；然后通过安全性分析，证明该方案不仅满足消息完整性、可认证性、身份隐私和可追溯等安全需求，而且能够抵抗重放攻击和中间人攻击；最后通过 Omnet＋＋仿真实验对该方案的性能进行分析。

3.3.1　基于边缘计算的条件隐私保护算法

本节将详细分析文献[72]中所设计的方案，简称 5GECA 方案。5GECA 方案分为以下五个阶段。①系统初始化阶段：TA 向每辆车预装一个秘密和一个长期证书；②参与车辆注册阶段：TA 向每辆车预装一个秘密和一个长期证书；③选举策略和 ECV 认证阶段：ECV 的选择策略和认证阶段是 TA 使用模糊逻辑选择一些边缘计算车辆并与这些边缘计算车辆进行认证；④密钥协商和车辆批量认证阶段：边缘计算车辆负责为群内车辆生成密钥，并为后续的群内验证做好充分准备；⑤车辆动态添加阶段：讨论如何在 5G 车联网中动态添加车辆。图 3-6 显示了该方案的整体流程图。5GECA 方案中使用到的主要符号和相应定义如表 3-5 所示。

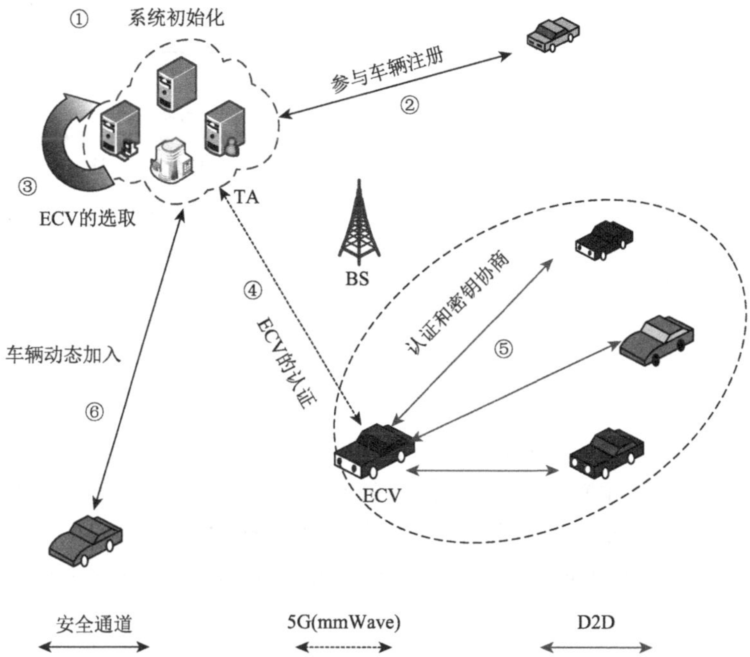

图 3-6　5G 背景下基于边缘计算的整体流程图

表 3-5　5GECA 方案中使用到的符号和定义

符号	定义
TA	可信机构
5G_BS	5G 基站
V_j	第 j 个普通车辆
ECV_i	第 i 个边缘计算车辆
5G_ID	车辆的真实身份
SK_j	第 j 个普通车辆的私钥
RT	车辆的注册时间
TC	长期临时凭证时间
m_j	第 j 个普通车辆的秘密
$\mathrm{5G\_GID}_i$	普通车辆的匿名身份
T_i	当前的时间戳
PID_i	边缘计算车辆的匿名身份
$\mathrm{SK}_{i,j}$	普通车辆和边缘计算车辆的会话密钥

续表

符号	定义
$H(\cdot)$	安全哈希函数
HMAC(·)	哈希消息认证码
$\oplus$	异或运算
$\Vert$	连接操作

1. 系统初始化

（1）TA 选择一个大的随机素数 q 和相应的有限域 Z_q^*。

（2）TA 选择一个随机数 $s \in Z_q^*$ 作为系统主私钥并计算相应的公钥 $P_{\text{pub}} = s \cdot P$。

（3）TA 选择一个安全哈希函数 H，并定义为 $H:\{0,1\}^* \to \{0,1\}^l$。

（4）在车辆注册期间，TA 发送公开系统参数 $\text{params} = \{q, Z_q^*, P_{\text{pub}}, H\}$ 给所有车辆。

2. 参与车辆注册

在此阶段，车辆 V_j 向 TA 进行以下注册，其中 $j \in \{1,2,\cdots,n\}$。车辆通过安全通道将有关其身份的信息发送给 TA。

（1）TA 分配唯一身份 5G_ID_j，并选择一个大的随机数 $\text{SK}_j \in Z_q^*$ 作为车辆 V_j 的密钥。然后 TA 计算 $A_j = H(\text{5G\_ID}_j \Vert \text{SK}_j)$。

（2）TA 选择一个随机数 $r_j \in Z_q^*$，然后计算 $R_j = r_j \cdot P$ 和 $B_j = H(s \Vert A_j) \cdot R_j$。此外，TA 还为每辆车 V_j 计算一个秘密 $m_j = s + H(s \Vert A_j) \cdot r_j (\bmod p)$。

（3）另外，TA 计算长期临时凭证 $\text{TC}_j = \text{HMAC}(\text{5G\_ID}_j \Vert \text{SK}_j \Vert s \Vert \text{RT}_j)$，其中 RT_j 是车辆 V_j 的登记时间。

（4）最后，TA 将信息 $\{\text{5G\_ID}_j, R_j, B_j, m_j, \text{TC}_j\}$ 传递到每辆车的内存中。此外，TA 将元组 $\{\text{5G\_ID}_j, \text{SK}_j, s, R_j, m_j, \text{TC}_j\}$ 存储到其存储库中。

3. ECV 的选择策略和验证

本小节将详细描述 5GECA 方案如何选择 ECV，以及 TA 和 ECV 如何相互认证。具体步骤如下。

1）ECV 的选择策略

为了帮助 TA 认证消息签名，将在 TA 中选择一些接近 5G_BS 并且具有足够计算能力的车辆。假设车辆可以通过 hello 消息/信标提取 GPS 位置和可用的计算资源信息。但这两个指标总是相互矛盾的。例如，车辆接近5G_BS，但其计算资源较低。此外，距离和计算资源总是不精确的。传统的数学模型无法解决这一问题。具体选择ECV的算法，参见文献[41]。

2）群标识生成

（1）TA 选择一个随机数 $d \in Z_q^*$，并使用边缘计算车辆 ECV 的临时证书 TC_i 计算 $D = d \cdot P$，$X = \mathrm{TC}_i \cdot P$ 和 $X_{\mathrm{TA}} = d \cdot X$。注意，消息 $\langle \mathrm{5G\_ID}_i, \mathrm{TC}_i \rangle$ 已经分别存储于ECV和TA的存储器中。

（2）TA 为 ECV 生成随机群标识 $\mathrm{5G\_GID}_i$，该标识将在后面内容中用于车辆的密钥协商和认证。TA 计算 $Y = (X_{\mathrm{TA}})_y \oplus \mathrm{5G\_GID}_i$，其中 $(X_{\mathrm{TA}})_y$ 表示椭圆曲线点 X_{TA} 的 y 坐标。

（3）TA 接着生成当前时间戳 T_{TA}，并继续计算式（3-22）。然后，它通过公开信道将消息 $\langle D, Y, Z_{\mathrm{TA}}, T_{\mathrm{TA}} \rangle$ 发送到所选边缘计算车辆 ECV_i。

$$Z_{\mathrm{TA}} = H(\mathrm{5G\_ID}_i \| \mathrm{5G\_GID}_i \| T_{\mathrm{TA}}) \oplus H(\mathrm{5G\_ID}_i \| \mathrm{5G\_GID}_i \| D \| X_{\mathrm{TA}}) \quad (3\text{-}22)$$

3）群标识验证

（1）当收到消息 $\langle D, Y, Z_{\mathrm{TA}}, T_{\mathrm{TA}} \rangle$ 时，ECV_i 首先通过条件 $|T_{\mathrm{TA}}^* - T_{\mathrm{TA}}| < \Delta T$ 检查 T_{TA} 的有效性，其中接收到 TA 消息的时间为 T_{TA}^*，ΔT 表示最大传输时延。如果条件成立，则继续。

（2）ECV_i 使用自己的长期时间凭证 TC_i 计算 $X_{\mathrm{ECV}} = \mathrm{TC}_i \cdot D$，$\mathrm{GID}_i^* = (X_{\mathrm{ECV}})_y \oplus Y$。然后，$\mathrm{ECV}_i$ 计算式（3-23），并使用其自身的真实身份 $\mathrm{5G\_ID}_i$ 和群标识 $\mathrm{5G\_GID}_i^*$ 验证方程 $Z_{\mathrm{TA}} = Z_{\mathrm{ECV}}$ 是否成立。如果有效，边缘计算车辆 ECV_i 将验证 TA。

$$Z_{\mathrm{ECV}} = H(\mathrm{5G\_ID}_i \| \mathrm{5G\_GID}_i^* \| T_{\mathrm{TA}}) \oplus H(\mathrm{5G\_ID}_i \| \mathrm{5G\_GID}_i^* \| D \| X_{\mathrm{ECV}}) \quad (3\text{-}23)$$

（3）ECV_i 生成当前时间戳 T_{ECV}，并计算式（3-24）和式（3-25）。然后，它通过公共信道将消息 $\langle K_{\mathrm{ECV}}, T_{\mathrm{ECV}} \rangle$ 发送给 TA。

$$E_{\mathrm{ECV}} = Z_{\mathrm{TA}} \oplus H(\mathrm{5G\_ID}_i \| \mathrm{5G\_GID}_i^* \| D \| X_{\mathrm{ECV}}) \quad (3\text{-}24)$$

$$K_{\mathrm{ECV}} = H(\mathrm{5G\_ID}_i \| \mathrm{5G\_GID}_i^* \| D \| X_{\mathrm{ECV}} \| E_{\mathrm{ECV}} \| T_{\mathrm{ECV}}) \quad (3\text{-}25)$$

（4）当收到消息 $\langle K_{\mathrm{ECV}}, T_{\mathrm{ECV}} \rangle$ 时，TA 首先通过条件 $|T_{\mathrm{ECV}}^* - T_{\mathrm{ECV}}| < \Delta T$ 验证 T_{ECV} 的有效性，其中时间 T_{ECV}^* 是 TA 获得消息时的时间。如果满足条件，TA 计算式（3-26），并检查条件 $K_{\mathrm{TA}} = K_{\mathrm{ECV}}$ 是否成立。如果有效，TA 也会验证 ECV_i。

$$K_{\mathrm{TA}} = H(\mathrm{5G\_ID}_i \| \mathrm{5G\_GID}_i \| D \| X_{\mathrm{TA}} \| H(\mathrm{5G\_ID}_i \| \mathrm{5G\_GID}_i \| T_{\mathrm{TA}}) \| T_{\mathrm{ECV}}) \quad (3\text{-}26)$$

此外，边缘计算车辆 ECV 和 TA 存储群标识 5G_GID，用于后面内容中车辆的密钥协商和认证。群标识生成和验证的相关细节如图 3-7 所示。

TA		ECV_i
群标识生成 选择一个随机数 $d \in Z_q^*$； 计算 $D = d \cdot P$， $X = TC_i \cdot P$ 和 $X_{TA} = d \cdot X$； 生成一个群标识 $5G\_GID_i$； 计算 $Y = (X_{TA})_y \oplus 5G\_GID_i$； 生成当前时间戳 T_{TA}； 计算 $Z_{TA} = H(5G\_ID_i \| 5G\_GID_i \| T_{TA}) \oplus H(5G\_ID_i \| 5G\_GID_i \| D \| X_{TA})$。	$\langle D, Y, Z_{TA}, T_{TA} \rangle$ $\longrightarrow$ （通过公开信道）	
群标识验证		检查时间戳 T_{TA} 的有效性； 计算 $X_{ECV} = TC_i \cdot D$， $GID_i^* = (X_{ECV})_y \oplus Y$ 和 $Z_{ECV} = H(5G\_ID_i \| 5G\_GID_i^* \| T_{TA}) \oplus H(5G\_ID_i \| 5G\_GID_i^* \| D \| X_{ECV})$； 验证等式 $Z_{TA} = Z_{ECV}$ 是否成立 如果成立，生成当前时间戳 T_{ECV}； 计算 $E_{ECV} = Z_{TA} \oplus H(5G\_ID_i \| 5G\_GID_i^* \| D \| X_{ECV})$ 和 $K_{ECV} = H(5G\_ID_i \| 5G\_GID_i^* \| D \| X_{ECV} \| E_{ECV} \| T_{ECV})$； 存储 $5G\_GID_i$
检查时间戳 T_{ECV} 的有效性； 计算 $K_{TA} = H(5G\_ID_i \| 5G\_GID_i \| D \| X_{TA} \| H(5G\_ID_i \| 5G\_GID_i \| T_{TA}) \| T_{ECV})$； 验证等式 $K_{TA} = K_{ECV}$ 是否成立 如果成立，TA 也认证了 ECV_i。	$\langle K_{ECV}, T_{ECV} \rangle$ $\longleftarrow$ （通过公开信道）	

图 3-7　群标识生成和验证过程

4. 密钥协商与消息批认证

本节将介绍如何将车辆组成群，以及这些车辆如何在此群内进行通信和验证。具体交互细节和步骤如下。

1）群请求

（1）车辆 V_j 选取随机数 $x_j \in Z_q^*$，计算 $PID_{j,1} = x_j \cdot P$，创建当前时间戳 T_j，并计算 $PID_{j,2} = 5G\_ID_j \oplus H(PID_{j,1} \| B_j \| T_j)$。然后，车辆 V_j 生成匿名身份 $PID_j = (PID_{j,1}, PID_{j,2})$。

（2）车辆 V_j 选择一个随机数 $y_j \in Z_q^*$，使用长期时间凭证 TC_j 计算 $w_j = H(y_j \| TC_j)$ 和 $W_j = w_j \cdot P$。为了安全起见，车辆 V_j 的消息 M_j 应包括标记 $F_j = w_j + H(PID_j \| P_{pub}) \cdot x_j \pmod p$，以确保其合法性。

（3）车辆 V_j 通过公开通道向其相应的边缘计算车辆 ECV_i 发送消息 $\langle PID_j, W_j, F_j, T_j \rangle$。

2）群密钥生成

当收到消息 $\langle \mathrm{PID}_j, W_j, F_j, T_j \rangle$ 时，ECV_i 有能力通过以下步骤验证该消息的合法性。

（1）ECV_i 首先通过条件 $|T_j^* - T_j| < \Delta T$ 检查时间戳 T_j 的有效性，其中时间 T_j^* 是获得 V_j 消息时的时间。如果时间戳是合法的，那么 ECV_i 继续执行以下步骤。

（2）ECV_i 计算 $H(\mathrm{PID}_j \| P_{\mathrm{pub}})$ 并检查方程（3-27）是否成立。

$$\begin{aligned} F_j \cdot P &= (w_j + H(\mathrm{PID}_j \| P_{\mathrm{pub}}) \cdot x_j) \cdot P \\ &= W_j + H(\mathrm{PID}_j \| P_{\mathrm{pub}}) \cdot \mathrm{PID}_{j,1} \end{aligned} \tag{3-27}$$

（3）如果方程（3-27）成立，ECV_i 选择一个随机数 $y_i \in Z_q^*$，并使用其长期临时凭证 TC_i 来计算 $w_i = H(y_i \| \mathrm{TC}_i)$ 和 $W_i = w_i \cdot P$。然后计算式（3-28），并通过计算式（3-29）给出标签。

$$\theta_i = w_i \cdot W_j = H(y_i \| \mathrm{TC}_i) \cdot H(y_j \| \mathrm{TC}_j) \cdot P \tag{3-28}$$

$$F_i = w_i + H(\mathrm{PID}_i \| P_{\mathrm{pub}}) \cdot x_i (\mathrm{mod}\, p) \tag{3-29}$$

（4）ECV_i 创建当前时间戳 T_i，并计算 $\mathrm{SK}_{i,j} = H(\theta_i \| T_i \| F_i \| F_j)$ 作为和车辆 V_j 之间的共享密钥。之后，ECV_i 对在自己群范围内的车辆使用群标识 $\mathrm{5G\_GID}_i$。ECV_i 计算式（3-30）和式（3-31），然后将消息 $\langle \mathrm{PID}_i, W_i, F_i, G_i, U_i, T_i \rangle$ 返回 V_j。

$$G_i = H(\mathrm{SK}_{i,j}) \oplus \mathrm{5G\_GID}_i \tag{3-30}$$

$$U_i = H(\mathrm{5G\_GID}_i \| \mathrm{SK}_{i,j} \| \theta_j \| T_i) \tag{3-31}$$

注意：这里的群共享密钥 $\mathrm{SK}_{i,j}$ 用于确保群标识 $\mathrm{5G\_GID}_i$ 的唯一性。同时，应确保当发生交通事故或恶意车辆时，群内车辆可以使用 $\mathrm{SK}_{i,j}$ 对消息进行加密并发送报告。

3）群密钥验证

在从边缘车辆 ECV_i 接收到消息 $\langle \mathrm{PID}_i, W_i, F_i, G_i, U_i, T_i \rangle$ 之后，车辆 V_j 执行以下步骤来验证该消息。

（1）V_j 首先通过条件 $|T_i^* - T_i| < \Delta T$ 来检查 T_i 的有效性，其中 T_i^* 是获得 ECV_i 消息的时间。

（2）如果时间戳合法，V_j 继续计算 $H(\mathrm{PID}_i \| P_{\mathrm{pub}})$，然后，$V_j$ 检查方程（3-32）是否满足。

$$F_i \cdot P = W_i + H(\mathrm{PID}_i \| P_{\mathrm{pub}}) \cdot \mathrm{PID}_{i,1} \tag{3-32}$$

（3）如果满足，V_j 计算式（3-33）和共享密钥 $\mathrm{SK}_{i,j}^* = H(\theta_j \| T_i \| F_i \| F_j)$，且 $\mathrm{SK}_{i,j}^* = \mathrm{SK}_{i,j}$。然后，$V_j$ 使用新的 $\mathrm{SK}_{i,j}^*$ 和 G_i 来计算群标识 $\mathrm{5G\_GID}_i^* = H(\mathrm{SK}_{i,j}^*) \oplus G_i$。

$$\theta_j = w_j \cdot W_i = H(y_i \| \mathrm{TC}_i) \cdot H(y_j \| \mathrm{TC}_j) \cdot P \tag{3-33}$$

（4）V_j 在计算式（3-34）之后检查等式 $U_i = U_i^*$ 是否成立。如果成立，V_j 将确

保 ECV_i 的真实性。否则，车辆 V_j 终止进程。若是成功建立，V_j 生成最新时间戳 tt_j，并计算 $E_j = H(5G\_GID_i^* \| SK_{i,j}^* \| tt_j)$，然后通过公开信道将消息 $\langle E_j, tt_j \rangle$ 发送回 ECV_i。

$$U_i^* = H(5G\_GID_i^* \| SK_{i,j}^* \| \theta_j \| T_i) \tag{3-34}$$

4）群密钥协商和建立

（1）ECV_i 首先通过条件 $|tt_j^* - tt_j| < \Delta T$ 检查 tt_j 的有效性。如果时间戳有效，ECV_i 将继续。

（2）ECV_i 计算 $E_i = H(5G\_GID_i \| SK_{i,j} \| tt_j)$ 并检查方程 $E_i = E_j$ 是否成立。这个等式的正确性也确保了 V_j 被 ECV_i 验证。

（3）在这一阶段结束时，每个群内车辆存储群标识 $5G\_GID_i$ 和共享密钥 $SK_{i,j}$，以便将来进行安全通信。图 3-8 描述了 V_j 和 ECV_i 之间的群密钥协商和建立过程。

5）群消息签名

当 V_j 想要发送群消息 M_j 时，它执行以下步骤。

（1）车辆 V_j 选取随机数 $x_j \in Z_q^*$，计算 $PID_{j,1} = x_j \cdot P$。此外，车辆 V_j 创建当前时间戳 T_j，并计算式（3-35）。然后，车辆 V_j 生成匿名身份 $PID_j = (PID_{j,1}, PID_{j,2})$。

$$PID_{j,2} = 5G\_ID_j \oplus H(PID_{j,1} \| B_j \| T_j) \tag{3-35}$$

（2）车辆 V_j 选择一个随机数 $y_j \in Z_q^*$，计算式（3-36）和式（3-37）。接着，V_j 使用随机数 r_j 生成秘密 $m_j = s + H(s \| A_j) \cdot r_j \pmod p$，然后使用随机数 x_j 和秘密 m_j 生成签名 $S_j = m_j + H(PID_j \| T_j) \cdot y_j + h_j \cdot x_j \pmod p$。

$$Y_j = B_j + y_j \cdot H(PID_j \| T_j) \cdot P \tag{3-36}$$

$$h_j = H(PID_j \| Y_j \| 5G\_GID_i \| T_j \| M_j) \tag{3-37}$$

（3）最后，V_j 通过公开信道将消息 $\langle PID_j, M_j, Y_j, S_j, T_j \rangle$ 发送到相应的 ECV_i。

6）群批量验证

这里建议使用小指数因子测试技术[73]对群消息进行批量认证，以确保消息可认证性。采用小指数因子测试技术抵抗批量认证攻击。当接收到批处理消息 $\langle PID_j, M_j, Y_j, S_j, T_j \rangle$ 时，边缘计算车辆 ECV_i 使用公共系统参数 $params = \{q, Z_q^*, P_{pub}, H\}$ 通过以下步骤来验证那些消息，其中 $j \in \{1, 2, \cdots, n\}$。

（1）边缘计算车辆 ECV_i 或群内车辆首先根据条件 $|T_j^* - T_j| < \Delta T$ 检查 T_j 的有效性。如果时间戳有效，ECV_i 将继续以下步骤。

（2）ECV_i 或群内车辆选择随机向量 $v = \{v_1, v_2, \cdots, v_n\}$，其中 v_i 是 $[1, 2^t]$ 中的小随机整数，t 是小整数。值得注意的是，向量对性能的影响程度非常低。最后，ECV_i 或群内车辆检查式（3-38）的正确性。

$$\sum_{j=1}^{n} v_j S_j \cdot P = \sum_{j=1}^{n} v_j \cdot P_{pub} + \sum_{j=1}^{n} v_j \cdot Y_j + \sum_{j=1}^{n} v_j h_j \cdot PID_{j,1} \tag{3-38}$$

V_j	ECV_i
群请求 选择随机数 $x_j, y_j \in Z_q^*$； 计算 $\mathrm{PID}_{j,1} = x_j \cdot P$， $\mathrm{PID}_{j,2} = \mathrm{5G\_ID}_j \oplus H(\mathrm{PID}_{j,1} \parallel B_j \parallel T_j)$； 生成一个匿名身份 $\mathrm{PID}_j = (\mathrm{PID}_{j,1}, \mathrm{PID}_{j,2})$； 计算 $W_j = w_j \cdot P$， $F_j = w_j + H(\mathrm{PID}_j \parallel P_{\mathrm{pub}}) \cdot x_j (\bmod p)$。 $\langle \mathrm{PID}_j, W_j, F_j, T_j \rangle$ →（通过公开信道）	
群密钥生成	检查 T_j 的有效性； 验证 $F_j \cdot P = W_j + H(\mathrm{PID}_j \parallel P_{\mathrm{pub}}) \cdot \mathrm{PID}_{j,1}$ 是否成立； 如果成立，选择一个随机数 $y_i \in Z_q^*$； 计算 $\theta_i = w_i \cdot W_j$ 和 $F_i = w_i + H(\mathrm{PID}_i \parallel P_{\mathrm{pub}}) \cdot x_i (\bmod p)$； 创建一个当前时间戳 T_i； 计算一个共享密钥 $\mathrm{SK}_{i,j} = H(\theta_i \parallel T_i \parallel F_i \parallel F_j)$； 计算 $G_i = H(\mathrm{SK}_{i,j}) \oplus \mathrm{5G\_GID}_i$ 和 $U_i = H(\mathrm{5G\_GID}_i \parallel \mathrm{SK}_{i,j} \parallel \theta_j \parallel T_i)$。
←（通过公开信道）$\langle \mathrm{PID}_i, W_i, F_i, G_i, U_i, T_i \rangle$	
群密钥验证 验证 $F_i \cdot P = W_i + H(\mathrm{PID}_i \parallel P_{\mathrm{pub}}) \cdot \mathrm{PID}_{i,1}$； 如果成立，计算 $\theta_j = w_j \cdot W_i = H(y_i \parallel \mathrm{TC}_i) \cdot H(y_j \parallel \mathrm{TC}_j) \cdot P$； 检查等式 $\mathrm{SK}_{i,j}^* = H(\theta_j \parallel T_i \parallel F_i \parallel F_j) = \mathrm{SK}_{i,j}$ 是否成立； 如果成立，计算 $\mathrm{5G\_GID}_i^* = H(\mathrm{SK}_{i,j}^*) \oplus G_i$； 检查等式 $U_i^* = H(\mathrm{5G\_GID}_i^* \parallel \mathrm{SK}_{i,j}^* \parallel \theta_j \parallel T_i) = U_i$； 如果成立， ECV_i 被认证； 生成最新的时间戳 tt_j； 计算 $E_j = H(\mathrm{5G\_GID}_i^* \parallel \mathrm{SK}_{i,j}^* \parallel \mathrm{tt}_j)$。 $\langle E_j, \mathrm{tt}_j \rangle$ →（通过公开信道）	
群密钥协商和建立	检查 tt_j 的有效性； 计算并验证 $E_i = H(\mathrm{5G\_GID}_i \parallel \mathrm{SK}_{i,j} \parallel \mathrm{tt}_j) = E_j$， 如果成立， V_j 被认证。
存储 $\mathrm{5G\_GID}_i$ 和 $\mathrm{SK}_{i,j}$	

图 3-8　5GECA 方案中 V_j 和 ECV_i 之间的群密钥协商和建立过程

如果等式正确， ECV_i 或群内车辆接受这些消息；反之则拒绝。

5. 车辆动态加入

假设有一个新的车辆 V_x 需要加入一个已部署的网络。TA 需要完成以下步骤。

（1）TA 分配唯一身份 5G_ID$_x$，并生成一个大的随机数 $\mathrm{SK}_x \in Z_q^*$ 作为车辆 V_x 的密钥。然后 TA 计算 $A_x = H(\mathrm{5G\_ID}_x \| \mathrm{SK}_x)$。

（2）TA 选择随机数 $r_x \in Z_q^*$，并计算 $R_x = r_x \cdot P$ 和 $B_x = H(s \| A_x) \cdot R_x$。

（3）接着，TA 为每辆车 V_x 计算一个秘密 $m_x = s + H(s \| A_x) \cdot r_x \pmod p$。

（4）此外，TA 计算长期临时凭证 $\mathrm{TC}_x = \mathrm{HMAC}(\mathrm{5G\_ID}_x \| \mathrm{SK}_x \| s \| \mathrm{RT}_x)$，其中 RT_x 是车辆 V_x 的登记时间。

（5）最后，TA 将信息 $\{\mathrm{5G\_ID}_x, R_x, B_x, m_x, \mathrm{TC}_x\}$ 传递到每辆车的内存中。此外，TA 将元组 $\{\mathrm{5G\_ID}_x, \mathrm{SK}_x, R_x, m_x, \mathrm{TC}_x\}$ 存储到其存储库中。车辆 V_x 也有公共参数 $\mathrm{params} = \{q, Z_q^*, P_{\mathrm{pub}}, H\}$。

3.3.2 安全性分析

本节将首先证明本节提出的签名方案在随机预言条件下对自适应选择消息攻击是安全的。然后对该方案进行了形式化的安全性分析。

1. 安全模型

定义 3.1 在自适应选择消息攻击下，如果没有 PPT 敌手在接下来的游戏中具有不可忽视的优势，那么本节的签名方案是存在不可伪造性的。

基于网络模型和敌手的能力，通过敌手 $\mathcal{A}$ 和模拟者 $\mathcal{B}$ 之间的游戏，定义了 5GECA_签名方案的安全模型，交互如下所示。

（1）初始化：$\mathcal{B}$ 运行 Setup（）算法来生成系统的主私钥 s 和公共参数 params。然后将输出公共系统参数 params 发送给 $\mathcal{A}$。

（2）提取询问：$\mathcal{A}$ 可以对自己自适应选择的身份 ID 进行提取查询，然后模拟者 $\mathcal{B}$ 运行提取算法计算出该 ID 的私钥 sk 给 $\mathcal{A}$。

（3）签名询问：$\mathcal{A}$ 可以请求用户（其匿名身份为 ID_2）对其选择的消息 M 的签名。作为回应，$\mathcal{B}$ 返回 σ 给 $\mathcal{A}$。

（4）伪造：$\mathcal{A}$ 在身份 ID^* 对应的消息 M^* 上输出一个伪造的签名 σ^*，如果满足以下三个条件：① σ^* 是身份 ID^* 对应的消息 M^* 上的有效签名；②在提取查询阶段未查询到 ID^*；③ M^* 和 ID^* 在签名查询阶段没有被查询到。

2. 签名方案的不可伪造性

本小节将在随机预言模型下证明本节的签名方案是安全的，可以抵抗自适应选择消息攻击。根据 ECDL 困难性，证明本节的签名方案可以实现不可伪造性。

定理 3.2 在随机预言机模型中，如果一个 PPT 敌手 $\mathcal{A}$ 执行 Game，询问哈希

预言机 q_H 次并且在输出有效签名方面具有不可忽略的优势 ε，则存在模拟者 $\mathcal{B}$ 在时间 $O(\text{poly}(t))$ 内运行并通过与 $\mathcal{A}$ 交互至少具有 ε / q_H 优势解决 ECDL 问题。

证明　假设模拟者 $\mathcal{B}$ 在循环群 (G,q) 上接收到一个 ECDL 问题实例 (p,G,aP)，其目标是计算 a。模拟者 $\mathcal{B}$ 运行敌手 $\mathcal{A}$ 如下。

初始化：设置公共系统参数 $\text{params} = \{G,q,P_{\text{pub}},H\}$。模拟者 $\mathcal{B}$ 选择 $s \in Z_q^*$ 并计算 $P_{\text{pub}} = sP$。然后，$\mathcal{B}$ 随机选择 $x_j, y_j, r_j \in Z_q^*$，并将秘密设置为

$$m_j = s + \alpha_j \cdot r_j \tag{3-39}$$

匿名集设置为 $S_{\text{PID}} = \{\text{PID}_1, \text{PID}_2, \cdots, \text{PID}_{j^*}, \cdots, \text{PID}_n\}$，其中，$j^* \in \{1,2,\cdots,n\}$。接着，$\mathcal{B}$ 选择随机币 $c_j \in \{0,1\}$，且 $\Pr[c_j = 0] = \theta$。

$$\text{PID}_j = \begin{cases} \text{PID}_{j,1} = x_j \cdot P, & c_j = 0 \\ \text{PID}_{j,1} = a \cdot P, & c_j = 1 \end{cases} \tag{3-40}$$

然后，$\mathcal{B}$ 将公共参数 $\text{params} = \{G,q,P_{\text{pub}},H\}$ 和匿名集 S_{PID} 发送给敌手 $\mathcal{A}$。

哈希查询：$\mathcal{A}$ 在此阶段进行哈希查询。在接收到来自 $\mathcal{A}$ 的询问消息 $\langle \text{PID}_j, Y_j, \text{5G\_GID}_i, T_j, M_j \rangle$ 时，$\mathcal{B}$ 检查 $\langle \text{PID}_j, Y_j, \text{5G\_GID}_i, T_j, M_j, \tau_H \rangle$ 是否已经包含在哈希列表 L_H 中。如果列表中存在，$\mathcal{B}$ 将 $\tau_H = H(\text{PID}_j, Y_j, \text{5G\_GID}_i, T_j, M_j)$ 发送给 $\mathcal{A}$。否则，$\mathcal{B}$ 选择随机 $\tau_H \in Z_q^*$，然后将 $\langle \text{PID}_j, Y_j, \text{5G\_GID}_i, T_j, M_j, \tau_H \rangle$ 添加到哈希列表 L_H 中。最后，模拟者 $\mathcal{B}$ 向敌手 $\mathcal{A}$ 发送 $\tau_H = H(\text{PID}_j, Y_j, \text{5G\_GID}_i, T_j, M_j)$。

提取查询：敌手 $\mathcal{A}$ 在此阶段进行提取查询。在收到来自敌手 $\mathcal{A}$ 的匿名 PID_j 的查询之前，模拟者 $\mathcal{B}$ 检查提取列表中是否存在元组 $\langle \text{PID}_j, T_j, m_j \rangle$。如果是，那么 $\mathcal{B}$ 将 m_j 发送给 $\mathcal{A}$；否则，如果 $c_j = 0$，那么 B 随机选择 $r_j \in Z_q^*$，并计算 $m_j = s + \alpha_j \cdot r_j \pmod p$，然后在提取列表中添加元组 $\langle \text{PID}_j, T_j, m_j \rangle$，并将 m_j 发送给 $\mathcal{A}$；否则，$\mathcal{B}$ 中止。

签名查询：敌手 $\mathcal{A}$ 在此阶段进行签名查询。在收到来自敌手 $\mathcal{A}$ 的消息 M_j 和匿名身份 PID_j 查询时，$\mathcal{B}$ 判断 $c_j = 0$ 是否成立，如果成立则计算

$$Y_j = S_j \cdot P - h_j \cdot aP - P_{\text{pub}} \tag{3-41}$$

$$S_j = m_j + \beta_j \cdot y_j + h_j \cdot x_j \pmod p \tag{3-42}$$

然后，$\mathcal{B}$ 将 (Y_j, S_j) 发送给 $\mathcal{A}$。通过下面的等式很容易验证签名是否有效。

$$\begin{aligned} S_j \cdot P &= P_{\text{pub}} + Y_j + h_j \cdot \text{PID}_{j,1} \\ &= P_{\text{pub}} + (S_j \cdot P - h_j \cdot aP - P_{\text{pub}}) + h_j \cdot aP \\ &= S_j \cdot P \end{aligned} \tag{3-43}$$

因此可以得出结论，$\mathcal{B}$ 生成的签名和合法车辆生成的签名是不可区分的。

如果 $c_j = 0$，$\mathcal{B}$ 可以直接计算一个有效的签名并将该签名发送给 $\mathcal{A}$，因为 $\mathcal{B}$ 有 PID_j 的秘密 m_j。

伪造：敌手 $\mathcal{A}$ 返回消息 M_j^* 上的伪造签名 S_j^*。由于 $c_j = 1$，消息 M_j^* 在签名查

询阶段从未被查询过，因此 S_j^* 是有效的签名。通过使用分叉引理[69]，$\mathcal{A}$ 可以在多项式时间内输出敌手 $\mathcal{A}$ 输出两个有效的签名：

$$S_j \cdot P = (m_j + \beta_j \cdot y_j + h_j \cdot a) \cdot P \tag{3-44}$$

$$S_j^* \cdot P = (m_j + \beta_j \cdot y_j + h_j^* \cdot a) \cdot P \tag{3-45}$$

由式（3-44）和式（3-45）可以推导出

$$(S_j - S_j^*) \cdot P = (h_j - h_j^*) \cdot a \cdot P \tag{3-46}$$

现在，$\mathcal{B}$ 输出 $(h_j - h_j^*)^{-1}(S_j - S_j^*)$，作为给定 ECDL 问题实例的解决答案。否则，模拟将终止。

通过以上的仿真过程，可以知道模拟者 $\mathcal{B}$ 是否能够获得 ECDL 问题的解决方案，这取决于以下事件是否同时发生。

（1）E_1：在提取询问阶段，模拟过程不能终止。

（2）E_2：敌手 $\mathcal{A}$ 可以伪造有效的签名。

（3）E_3：敌手 $\mathcal{A}$ 伪造的有效签名的身份正好是 $c_j = 1$。

由于 $\Pr[E_2] = \varepsilon$，$\Pr[E_3] = 1/q_H$，$\Pr[E_1/E_3] = 1$，可以得到

$$\Pr[E_1E_2E_3] = \Pr[E_2]\Pr[E_3]\Pr[E_1/E_3] = \varepsilon \cdot \frac{1}{q_H} = \frac{\varepsilon}{q_H} \tag{3-47}$$

接下来，证明在优势 $\mathrm{Adv}_{\mathcal{B}} = \varepsilon / q_H$ 的情况下，模拟者 $\mathcal{B}$ 可以解决给定的 ECDL 问题。模拟者 $\mathcal{B}$ 在多项式时间内以可忽略的优势 ε / q_H 计算 α。然而，由于 ECDL 问题很难在较短的时间内被解决，因此在随机预言机下 5GECA 签名方案被证明能够抵抗自适应选择消息攻击。

3. 其他特性分析

本小节将具体展示本节的签名方案能够满足消息完整性、可认证性、身份隐私保护、前向保密、可追溯性和可撤销性等安全需求，而且能够抵抗重放攻击和中间人攻击。

（1）消息完整性和可认证性：如果 ECDL 问题很难解决的，那么任何敌手都无法在多项式时间内成功伪造消息。此外，验证者可以检查条件 $S_j \cdot P = P_{\mathrm{pub}} + Y_j + h_j \cdot \mathrm{PID}_{j,1}$ 是否成立。如果成立，消息 $\langle \mathrm{PID}_j, M_j, Y_j, S_j, T_j \rangle$ 将得到验证。因此，本节的签名方案提供了消息认证。

（2）身份隐私保护：V_j 的匿名身份 PID_j 被用于隐藏其真实身份 $\mathrm{5G\_ID}_j$，其中 $A_j = H(\mathrm{5G\_ID}_j \| \mathrm{SK}_j)$，$R_j = r_j \cdot P$，$B_j = H(s \| A_j) \cdot R_j$，$\mathrm{PID}_{j,1} = x_j \cdot P$，$\mathrm{PID}_{j,2} = \mathrm{5G\_ID}_j \oplus H(\mathrm{PID}_{j,1} \| B_j \| T_j)$ 和 $\mathrm{PID}_j = (\mathrm{PID}_{j,1}, \mathrm{PID}_{j,2})$。要从 $\mathrm{PID}_{j,2} = \mathrm{5G\_ID}_j \oplus H(\mathrm{PID}_{j,1} \| B_j \| T_j)$ 中提取 $\mathrm{5G\_ID}_j$，敌手 $\mathcal{A}$ 很难计算 $B_j = H(s \| A_j) \cdot R_j$ 和 $R_j = r_j \cdot P$。因此，5GECA 方案提供了身份隐私保护。

（3）前向保密：前向保密由每个会话的长期临时秘密TC_i和TC_j、临时秘密x和y以及时间戳T保证。时间戳T用于计算群标识生成和验证中的X_{TA}、Z_{TA}、X_{ECV}、Z_{ECV}和K_{TA}。另外，使用TC_i、TC_j、T和随机数x和y来生成会话密钥SK。因此，该方案满足前向保密性。

（4）可追溯性和可撤销性：车辆的真实身份$\mathrm{5G_ID}_j$涉及车辆V_j生成的伪身份PID_j，其中$A_j = H(\mathrm{5G_ID}_j \| \mathrm{SK}_j)$，$R_j = r_j \cdot P$，$B_j = H(s \| A_j) \cdot R_j$，$\mathrm{PID}_{j,1} = x_j \cdot P$，$\mathrm{PID}_{j,2} = \mathrm{5G_ID}_j \oplus H(\mathrm{PID}_{j,1} \| B_j \| T_j)$和$\mathrm{PID}_j = (\mathrm{PID}_{j,1}, \mathrm{PID}_{j,2})$。通过$\mathrm{PID}_j$和存储的$\{\mathrm{5G_ID}_j, \mathrm{SK}_j, s, R_j, m_j, \mathrm{TC}_j\}$的组合，除TA以外的任何实体都不能通过计算$\mathrm{5G_ID}_j = \mathrm{PID}_{j,2} \oplus H(\mathrm{PID}_{j,1} \| B_j \| T_j)$来提取车辆$V_j$的真实身份$\mathrm{5G_ID}_j$。如果某个消息的签名被质疑，TA可以直接验证该消息和签名对，从而保证了签名方案的可追溯性和可撤销性。

（5）抵抗重放攻击：敌方可以监视ECV_i和TA之间的通信，并在合法消息过期后重新发送。本节方案可以避免这种情况，因为ECV_i使用当前时间戳T_{ECV}来计算唯一数K_{TA}。此外，本节方案使用椭圆曲线密码来计算D和X_{TA}。为了提高安全性，签名方案使用秘密身份5G_ID。即使敌手知道D或者X_{TA}，它无法生成用于验证的d。同样地，如果敌手试图在V_j和ECV_i之间重放攻击，他无法生成TC_i和TC_j。此外，每个会话都包含唯一的时间戳T来抵抗重放攻击。

（6）抵抗中间人攻击：为了模拟真正的车辆，敌手收集信息$\langle \mathrm{PID}_i, W_i, F_i, G_i, U_i, T_i \rangle$的属性$G_i$和$W_i$。根据ECDL问题，即使敌手收集传输的属性，也不能在多项式时间[74]内生成d和TC_i。由于d和TC_i在多项式时间内是不可行的，所以5GECA能够抵抗中间人攻击。

表3-6将本节方案的特性与相关文献[75-78]方案进行比较。其中√表示需求被满足，×表示需求不被满足。从该表中可以清楚地看出，与该表中列出的其他方案相比，本节方案提供了更好的安全特性。因此，现有相关文献[75-78]方案都需要RSU的辅助，且大都需要TPD参与。从该表中可以清楚地看出，与表中列出的其他方案相比，本节方案提供了更好的安全特性。

表3-6　5GECA方案下安全性比较

方案	相互认证	抵抗重放攻击	不需要RSU辅助	不需要TPD辅助
文献[75]	√	√	×	×
文献[76]	×	√	×	√
文献[77]	×	×	×	×
文献[78]	×	√	×	×
本节方案	√	√	√	√

3.3.3 性能分析

本节将首先通过与文献[75]～[78]方案在计算和通信开销方面的比较来评估本节方案的性能。然后从丢包率和平均传输时延两方面来验证本节方案的性能。

1. 计算开销分析

本小节分析 5GECA 方案在认证阶段的计算开销，并与文献[75]～[78]方案进行效率比较。在 3.4GHz i7-4770 平台上，使用 MIRACL 库[79]可以得到基本的密码操作执行时间，如表 3-7 所示。

表 3-7 5GECA 方案涉及的加密操作的执行时间

加密操作	符号	执行时间/ms
双线性配对操作 $\overline{e}(P,Q)$	T_{bp}	4.2110
双线性配对操作有关的点乘运算 $x\cdot\overline{P}$	$T_{\text{bp}.m}$	1.7090
乘法循环群 G_1' 下的模幂运算	$T_{\text{bp}.e1}$	1.5735
乘法循环群 G_2' 下的模幂运算	$T_{\text{bp}.e2}$	1.6070
椭圆曲线有关的点乘运算 $x\cdot P$	$T_{e.m}$	0.4420
椭圆曲线有关的小指数乘法运算 $v_i\cdot P$	$T_{e.\text{sm}}$	0.0138

首先使用双线性配对操作 $\overline{e}:G_1\times G_1\to G_2$ 来达到 80bit 的安全级别，其中 G_1 是由嵌入度为 2 的超奇异椭圆曲线 $\overline{E}:y^2=x^3+x \bmod \overline{p}$ 上的 $\overline{q}$ 阶点 $\overline{P}$ 生成的加法群，$\overline{p}$ 是 512bit 素数，$\overline{q}$ 是 160bit Solinas 素数。然后，考虑了三个（乘法）循环群 G_1'、G_2' 和 G_T' 的 q' 阶相同，构造了一个双线性配对操作 $e:G_1'\times G_2'\to G_T$。最后构造了一个由非奇异椭圆曲线 $E:y^2=x^3+ax+b \bmod p$ 上的点 P 生成的阶为 q 加法群 G，其中 q 为 160bit 素数。

从表 3-8 可以看出，由于本节方案只需要 $2T_{e.m}$ 和 $2T_{e.\text{sm}}$ 来验证一个签名，因此在签名验证阶段比其他方案具有计算优势。为了验证一个签名，5GECA 方案仅需 0.9116ms，而相关文献[75]～[78]方案分别需要 17.76ms、14.342ms、16.323ms 和 1.326ms。而且验证 n 个签名，本节方案只需要 $(n+1)T_{e.m}$ 和 $(n+1)T_{e.\text{sm}}$ 来验证 n 个签名。因此，与其他有代表性的方案相比，本节方案需要更少的签名验证开销。对于批量消息中的 200 条消息，文献[75]～[78]方案和本节方案，观察到的验证时延分别为 1038ms、356ms、1174ms、177ms 和 92ms。

表 3-8　5GECA 方案下五种方案的签名验证开销

方案	验证单个签名/ms	验证 n 个签名/ms
文献[75]	$3T_{\text{bp}}+3T_{\text{bp}.m}\approx 17.76$	$3T_{\text{bp}}+3nT_{\text{bp}.m}\approx 5.127n+12.633$
文献[76]	$3T_{\text{bp}}+1T_{\text{bp}.m}\approx 14.342$	$3T_{\text{bp}}+(n+1)T_{\text{bp}.m}\approx 1.709n+14.342$
文献[77]	$2T_{\text{bp}}+4T_{\text{bp}.e1}+T_{\text{bp}.e2}\approx 16.323$	$(n+1)T_{\text{bp}}+4T_{\text{bp}.e1}+nT_{\text{bp}.e2}\approx 5.818n+10.505$
文献[78]	$3T_{e.m}\approx 1.326$	$(2n+2)T_{e.m}\approx 0.884n+0.884$
本节方案	$2T_{e.m}+2T_{e.\text{sm}}\approx 0.9116$	$(n+1)T_{e.m}+(n+1)T_{e.\text{sm}}\approx 0.4558n+0.4558$

2. 通信开销分析

根据前面内容设置的参数，因为 $\overline{p}$ 和 p 的大小分别是 64B 和 20B，所以 G_1、G_1' 或 G_2' 中的元素的大小分别是 128B 和 40B。此外，假设哈希函数的输出大小和时间戳的大小分别为 20B 和 4B。由于其他相关方案中与交通安全相关的信息都是相同的，因此本节方案只考虑了签名的大小。几种方案的通信开销见表 3-9。通过表 3-9 的分析比较，可以得出这样的结论：5GECA 方案比相关方案[75-78]的通信开销要低。

在文献[75]方案中，包括 M_i 的单个消息的大小为 516B，其中包含 G_1 中的四个点（$\text{PSI},P_{Vi},U_i,V_i\in G_1$）和一个时间戳（$T$）。在文献[76]方案中，包括 M_i 的单个消息的大小为 516B，其中包含 G_1 中的四个点（$\text{PID}_{i,j},T_{i,j},U_{i,j},W_{i,j}\in G_1$）和一个时间戳（$\text{tt}_i$），其中 $Y_{i,j}=(T_{i,j},U_{i,j},W_{i,j})$。

表 3-9　5GECA 方案下消息认证阶段的通信开销比较

方案	单个消息组成部分	大小/B
文献[75]	$\langle M_i,\text{PSI},P_{Vi},U_i,V_i\rangle$	516
文献[76]	$\langle \text{PID}_{i,j},M_i,\text{tt}_i,Y_{i,j}\rangle$	516
文献[77]	$\langle M,\text{sig},Y_k,\text{Cert}_k\rangle$	788
文献[78]	$\langle M_i,\text{PID}_{Vi},T_{Vi},T_i,R_i,h_{k_i},\delta_i\rangle$	148
本节方案	$\langle \text{PID}_j,M_j,Y_j,S_j,T_j\rangle$	144

在文献[77]方案中，包括消息的单个消息的大小为 788B，其中包括 G_1' 或 G_2' 中的四个元素（$\text{sig},E_i,\text{DID}_{u_i},\gamma_U,\gamma_V\in G_1'$，$Y_k\in G_2'$）和一个哈希函数（$c$），其中 $\text{Cert}_k=(Y_k,E_i,\text{DID}_{u_i},\gamma_U,\gamma_V,c,\lambda,\delta_1,\delta_2)$。在文献[78]方案中，包括 M_i 的单个消息的

大小为 148B，其中包括 G 中的三个元素（$\mathrm{PID}_{Vi}, R_i, h_{k_i} \in G$）、一个哈希函数（$\delta_i$）和两个时间戳（$T_{Vi}, T_i$）。

在本节方案中，包括 M_i 的单个消息的大小为 144B，其中包括 G 中的三个元素（$\mathrm{PID}_{j,1}, \mathrm{PID}_{j,2}, Y_j \in G$）、一个哈希函数（$S_j$）和一个时间戳（$T_j$），其中 $\mathrm{PID}_j = (\mathrm{PID}_{j,1}, \mathrm{PID}_{j,2})$。

3. 丢包率和平均传输时延分析

本节分析本节方案的丢包率和平均传输时延，并与文献[75]～[78]方案进行效率比较。本节使用 Omnet++、Sumo、Veins[79-81]和 MIRACL 进行模拟实验。模拟实验的相关参数见表 3-10。

表 3-10　仿真实验使用的参数和值

参数	值
模拟区域	$2500\times2500\mathrm{m}^2$
路径损耗模型	双射线干涉
障碍阴影模型	简单障碍阴影
最大干涉距离	2600m
数据传输速率	24Mbit/s
传输功率	40mW
敏感度	–89dBm
热噪声	–110dBm
信标间隔	1s
使用信道	CCH
模拟时间	200s

1）丢包率

丢包率 Plr 是指丢包消息占消息总数的百分比，定义为式（3-48）。在式（3-48）中，$\mathrm{Avg}(\cdot)$ 表示平均函数；n 表示车辆数量；Num_r^i 是从车辆 V_i 接收的信息数；Num_l^i 是丢失的信息数。

$$\mathrm{Plr} = \mathrm{Avg}\left(\sum_{i=1}^{n} \mathrm{Num}_l^i (\mathrm{Num}_r^i + \mathrm{Num}_l^i)^{-1}\right) \tag{3-48}$$

在丢包率方面，将本节方案与文献[75]～[78]方案进行比较。当车辆最大速度为 20m/s 时，丢包率与车辆数量的关系如图 3-9 所示；当消息大小为 400KB 时，丢包率与车辆平均速度的关系如图 3-10 所示。

从图 3-9 和图 3-10 可以看到，文献[75]和[76]方案的丢包率的趋势非常接近，并且本节方案实现了最小的丢包率。

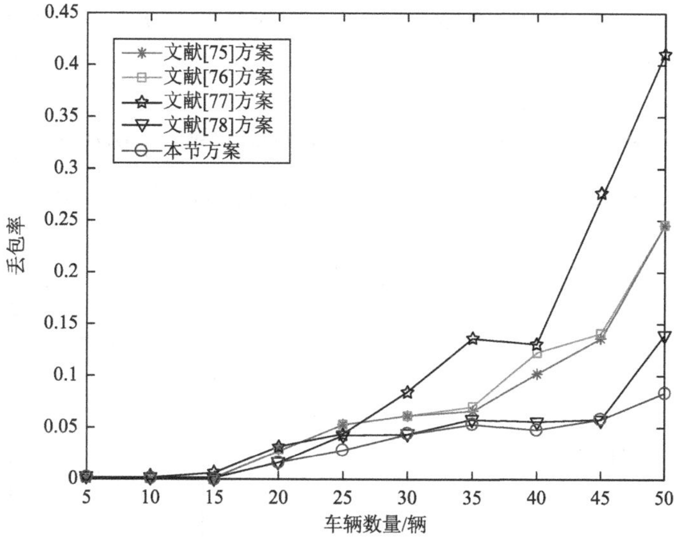

图 3-9　丢包率随车辆数量的变化

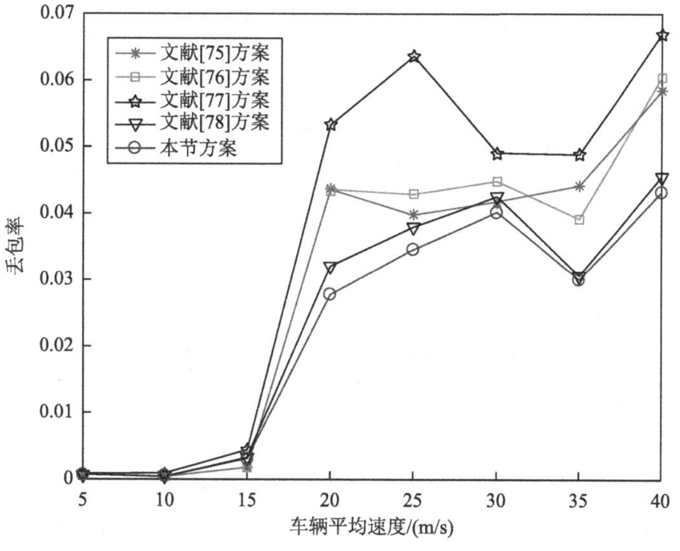

图 3-10　丢包率随车辆平均速度的变化

2）平均传输时延

平均传输时延 Td 是指在接收者和发送者之间传输消息的平均时间开销，其定义为式（3-49）。同样地，Avg(·) 表示平均函数；n 表示车辆数量；N_j 是从车辆 V_j 接收的消息数；T_r^j 表示何时发送消息；T_s^j 表示收到消息的时间。

$$\mathrm{Td} = \mathrm{Avg}\left(\sum_{i=1}^{n} \mathrm{Avg}\left(\sum_{j=1}^{N_j} (T_r^j - T_s^j)\right)\right) \tag{3-49}$$

在平均传输时延方面，将 5GECA 方案与文献[75]～[78]方案进行了比较。同样，在图 3-11 中，将车辆的最大速度设置为 20m/s；在图 3-12 中，将固定包大小设置为 400KB，接下来分析平均传输时延。

从图 3-11 和图 3-12 可以看到，文献[75]和[77]方案平均传输时延趋势非常接近。此外，可以看到，本节方案与文献[78]方案相似，并且实现了最小的平均传输时延。

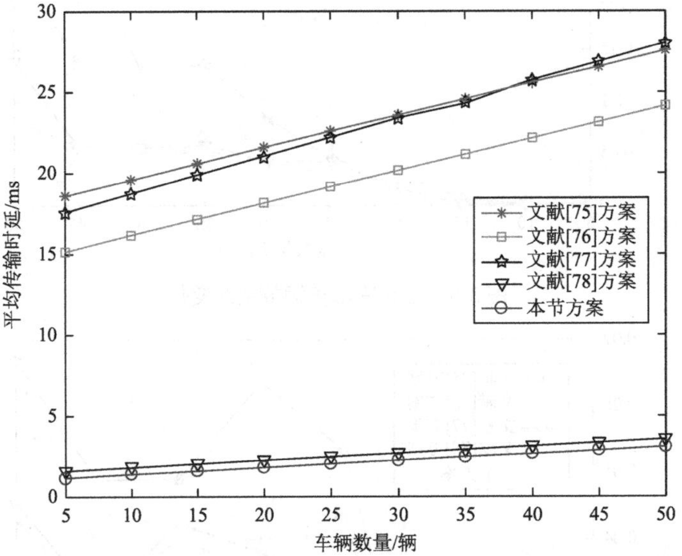

图 3-11　平均传输时延随车辆数量变化的仿真结果

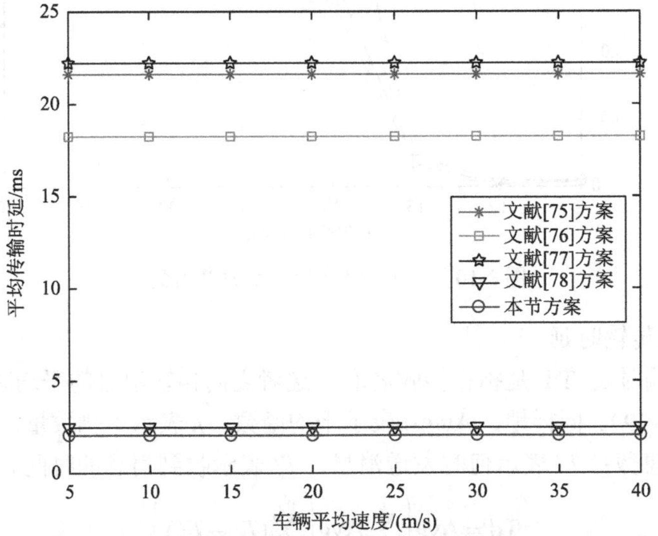

图 3-12　平均传输时延随车辆平均速度变化的仿真结果

3.4 本章小结

本章首先介绍了 5G 通信技术的基本概念、5G 通信技术对车联网的影响以及 5G 背景下的车联网通信模型；接着介绍了一种 5G 背景下基于信誉系统的认证方案并给出了相应的安全性分析与性能评估，该方案通过引入信誉系统以减少 5G 车联网络中不可靠消息的数量。信誉值低于阈值的车辆因无法从可信机构获得可信令牌，而不能参与通信，故该系统从源头减少了不可靠消息在车联网络环境中的存在；最后介绍了一种 5G 背景下基于边缘计算的条件隐私保护认证方案并给出了相应的安全性分析与性能评估，该方案设计了一种基于 5G 边缘计算的条件隐私保护认证方案。该方案使用模糊逻辑算法选择出一个最优的边缘计算车辆来协助收集和处理周边车辆信息，从而降低了系统的计算开销和传输时延。

第 4 章　软件定义网络背景下的车联网安全通信技术

软件定义网络（software-defined networking，SDN）是当前网络领域最热门和最具发展前途的技术之一。鉴于 SDN 巨大的发展潜力，SDN 相关技术研究在全世界范围内也迅速开展，并且目前已经掀起了有关 SDN 背景下的车联网的研究热潮。本章首先介绍软件定义网络背景下的车联网，接着介绍一种基于权重分析的软件定义车联网条件隐私保护认证方案，然后介绍一种基于组播机制的软件定义车联网下的安全通信方案，最后对本章内容进行了小结。

4.1　软件定义网络背景下的车联网

网络发展目前还处于“管理复杂性”阶段，难以及时部署以及更新网络协议与算法，但是现在的网络用户却对网络的易用性和灵活性有着更高的要求。广泛认为，SDN 的出现有望从根本上解决上述冲突。而通过利用 SDN 的全局性视角、可编程特点和其灵活的网络管理能力，许多车联网的固有问题也能得到全新角度的解决方案[82]。

4.1.1　软件定义网络简介

软件定义网络源于 2006 年斯坦福大学 McKeown 教授带领的斯坦福大学校园网创新项目 Clean State。项目研究过程中，McKeown 教授的学生 Casado 试图通过一个集中式的控制器实现对整个网络通信的安全控制。在 2009 年，McKeown 教授正式提出了 SDN 概念。所谓的 SDN，并不是一个具体的技术，也不是一个网络协议或者一个网管工具，它其实是一个框架，一种网络架构设计的理念，它规划了网络的各个组成部分以及相互之间的互动关系[83]。

学术界与工业界之所以会掀起针对 SDN 火热的研究，其主要原因可以概括为传统的网络架构难以满足目前的网络需求。具体而言，传统网络设备的固件是由设备制造商锁定和控制的，并且其中内置了过多的复杂协议。由于设备的转发行为是受各种网络协议控制的，并且遵循固定的模式，管理员只能配置网络协议，再通过网络协议的运行去影响转发行为，无法直接操控设备转发行为。而随着互联网流量的快速增长，用户对流量的需求不断扩大，以及各种瞬息万变的新型服务的不断出现，导致在传统网络中如果业务需求发生变动，重新修改相应网络设备上的配置是一件非常耗时且烦琐的事情。此外，由于网络设备硬件、操作系统和网络应用三部分紧耦合在一起，组成一个封闭系统，这三部分相互依赖、每一部分的创新和演进都要求其余部分做出同样的升级，因此增加了网络运维成本和运营商定制优化网络的难度，难以实现高稳定与高性能，更重要的是无法提供灵活性和敏捷性。而 SDN 所做的事是将网络设备上的控制权分离出来，交由集中的控制器统一管理，通过屏蔽底层网络设备的差异，摆脱硬件对网络架构的限制。并且控制权是完全开放的，满足用户对整个网络架构进行调整、扩容或升级的需求，用户可以根据实际应用自定义网络路由和传输规则策略，从而实现自动化、智能化管理，缩短网络架构的迭代周期。图 4-1 展示了传统网络架构以及 SDN 架构。

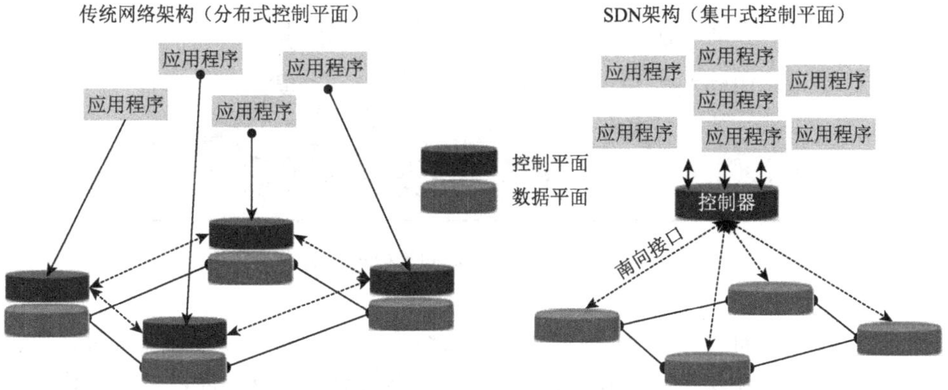

图 4-1　传统网络架构以及 SDN 架构

2012 年 4 月，在开放网络基金会（Open Network Foundation，ONF）发布的白皮书 *Software-Defined Networking：The New Norm for Networks* 中，SDN 的典型架构被分为三层，最上层为应用层，网络运营者可以设计各种面向业务的应用，来对网络进行有针对性的运维和管理；中间的控制层主要负责处理数据平面资源的编排、维护网络拓扑和状态信息等；最下层为基础设施层，负责数据处理、转发和状态收集。除上述三个层次外，控制层与基础设施层之间的接口和应用层与控制层之间的接口也是 SDN 架构中的两个重要组成部分。按照接口与控制层的位置关系，前者通常被称为南向接口，后者则被称为北向接口。其中 ONF 在南向接口上定义了开放的 OpenFlow 标准，而在北向接口上还没有统一要求[84]。图 4-2 展示了 SDN 的三层网络体系结构。

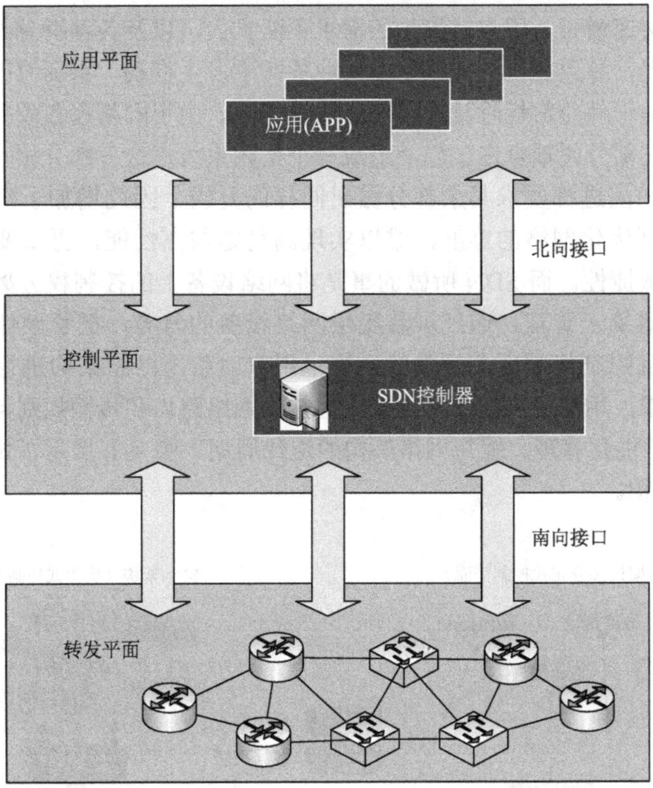

图 4-2　SDN 的三层网络体系结构

（1）转发平面：在 SDN 转发平面，包括哑的交换机（与传统的二层交换机不同，专指用于转发数据的设备），仅提供简单的数据转发功能，可以快速处理匹配的数据包，适应流量日益增长的需求。所有的转发表项都存储在网络设备里面，处于转发平面的网络设备通过南向接口接收来自控制器的指令，并按照这些指令完成特定的网络数据处理。同时，SDN 数据平面设备也可以通过南向接口给控制器反馈网络配置和运行时的状态信息。SDN 转发平面包括基于软件实现的和基于硬件实现的数据平面设备，也就是说网络设备可以是硬件交换机也可以是虚拟交换机。

（2）南向接口：南向接口指的是控制平面与转发平面之间的开放接口。传统网络的南向接口并没有什么标准化，而且都存在于各个设备商的私有代码中，对外也不可见，也就是说既不标准也不开放。而在 SDN 架构中，希望南向接口是标准化的。网络设备可以通过南向接口接收控制器下发的指令，配置位于交换机内的转发表项，并可以通过南向接口主动上报一些事件到控制器。目前，OpenFlow 是最有影响力的南向接口标准，但是并不是唯一的。

（3）控制平面：控制平面的 SDN 控制器是 SDN 的“大脑”。控制器不仅要通过北向接口给上层网络应用程序提供不同层次的可编程能力，还要通过南向接口对 SDN 数据平面进行统一配置、管理和控制。随着 SDN 网络规模的扩展，单一控制器结构的 SDN 网络处理能力受限，遇到了性能瓶颈，因此需要对控制器进行扩展。目前存在两种控制器扩展方式：一种是提高自身控制器处理能力，另一种是采用多控制器方式。其中多控制器扩展的方式又包含两种：一种是扁平控制方式，另一种是层次控制方式。在扁平控制方式中，各控制器属于对等关系，并被放置于不同的区域，分管不同的网络设备，逻辑上都掌握着全网信息，依靠东西向接口进行通信，当网络拓扑发生变化时，所有控制器将同步更新，而交换机仅需调整与控制器间的地址映射即可，因此扁平控制方式对数据平面的影响很小。在层次控制方式中，全局控制器和多个局部控制器属于主从关系，局部控制器管理各自区域的网络设备，仅掌握本区域的网络状态，而全局控制器管理各局部控制器，掌握着全网状态，局部控制器间的交互也通过全局控制器来完成。

（4）北向接口：传统网络里面，北向接口是指交换机控制面与网管软件之间的接口，如电信网络中的简单网络管理协议。在 SDN 架构中，北向接口是指 SDN 控制器与网络应用程序之间的开放接口。目前该接口尚未标准化，尽管这是一些标准组织所想推进的事情，但是制定标准化的北向接口协议比南向接口复杂得多，因为转发平面毕竟是万变不离其宗，更容易抽象出通用接口，而应用层面则变化太多。

（5）应用平面：应用平面的应用程序通过调用 SDN 控制器的北向接口，实现对网络数据平面设备的配置、管理和控制，并且进一步实现和网络业务相关的资源统一管理和调度、网络运行情况监测、拓扑发现、负载均衡、访问控制、应用加速、安全监管等应用，以及根据用户需求定制其他网络业务。应用平面的软件可以与控制器位于同一台服务器上，也可以运行在别的服务器上通过通信协议来跟控制器通信。

目前一般比较认可的 SDN 的特征属性主要包括以下三点，并且广义地认为，只要网络架构满足以下三个特征，都可以认为是 SDN 架构。在这三个特征中，控制平面和数据平面的分离为逻辑集中控制创造了条件，逻辑集中控制为开放可编程控制提供了架构基础，而网络开放可编程正是 SDN 的核心特征[85]。

（1）控制平面与转发平面分离：此处的分离是指控制平面与数据平面的解耦合。控制平面和数据平面之间不再相互依赖，两者可以独立完成体系结构的演进，类似于计算机工业的 Wintel 模式，双方只需要遵循统一的开放接口进行通信即可。控制平面与数据平面的分离是 SDN 架构区别于传统网络体系结构的重要标志，是网络获得更多可编程能力的架构基础。

（2）开放的可编程接口（开放化而不是标准化）：SDN 建立了新的网络抽象

模型，为用户提供了一套完整的通用应用程序接口。通过开放的南向接口和北向接口，用户可以在控制器上通过编程实现对网络的配置、控制和管理，从而加快新业务部署的进程。

（3）逻辑上的集中化网络控制：主要是指对分布式网络状态的集中统一管理。通过南向接口的统一和开放，屏蔽了底层物理转发设备的差异，实现了底层网络对上层应用的透明化。逻辑网络和物理网络分离后，控制器担负收集和管理全局网络状态信息的重任。逻辑集中控制为软件编程定义网络功能提供了架构基础，还使得整个网络可在逻辑上被视作由一台或几台 SDN 控制器进行运行和维护，无须对物理设备进行现场配置，从而提升了网络控制的便捷性，也为网络自动化管理提供了可能。同时，逻辑网络还支持多租户共享，支持租户网络的定制需求。

4.1.2　软件定义车联网概述

与传统车联网目的相似，软件定义车联网旨在提高用户行驶过程中的道路安全性和交通效率，以及通过提供种类丰富的车载服务提升用户驾驶体验[86]。通过在车联网上移植软件定义网络技术，从而形成一个混合网络模型来解决车联网中的问题。如图 4-3 所示，软件定义网络背景下车联网的系统模型通常包含以下实体：全局控制器、本地控制器、无线接入点和蜂窝网络基站、OpenFlow 交换机和预先配置在车辆上的车载单元。

（1）全局控制器。全局控制器是控制层的主控制器，是一个逻辑上集中的主中心点，具有非常突出的存储和计算能力，负责网络流量管理、路由发现等控制和计算工作。在此系统模型中，全局控制器主要处理数目庞大的路况和车辆信息、计算车辆的行驶路径和建立 OpenFlow 交换机的转发表。并且在一些场景设置中，全局控制器能够参与追溯车辆真实身份的工作。

（2）本地控制器。本地控制器在地理是分散的，分别管理一个特定的小区域。在此系统模型中，本地控制器的存在主要是为了平衡全局控制器的计算和存储负担。

（3）OpenFlow 交换机。与传统交换机不同，OpenFlow 交换机是支持 OpenFlow 协议的数据交换机，通过 OpenFlow 通道与外部控制器通信。OpenFlow 协议为系统提供了编程网络设备和底层硬件的分离能力。在此系统模型中，OpenFlow 交换机根据其上加载的流表执行数据包查找和转发。

（4）车载单元。车载单元预装载在车辆上，通过提供网络接入服务而使得车辆具有无线通信能力，借助车载单元，车辆不仅可以实时了解自身的车辆状况，还可以通过各种环境传感器感知外部环境的信息，并将收集到的信息上传到系统中以提醒周围车辆当前路况，或是供相关服务平台提高其消息精确性和服务质量，从而实现车到车，车到基础设施，车到云等多种类型的通信。相比于系统中其他类型的通信节点，车辆仅具有有限的计算能力和存储能力。此外，车载单元中通常嵌入了一个防篡改设备，该设备负责存储秘密参数并执行许多加密和解密操作。

（5）无线接入点和蜂窝网络基站。车辆可以通过各种方式接入互联网，不仅可以接入 3G/4G/5G 等蜂窝网络来发送消息及获取各种网络服务，还可以通过网络无线接入点接入 WiFi 和其他类型的网络。对于实现无处不在的 5G 基站来说，大规模部署仍然需要相当长的时间，并且一些用户可能会由于各种原因（如成本等）而放弃高速的 5G 网络服务。对于软件定义车联网来说，与传统的车联网相比，平衡异构网络并允许不同网络中的车辆进行通信要容易得多。因此在此基于 SDN 的系统模型中，允许车辆接入不同类型的网络以及连接至不同的网络设备。

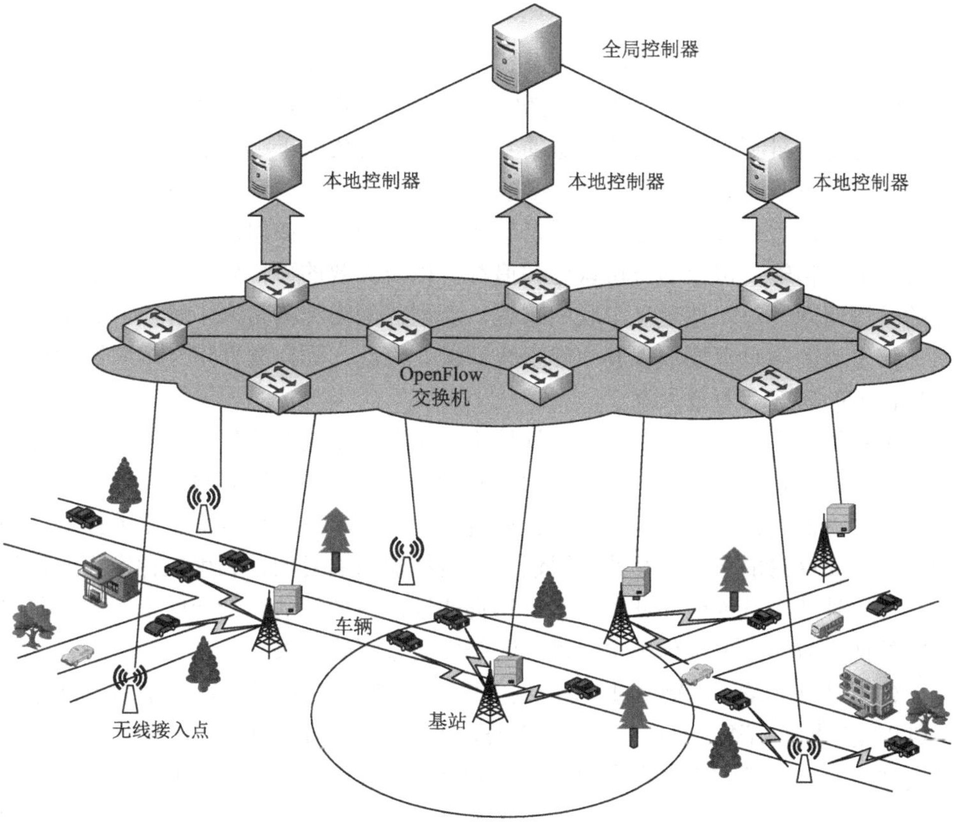

图 4-3　软件定义网络背景下的车联网系统模型

随着移动互联网技术的发展和用户对网络服务质量的要求不断提高，软件定义车联网的研究不断向实用化演进。目前大部分的软件定义车联网的研究主要聚焦在以下几个方面。

（1）不同应用场景下 OpenFlow 协议的制定。协议制定者通过灵活地改变协议内容来适应车联网中特定场景的需求，从而实现智能控制网络流量的目的。

（2）服务质量研究。基于软件定义网络的架构具有可编程性且可扩展性强，因而能够为面向车辆的服务质量技术提供提升效率的新切入点，并弥补传统网络的诸多问题。软件定义网络数据层和控制层解耦的特性，使得复杂的端到端服务质量控制逻辑能够被移至控制平面中，从而独立于数据平面，使得实现用户自定义的控制算法成为可能。

（3）异构网络无缝交流。近几年有学者通过利用软件定义网络的特点，提出了可以对网络使用者提供异构网络间无缝交流的方案。将包括车辆和路边单元在内的异构无线设备抽象为具有统一接口的 OpenFlow 交换机，来实现车辆通信的快速路由及其他功能。

但这些研究都未考虑或很少考虑到车联网通信的安全问题[87]。目前软件定义车联网的安全研究主要还是集中在控制层，例如，软件定义车联网中的分布式拒绝攻击的防御机制研究，而数据层的安全研究目前还处于起步阶段。但在实际应用中，由于车联网本身的开放性，必须考虑通信过程中的安全性以保护车辆的隐私，防止恶意用户散播虚假消息或是破坏系统。因此，如何确保通信过程中安全有效的消息传输，可行的身份认证和追踪，以及高效的事件处理，是目前亟须解决的关键问题。对软件定义车联网来说，新型的网络结构带来了解决问题的新思路，但发展的同时也要重视其中的安全问题。因此，面向软件定义车联网的隐私保护认证的研究有着重大意义。

本章接下来的内容主要研究了软件定义车联网中的行为信任以及消息认证问题，以及软件定义车联网中的通信效率及通信安全问题，同时对消息认证的效率和安全性方面的课题进行深入研究。通过向车联网植入软件定义网络的技术，利用软件定义网络的可编程性达到灵活控制网络流量的目的，利用软件定义网络的全局控制性达到行为信任评估和突发事件快速反应的目的。结合以上，本章将要介绍的两种方案主要聚焦于实现以下四个主要方面的需求。

（1）认证需求：车辆通过签名的方式对发出的消息进行签名，从而实现不可抵赖性以使车辆不可否认自己曾发出的消息，以约束车辆提供真实的道路和路况信息。

（2）可追踪性需求：在发生纠纷或者是有责任认定需要时，通过追踪手段来追踪到车辆真实身份（因为出于保护车辆隐私的需要，车辆在通信过程中均使用假名）。

（3）优化网络：通过引入 SDN 技术，利用 SDN 的优势来优化已有车联网的网络结构，从而提高网络性能并为网内车辆提供更便捷快速的服务。

（4）效率需求：通过具体方案的设计实现来降低响应延迟，提高传输以及计算方面的效率，从而降低车辆端和控制器端以及系统整体的资源开销。

4.2 基于权重分析的软件定义车联网条件隐私保护认证技术

车联网由于车辆节点有移动速度快的特点，导致车联网的网络拓扑结构变化相较于其他网络要更快，并且更加难以预测，更易出现高时延和异构网络切换滞后等问题，因此车联网需要引入软件定义网络的概念，以此来为车辆提供一个更好更稳定的通信环境。本节首先介绍通过引入软件定义网络并利用其全局视角和对实时拓扑的敏感性，所设计的基于权重分析系统的软件定义车联网条件隐私保护认证方案，其中包括系统模型、权重计算系统以及安全目标；接着给出该认证方案的安全性证明与分析；最后利用仿真实验对该认证方案的性能情况进行了分析。

4.2.1 系统模型

以下是对基于权重分析系统的软件定义车联网条件隐私保护认证方案的整体网络模型的介绍。如图 4-4 所示，方案提出的系统模型由以下实体组成：无线接入点（wireless access point，WAP）、全局控制器（global controller，GC）、本地控制器（local controller，LC）、蜂窝网络基站（base station，BS）和车载单元（onboard unit，OBU），OBU 会预先配置在车辆上。接下来将详细介绍各个实体的详细功能。

（1）全局控制器。GC 负责系统中繁重的计算任务，如生成和分配系统参数并定期更新它们，处理体量庞大的路况和车辆信息从而为车辆计算出车辆候选转发集（candidate forwarding set，CFS）。总的路线图和建筑分布等已预加载到 GC 的存储中。必要时，GC 将参与追踪车辆的真实身份的工作。GC 是完全可信任的，不会被攻破，并且 GC 具有足够多的运算能力和存储能力。

（2）本地控制器。每个本地控制器负责一个特定区域，并且预加载当地的路线分布。当接收到来自车辆的包括真实身份的请求消息时，LC 将向发送者返回伪身份、密钥和一些其他参数。但考虑到安全性和存储成本，LC 不会存储任何与这些身份相关的数据。当有必要追踪真实身份时，LC 将检查是否有能力提取。如果没有，它将消息提交给 GC。追踪算法将在后面内容详细叙述。LC 是可信的，但其计算能力和存储能力有限，远远不能取代 GC。

（3）车载单元。OBU 使得车辆接入无线网络，并为车辆提供导航和灾害预警等各种网络服务。此外，OBU 提交车辆状况和周围交通状况。LC 和 GC 将使用这些反馈来为车辆提供最合适的实时境况的服务。车辆是半可信的，但储存在车内的重要参数不可被敌手获得[27]。

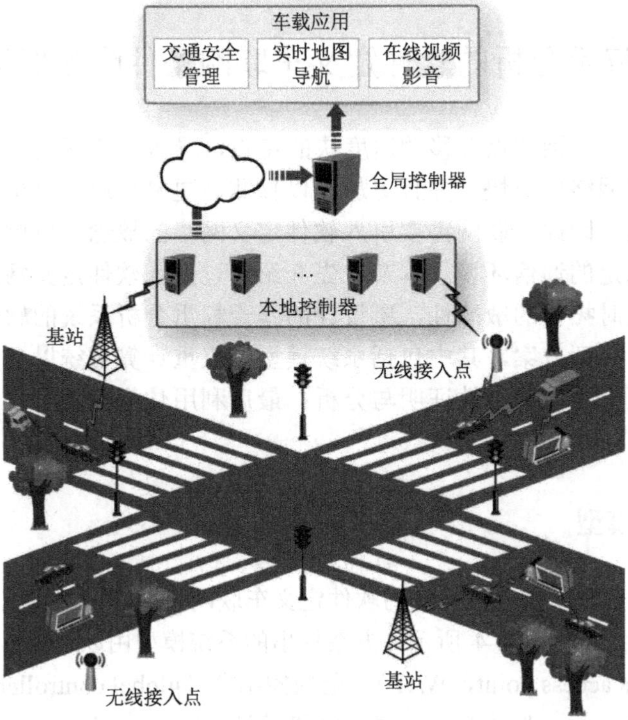

图 4-4　基于权重分析系统的软件定义车联网系统模型

（4）无线接入点和蜂窝网络基站。无线接入点和蜂窝网络基站具有一定的计算和存储能力，能够与车辆通过无线的方式进行连接；并且通过有线的方式连接至 OpenFlow 交换机，负责传输该网络环境下的交互信息。

4.2.2　权重计算系统

在本节提出的模型中，权重计算系统将会为车辆计算其相应的 CFS。系统将根据车辆当前的权重值，对当前区域内的车辆进行不同的优先级划分。通过引入这种模式，那些发送了过多伪造信息的车辆将被排除在高优先级的集合之外。它们发送的无效或伪造消息越多，其自身的权重值也就越低，接着就会导致其优先级就越低。接下来详细介绍权重计算系统的计算方式。

当车辆打算在当前区域发送信息时，它将通过接入的无线网络向控制层请求当前系统参数及其车辆候选转发集 CFS。

当接收到来自车辆的请求信息时，本地控制器将根据预先加载的路线图和车辆状况返回安全参数和相应的 CFS。在系统环境中应该考虑的主要因素如下。

（1）相对距离（relative distance，RDst）：根据车辆的相对速度，表示车辆与其他车辆之间的相对距离。在其他条件相同下，应优先选择相对距离更近的车辆，由此可减少数据传输的误码率和丢包率，同时也能降低传输时延。

（2）剩余功率（remaining power，Pwr）：表示当前区域内其他车辆的剩余资源，包括计算能力和存储能力。剩余功率低的车辆在优先满足自身需求的同时，可能无法承担来自环境内其他车辆的额外任务。

（3）网络状况（network situation，NS）：表示车辆当前接入的网络状况，包括平均花费和网络速度。若是车辆接入的网络环境较差，则其可能无法确保传输的准确性。根据传输内容的大小，如果有车辆要分享自身的流媒体文件，那么就不应该让接入费用较高的5G蜂窝网的车辆来转发内容[88]。

（4）虚假消息（bogus message，BM）：表示车辆在一个特定时间段内发送的续交消息或者伪造消息的数量。在一个累积循环中，车辆第一次被检测到有发送虚假消息行为时，其 BM 值将被设置为s。第二次，$s=s+n_1s$，n_1是适合该地区当前路况及车辆环境系数。类似地，第三个虚假消息将使$s=n+n_1s+n_2s, n_1\geqslant 1, n_2\geqslant 1$，以此类推。这意味着从同一车辆检测到虚假信息越多，其权重值将会以比恒定倍数更快的速率下降，且 BM 占整个权重值的最大比重，以确保车辆在被检测到发送虚假或恶意消息后，其权重值会迅速下降。具体计算公式在后面说明。

（5）其他要素（other elements，OE）：许多其他的道路状况也应予以认真考虑，如建筑物的分布。具体而言，由于正在部署新的5G基站的信号频率比4G的频率要高，而电磁波的频率越高，波长越短，衰减速度也越迅速。因此，相较于4G蜂窝网络，5G蜂窝网络在穿过建筑物和其他特定材质场所时，将会遭受更快的衰弱。除此之外，如果车辆需要传输流媒体之类的文件，则还必须考虑消息的大小及其优先级，因为不同网络的费用之间存在很大差异。

将所有元素计算在内，最终重量计算公式为$W_{vi}=w_1\text{RDst}+w_2\text{Pwr}+w_3\text{NS}+w_4\text{BM}+w_5\text{OE}$，其中$w_1+w_2+w_3+w_4+w_5=1$。计算完该区域的所有车辆的权重值后，本地控制器将设置它们的优先级。这里将优先级设置为四个级别：L_1（优先级）、L_2（次优先级）、L_3（中）和L_4（低）。然后，本地控制器将附有 CFS 的系统参数返回给请求车辆。当获得所有请求的内容时，车辆将通过后面内容中将要详细说明的身份签名方案对其要发送的消息进行签名，然后发送附带有CFS的消息。

如果接收到来自其他车辆发送的消息，车辆将在 CFS 中检查其优先级。如果它的优先级是L_1，则它不等待任何动作就转发。如果优先级低于L_1，则等待一段特定的时间。如果车辆在此期间未收到上级的 ACK 数据包，则会转发。若收到 ACK 数据包，则忽略这一次处理请求。由于 CFS 没有与任何特定的路由算法集成，它可以应用于各种路由模型，以提供更好的转发候选者。当前累积阶段结束后，LC 会将本地收集到的车辆信息的条目上传到 GC。LC 主要记录其区域内车辆在上一期间发送的虚假信息的数量。收到来自 LC 的实时数据后，GC 将上传到其维护的权重值表中，其中包含其自己以及来自各 LC 追踪的真实身份条目。当发现车辆的重量值下降到阈值以下时，GC 将通知 TM 采取适当措施。TM 会通知并警告用户，并进一步对用户采取惩罚措施。

4.2.3 安全目标

本节所介绍的方案将实现如下安全目标。

（1）认证：在通信过程之中，车辆发出的信息应该由发送者签名，以便接收者验证信息的完整性和真实性，从而确认消息的确是由其声称者发送的，且确保在传输过程中未被篡改。

（2）身份隐私保护：车辆不直接使用真实身份而是使用伪身份进行通信，因此未经授权的第三方无法追踪车辆的真实身份。只有控制层实体拥有追踪车辆真实身份的能力。

（3）可追踪性：虽然车辆使用伪身份进行通信使得其他实体无法识别其真实身份，但控制层需要在必要时能追踪其真实身份。

（4）不可链接性：敌手无法链接同一辆车发送的信息或追踪车辆的运动轨迹。

（5）可抵抗其他攻击：该方案能够抵抗各种常见的攻击，如重放攻击、模仿攻击和修改攻击等。

在软件定义车联网的通信加密方案设计中，为了提高方案的安全性、隐私性和效率，所提出的方案必须满足以下要求：数字签名具有较低的计算和通信成本；认证应具有鲁棒性和可扩展性；应该提供认证和撤销程序[89]。

4.2.4 认证算法

为了在通信过程中实现隐私保护和有效的可追溯性，本节将详细介绍为软件定义车联网环境设计的认证方案。首先，GC 选择并分配参数。当 LC 接收到参数时，它将使用这些参数来初始化其系统。然后，如果车辆进入 LC 的管理范围并需要签名和发送消息，LC 将为其计算最佳的 CFS 并发送给它。然后，车辆发送带有附加 CFS 的签名消息，相邻车辆接收到之后将检查自身是否在 CFS 中。如果在其中，它将验证消息并决定放弃还是传输。如果需要跟踪车辆的身份，方案提供了两步跟踪方法，最大限度地平衡了 LC 和 GC 的计算和存储过载。

协议实现了以下几点：①通过对车辆所处环境以及车辆自身情况的信息搜集，控制器系统能为车辆转发提供一个候选转发集，从而降低车辆开销；②通过使用椭圆曲线加密和批认证等技术的掌握，利用椭圆曲线上的困难问题，设计出相应的数字签名方案，使用车辆的身份信息作为公钥，对需要发送的消息进行签名，使消息接收方通过签名验证可以确认消息的完整性和有效性；③并且在通信过程中车辆使用假名通信，从而隐藏车辆的真实身份信息，使消息接收方和其他任意第三方都不能获得消息发送者的真实身份，满足隐私保护的需求；④通过定期更换系统参数的方式，一定程度上保护了车辆的位置隐私。

1. 系统初始化

设 F_p 是一个有限域，p 是一个大素数表示域的大小。$(a,b)\in F_p$ 是椭圆曲线 E 的参数。P 是 E 的生成元，q 是 E 的素数阶。

（1）全局控制器选择 5 个哈希函数分别为 $H_0:\{0,1\}^*\to Z_q^*$，$H_1:\{0,1\}^*\times G\to Z_q^*$，$H_2:\{0,1\}^*\times G\to Z_q^*$，$H_3:\{0,1\}^*\to Z_q^*$，$H_4:\{0,1\}^*\times\{0,1\}^*\times G\times\{0,1\}^*\times\{0,1\}^*\to Z_q^*$。然后 GC 随机选择 $(\alpha,\beta,s)\in Z_q^*$，$s$ 作为系统的密钥，$P_{\text{pub}}=sP$ 作为控制层系统的公钥。然后，全局控制器通过安全通道将参数传输到本地控制器。

（2）当本地控制器接收到由全局控制器生成的系统参数后，其根据接收到的参数计算 $A=\alpha\cdot P\cdot H_0(\text{PID}_{\text{LC},i})$，$B=\beta\cdot P$，其中 $\text{PID}_{\text{LC},i}=\text{ID}_i\oplus H_1(P_{\text{pub}}\parallel B)$。然后本地控制器发布 $\{H_0,H_1,H_2,H_3,H_4,P,P_{\text{pub}},q,\text{PID}_{\text{LC},i},A,B\}$ 作为其区域内的系统参数。

（3）为了在必要时成功地追踪车辆的身份，全局控制器存储一个 5 元组 $\{\text{PID}_{\text{LC},i},s,P_{\text{pub}},T_{\text{start}},T_{\text{end}}\}$。$T_{\text{start}}$ 和 T_{end} 分别表示密钥的启用和失效时间，为了节省计算量，密钥可以不规则循环参与系统参数。但为了确保控制器的安全，本地控制器不会保存任何这些数据和参数。

2. 车辆注册

（1）该步骤中，每个车辆节点都以其唯一的真实身份向本地控制器 LC_i 申请注册。接下来，将使用车辆中的 TPD 来发送车辆的唯一身份以生成车辆的伪身份和密钥对。

（2）当车辆 V_j 进入 LC_i 的区域范围时，它向 LC_i 发送包括其身份标识 $\text{ID}_{v,j}$ 的请求消息。然后 LC_i 计算 $\text{PID}_{v,j}=\text{ID}_{v,j}\oplus H_2(s\parallel B)$ 作为其伪身份，$\text{SK}_j=\alpha\cdot H_3(\text{PID}_{v,j})$ 作为其私钥。

3. 一次密钥对生成及消息签名

当 V_j 需要发送消息或与其他方通信时，它会对消息以及车辆候选转发集 CFS_j 进行签名。周围收到消息的车辆将检查它们是否在 CFS_j 中。如果不在，它们将暂时保留消息并等待 ACK 数据包。否则它们会根据收到的消息和冗余信息来验证签名以确保消息的来源以及传输过程没有被篡改。如需转发操作，它们将用自己伪身份和 CFS_j 重新签名并转发。

（1）V_j 随机选择 $r_j \in Z_q^*$ 并使 $R_j = r_j \cdot P$。然后 V_j 执行式（4-1）进行消息签名，其中 M 为车辆要发送的具体消息，T_t 为封装消息时的时间戳。

$$\sigma = \mathrm{SK}_j \cdot H_0(\mathrm{PID}_{\mathrm{LC},i}) + r \cdot H_4(M \| \mathrm{PID}_{\mathrm{LC},i} \| R_j \| T_t \| \mathrm{CFS}_j) \bmod q \tag{4-1}$$

（2）然后 V_j 将消息 $\mathrm{msg}:\{M \| R_j \| \mathrm{PID}_{v,j} \| \mathrm{PID}_{\mathrm{LC},i} \| T_t \| \sigma \| P_{\mathrm{pub}} \| \mathrm{CFS}_j\}$ 封装发送至周边车辆。

4. 车辆消息认证

当车辆接收到相邻车辆的消息时，其需要通过验证消息的签名来确保消息的完整性和可靠性。

（1）单条消息认证：当接收车辆的节点接收到消息时，车辆首先从封装的消息中提取时间戳 T_t，通过验证 T_t 的新鲜度来确认收到的消息的时效性，同时也能防范重放攻击。如果 T_t 依旧在有效期内，根据式（4-1），以及 $A = \alpha \cdot P \cdot H_0(\mathrm{PID}_{\mathrm{LC},i}), B = \beta \cdot P$，并且 $P_{\mathrm{pub}} = sP$，$\mathrm{SK}_j = \alpha \cdot H_3(\mathrm{PID}_{v,j})$，$R_j = r_j \cdot P$，可以通过验证式（4-2）是否成立来确认消息的完整性和可靠性。

$$\sigma \cdot P = A \cdot H_0(\mathrm{PID}_{v,j}) + R_j \cdot H_4(M \| \mathrm{PID}_{\mathrm{LC},i} \| R_j \| T_t \| \mathrm{CFS}_j) \tag{4-2}$$

（2）批量消息认证：当一辆车在短时间内收到多条信息时，逐一进行验证将耗费大量的时间和精力。所以此方案设计了批量认证方法。首先收到消息的车辆从收到的消息中批量提取时间戳 $T_{t,1}, T_{t,2}, T_{t,3}, \cdots, T_{t,n}$ 是否仍然有效。如果有效，车辆随机选取 n 个数 $e_1, e_2, e_3, \cdots, e_n$，其中 $e \in [1, 2^t]$，t 为一个小整数。最后，通过执行式（4-3）验证收到消息的车辆验证消息的完整性和可靠性。

$$\begin{aligned}&\sum_{j=1}^{n}(e_j \cdot \sigma_{v,j}) \cdot P \\ &= \sum_{j=1}^{n}(e_j \cdot A_j \cdot H_0(\mathrm{PID}_{v,j})) + \sum_{j=1}^{n}(e_j \cdot R_j) \cdot H_4(M \| \mathrm{PID}_{\mathrm{LC},i} \| R_j \| T_t \| \mathrm{CFS}_j)\end{aligned} \tag{4-3}$$

5. 真实身份追踪

如前所述，此方案提供了一种两步追踪方法，当发现车辆的权值低于某个阈值时，控制层将追踪车辆的真实身份并通知交通运输管理者（TM），然后 TM 会通知并警告用户，并进一步对用户采取惩罚措施。

（1）本地控制器从 msg 中提取 P_{pub} 并判断它是否等于当前 P_{pub}。如果是当前使用的参数，那么本地控制器将会通过计算 $\text{ID}_{v,j}=\text{PID}_{v,j}\oplus H_2(s\|B)$ 来追踪身份可疑的车辆。如果从 msg 提取出来的 P_{pub} 不是当前系统所使用的 P_{pub}，那么说明可疑车辆使用的 P_{pub} 已经过期或者不是由此区域颁发的。那么 LC 将把此消息转发给 GC。

（2）全局控制器从 msg 提取 P_{pub} 和 T_t，通过 T_t 和存储的元组中的 T_{start} 和 T_{end} 进行对比而快速定位此条消息签发时使用的对应密钥。然后根据相关参数和数据，全局控制器将会通过计算 $\text{ID}_{v,j}=\text{PID}_{v,j}\oplus H_2(s\|B)$ 来追踪身份可疑的车辆。根据协议和规定，全局控制器会将车辆列入黑名单一段时间或拒绝提供服务。此外，全局控制器还可以将恶意用户名单提交给相关仲裁机构或 TM 等信用管理部门进行进一步的处理。

4.2.5　安全性证明和分析

本节将会对所提出的基于权重分析系统的软件定义车联网条件隐私保护认证方案进行安全性证明和分析，从而证明方案采用的加密方法在软件定义车联网环境下的安全性[90]。

1. 安全性证明

前面的背景知识中已经对椭圆曲线离散对数困难问题做了定义。这里设计了一个在敌手 $\mathcal{A}$ 和挑战者 $\mathcal{C}$ 之间的博弈游戏并以此来设计本方案的安全模型。

（1）初始化预言机：此查询中，挑战者 $\mathcal{C}$ 生成公私钥对和其他的系统参数，并将生成的系统参数返回给敌手 $\mathcal{A}$。

（2）H_0 预言机：敌手 $\mathcal{A}$ 输入 m，挑战者 $\mathcal{C}$ 随机选择一个 $r\in Z_q$ 并将元组 (m,r) 插入到哈希列表 L_{H0} 中，并将 r 返回给敌手 $\mathcal{A}$。

（3）H_1 预言机：敌手 $\mathcal{A}$ 输入 m，挑战者 $\mathcal{C}$ 随机选择一个 $r\in Z_q$ 并将元组 (m,r) 插入到哈希列表 L_{H1} 中，并将 r 返回给敌手 $\mathcal{A}$。

（4）H_2 预言机：敌手 $\mathcal{A}$ 输入 m，挑战者 $\mathcal{C}$ 随机选择一个 $r\in Z_q$ 并将元组 (m,r) 插入到哈希列表 L_{H2} 中，并将 r 返回给敌手 $\mathcal{A}$。

（5）H_3 预言机：敌手 $\mathcal{A}$ 输入 m，挑战者 $\mathcal{C}$ 随机选择一个 $r\in Z_q$ 并将元组 (m,r) 插入到哈希列表 L_{H3} 中，并将 r 返回给敌手 $\mathcal{A}$。

（6）H_4 预言机：敌手 $\mathcal{A}$ 输入 m，挑战者 $\mathcal{C}$ 随机选择一个 $r\in Z_q$ 并将元组 (m,r) 插入到哈希列表 L_{H4} 中，并将 r 返回给敌手 $\mathcal{A}$。

（7）签名预言机：此查询中，收到敌手 $\mathcal{A}$ 发送的消息 M，挑战者 $\mathcal{C}$ 随机生成封装消息 msg 返回给敌手 $\mathcal{A}$。

如果敌手 $\mathcal{A}$ 能够成功生成登录请求信息，则证明其能够攻破提出方案的签名认证方案。设 $\Phi(\mathcal{A})$ 表示敌手 $\mathcal{A}$ 能够在线性时间内成功攻破所提出方案的概率。

定理 4.1　敌手 $\mathcal{A}$ 在线性时间内攻破所提出的加密方案的概率 $\Phi(\mathcal{A})$ 是可忽略的。

证明　假设存在一个可以伪造消息的敌手 $\mathcal{A}$，这里构造一个挑战者 $\mathcal{C}$，它能够通过将 $\mathcal{A}$ 作为子程序运行并以不可忽略的概率来解决 ECDLP 问题。

（1）初始化预言机：首先将安全参数 k 作为输入。然后挑战者 $\mathcal{C}$ 随机选取一个数 s 作为其私钥并计算 $P_{\text{pub}} = sP$，然后 $\mathcal{C}$ 将 $\{H_0, H_1, H_2, H_3, H_4, P, P_{\text{pub}}, q, \text{PID}_{\text{LC},i}, A, B\}$ 发送给敌手 $\mathcal{A}$。

（2）H_0 预言机：挑战者 $\mathcal{C}$ 维护着一个哈希列表 $L_{H0}:(\text{PID}_{\text{LC},i}, H_0)$ 并初始化为空。当敌手 $\mathcal{A}$ 用 $\text{PID}_{\text{LC},i}$ 发起查询时，$\mathcal{C}$ 首先查询 $(\text{PID}_{\text{LC},i}, H_0)$ 是否已经存在于 L_{H0} 中。如果已经存在，那么 $\mathcal{C}$ 返回 H_0 给敌手 $\mathcal{A}$。如果不存在，那么其生成一个随机数 $H_0 = H_0(\text{PID}_{\text{LC},i})$ 并插入到 $L_{H0}:(\text{PID}_{\text{LC},i}, H_0)$ 中，然后将 H_0 返回给敌手 $\mathcal{A}$。

（3）H_1 预言机：挑战者 $\mathcal{C}$ 维护着一个哈希列表 $L_{H1}:(P_{\text{pub}}, B, H_1)$ 并初始化为空。当敌手 $\mathcal{A}$ 用 $(\text{PID}_{\text{LC},i}, B)$ 发起查询时，$\mathcal{C}$ 首先查询 (P_{pub}, B) 是否已经存在于 L_{H1} 中。如果已经存在，那么 $\mathcal{C}$ 返回 H_1 给敌手 $\mathcal{A}$。如果不存在，那么其生成一个随机数 $H_1 = H_1(P_{\text{pub}} \| B)$ 并插入到 $L_{H1}:(P_{\text{pub}}, B, H_1)$ 中，然后将 H_1 返回给敌手 $\mathcal{A}$。

（4）H_2 预言机：挑战者 $\mathcal{C}$ 维护着一个哈希列表 $L_{H1}:(s, B, H_2)$ 并初始化为空。当敌手 $\mathcal{A}$ 用 (s, B) 发起查询时，$\mathcal{C}$ 首先查询 (s, B) 是否已经存在于 L_{H2} 中。如果已经存在，那么 $\mathcal{C}$ 返回 H_2 给敌手 $\mathcal{A}$。如果不存在，那么其生成一个随机数 $H_2 = H_2(P_{\text{pub}} \| B)$ 并插入到 $L_{H1}:(s, B, H_2)$ 中，然后将 H_2 返回给敌手 $\mathcal{A}$。

（5）H_3 预言机：挑战者 $\mathcal{C}$ 维护着一个哈希列表 $L_{H3}:(\text{PID}_{v,j}, H_3)$ 并初始化为空。当敌手 $\mathcal{A}$ 用 $\text{PID}_{v,j}$ 发起查询时，$\mathcal{C}$ 首先查询 $(\text{PID}_{v,j}, H_3)$ 是否已经存在于 L_{H3} 中。如果已经存在，那么 $\mathcal{C}$ 返回 H_3 给敌手 $\mathcal{A}$。如果不存在，那么其生成一个随机数 $H_3 = H_1(\text{PID}_{v,j})$ 并插入到 $L_{H0}:(\text{PID}_{v,j}, H_3)$ 中，然后将 H_3 返回给敌手 $\mathcal{A}$。

（6）H_4 预言机：挑 H_4 战者 $\mathcal{C}$ 维护着一个哈希列表 $L_{H4}:(M, \text{PID}_{v,j}, T_t, R_j, \text{CFS}_j, H_4)$ 并初始化为空。当敌手 $\mathcal{A}$ 用 $(M, \text{PID}_{v,j}, T_t, R_j, \text{CFS}_j)$ 发起查询时，$\mathcal{C}$ 首先查询 $(M, \text{PID}_{v,j}, T_t, R_j, \text{CFS}_j)$ 是否已经存在于 L_{H4} 中。如果已经存在，那么 $\mathcal{C}$ 返回 H_4 给敌手 $\mathcal{A}$。如果不存在，那么其生成一个随机数 $H_4 = H_4(M \| \text{PID}_{v,j} \| T \| R_j \| \text{CFS}_j)$ 并插入到 L_{H4} 中，然后将返回给敌手 $\mathcal{A}$。

（7）签名预言机：接收到敌手 $\mathcal{A}$ 关于消息 M 和 $\text{PID}_{v,j}$ 的查询后，挑战者 $\mathcal{C}$ 选择随机数 $\{\alpha, \beta, R_j\} \in Z_q$ 并计算 $\sigma = \text{SK}_j \cdot H_0(\text{PID}_{\text{LC},i}) + r \cdot H_4(M \| \text{PID}_{\text{LC},i} \| R_j \| T_t \| \text{CFS}_j)$，

然后 $\mathcal{C}$ 将 $(\mathrm{PID}_{v,j},H_0)$ 和 $(M,\mathrm{PID}_{v,j},T_t,R_j,\mathrm{CFS}_j,H_4)$ 分别插入到 L_{H0} 和 L_{H4} 中。

分析：基于 Forking 引理，假设敌手 $\mathcal{A}$ 可以产生签名 $\sigma=\mathrm{SK}_j\cdot H_0(\mathrm{PID}_{\mathrm{LC},i})+r\cdot H_4(M\,\|\,\mathrm{PID}_{\mathrm{LC},i}\,\|\,R_j\,\|\,T_t\,\|\,\mathrm{CFS}_j)$ 以及另一个签名 $\sigma'=\mathrm{SK}_j\cdot H_0'(\mathrm{PID}_{\mathrm{LC},i})+r'\cdot H_4'(M\,\|\,\mathrm{PID}_{\mathrm{LC},i}\,\|\,R_j\,\|\,T_t\,\|\,\mathrm{CFS}_j)$。若想得到$\mathrm{SK}_j$，那么其只需要计算式（4-4）：

$$\frac{\sigma-\sigma'-r\cdot H_4(\cdot)+r'\cdot H_4'(\cdot)}{H_0(\cdot)-H_0'(\cdot)}=\mathrm{SK}_j \tag{4-4}$$

结果表明，挑战者 $\mathcal{C}$ 可以作为多项式敌手来解决 ECDLP 问题，这与定理 4.1 相矛盾。因此能够得出结论，在随机预言模型下，该方案在选择消息攻击下是安全的。

2. 安全性分析

本小节将证明所提出的方案能够满足提出的所有安全和隐私要求。

（1）认证：车辆发出的信息应该由发送者签名，以便接收者验证信息的完整性和真实性。根据定理 4.1，系统中不存在能在线性时间生成有效伪造消息的敌手。通过计算 $\sigma\cdot P=A\cdot H_0(\mathrm{PID}_{v,j})+R_j\cdot H_4(M\,\|\,\mathrm{PID}_{\mathrm{LC},i}\,\|\,R_j\,\|\,T_t\,\|\,\mathrm{CFS}_j)$ 来确认消息是由其声称者发送的，且确保在传输过程中未被篡改。

（2）身份隐私保护：车辆的真实身份以隐蔽的方式参与了通信过程并保持不被暴露。如果敌方想要获得其他车辆的身份，则必须在线性时间内解决数学上的难题，这样就保证身份的私密性。因此未经授权的第三方无法追踪车辆的真实身份。只有控制层实体拥有追踪车辆真实身份的能力。

（3）可追踪性：如果被发送出去的消息被证实是不诚实的，那么本地控制器和全局控制器将通过计算 $\mathrm{ID}_{v,j}=\mathrm{PID}_{v,j}\oplus H_2(s\,\|\,B)$ 来获得车辆真实身份。

（4）不可链接性：由于在不同地区甚至不同时期车辆通信都在使用不同的伪身份，敌方无法确定收集的多条信息是否来自同一辆车。因此敌手无法链接同一辆车发送的信息或追踪车辆的运动轨迹。

（5）可抵抗其他攻击：该方案能够抵抗网络安全中其他各种常见的攻击。

①重放攻击：封装的消息中包含签名生成的时间戳，这可以防止消息被拦截然后再被恶意转发。接收者在收到消息的第一时间就应该优先检查消息的新鲜度。

②模仿攻击：如果敌手试图模仿一般车辆以及模仿其发送消息的行为从而进行伪造欺骗等，则它必须生成能够满足 $\sigma\cdot P=A\cdot H_0(\mathrm{PID}_{v,j})+R_j\cdot H_4(M\,\|\,\mathrm{PID}_{\mathrm{LC},i}\,\|\,R_j\,\|\,T_t\,\|\,\mathrm{CFS}_j)$ 的签名，但定理 4.1 已经证明这在计算上是不可行的。

③篡改攻击：如果被发送的消息在传播过程中被篡改，那么接收者在验证签名的过程中将会发现等式不再成立，那么其将这条消息判定为不可信并将其丢弃。

4.2.6 性能分析

本节将会通过与文献[44]、[89]、[91]方案三个方案进行对比来分析所提出的方案的计算开销及通信开销方面的性能。

1. 计算开销分析与对比

计算开销即为实体实行通信过程中产生的计算方面的开销。由于控制器层面的实体都拥有足够的算力，因此本节方案的计算开销主要聚焦在车辆签名计算开销及各实体的验证计算方面开销两个方面。首先，令椭圆曲线群 G 阶为 q 且 $E: y^2 = x^3 + ax + b \bmod p$，$(a,b) \in Z_p^*$，其中 q, p 是 160bit 的素数。在 Windows 7 操作系统，处理器 i7-6700 频率为 3.40GHz 且 8GB 内存的环境下得到椭圆曲线加密算法里各种计算操作的时间如下。

（1）T_m：做一次点乘运算 $x \cdot P$ 所需要花费的时间，其中 $x \in Z_p^*, P \in G$。操作时间为 0.3218ms。

（2）T_a：做一次点加法运算 $Q + R$ 所需要花费的时间，其中 $Q, R \in G$。操作时间为 0.0024ms。

（3）T_h：做一次哈希运算所需要花费的时间，操作时间为 0.001ms。

分析分别从消息签名、单条消息验证和批量消息验证三个方面进行。在文献[44]方案中，要为一条消息签名，需要进行 3 次点乘和 3 次哈希函数操作，也就是 $3T_m + 3T_h \approx 0.9684\text{ms}$。当要验证单条消息时，其方案需要进行 3 次点乘、3 次点加法和 1 次哈希函数操作，也就是 $3T_m + 3T_a + T_h \approx 0.9736\text{ms}$。在对 n 条消息进行批量验证时，共需要 $n+2$ 次点乘、$3n-1$ 次点加法和 $2n$ 次哈希函数操作，也就是 $(n+2)T_m + (3n-1)T_a + 2nT_h\text{ms}$。

在文献[89]方案中，要为一条消息签名，需要进行 1 次点乘和 2 次哈希函数操作，也就是 $1T_m + 2T_h \approx 0.3238\text{ms}$。当要验证单条消息时，其方案需要进行 4 次点乘、1 次点加法和 2 次哈希函数操作，也就是 $4T_m + 1T_a + 2T_h \approx 1.2916\text{ms}$。在对 n 条消息进行批量验证时，共需要 $2n+2$ 次点乘、n 次点加法和 $2n$ 次哈希函数操作，也就是 $(2n+2)T_m + nT_a + 2nT_h\text{ms}$。

在文献[91]方案中，要为一条消息签名，需要进行 1 次点乘和 1 次哈希函数操作，也就是 $1T_m + 1T_h \approx 0.3228\text{ms}$。当要验证单条消息时，其方案需要进行 3 次点乘、3 次点加法和 2 次哈希函数操作，也就是 $3T_m + 3T_a + 2T_h \approx 0.9746\text{ms}$。在对 n 条消息进行批量验证时，共需要 $n+2$ 次点乘、$3n$ 次点加法和 $2n$ 次哈希函数操作，也就是 $(n+2)T_m + (3n)T_a + 2nT_h\text{ms}$。

在本节方案中，要为一条消息签名，需要进行 1 次点乘和 2 次哈希函数操作，也就是$1T_m + 2T_h \approx 0.3238\text{ms}$。当要验证单条消息时，方案需要进行 1 次点乘、1 次点加法和 2 次哈希函数操作，也就是$1T_m + 1T_a + 2T_h \approx 0.3262\text{ms}$。在对 n 条消息进行批量验证时，共需要 n 次点乘、n 次点加法和 $2n$ 次哈希函数操作，也就是 $nT_m + nT_a + 2nT_h\text{ms}$。图 4-5 对各种方案计算开销对比结果进行了直观的展示，结果证明本节方案有更好的计算开销性能。

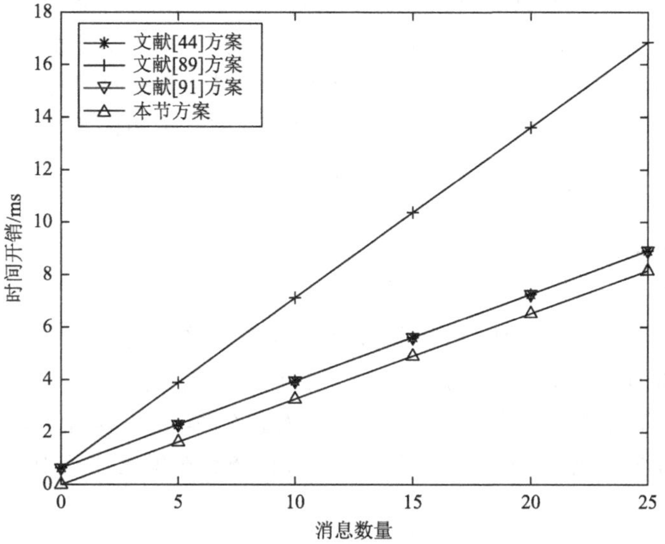

图 4-5　计算开销对比

2. 通信开销分析和对比

由于分析过程相似，在此只以提出的方案为例分析方案通信开销。在本节方案中，发出消息 $\{M \| R_j \| \text{PID}_{v,j} \| T_t \| \sigma \| P_{\text{pub}} \| \text{CFS}_j\}$ 中包含签名和伪身份。其中 $\text{PID}_{v,j} \in G, \sigma \in Z_q$，假设 CFS_j 为 16B，则通信开销为 $40\times4+20\times2+16+4=220$B。相同地，文献[44]方案的通信开销为 144B，文献[89]方案的为 296B，文献[91]方案的开销为 144B。这四种方案的比较如表 4-1 所示。

表 4-1　计算和通信开销对比

方案	签名开销/ms	批认证开销/ms	通信开销/B
文献[44]方案	$3T_m + 3T_h$	$(n+2)T_m + (3n-1)T_a + 2nT_h$	144
文献[89]方案	$1T_m + 2T_h$	$(2n+2)T_m + nT_a + 2nT_h$	296
文献[91]方案	$1T_m + 2T_h$	$(n+2)T_m + (3n)T_a + 2nT_h$	144
本节方案	$1T_m + 2T_h$	$nT_m + nT_a + 2nT_h$	220

4.3 基于组播机制的软件定义车联网下的安全通信技术

软件定义车联网的开放通信环境使得其容易遭受来自内外部的网络攻击，从而危害通信安全以及威胁到网络参与者的信息隐私。与此同时，车辆拓扑变化快，车辆的加入和离开以及道路状态具有不可预测性等特点也使得网络管理变得更为艰难。软件定义网络的引入使得车联网中的组播成为可能，轻量级的加密方案能满足软件定义车联网下的安全要求。本节介绍了一个基于组播机制的软件定义车联网下安全通信方案。方案包含两个阶段，其中第一阶段描述了发生路况突发情况后利用软件定义网络下的组播机制来快速建立组播树的协议，第二阶段介绍在车辆与车辆、车辆与基础设施通信时保障多方通信安全的协议。

4.3.1 系统模型

本小节介绍的是基于组播机制的软件定义车联网下安全通信方案的整体网络模型及子系统模型。如图 4-6 所示，方案提出的系统模型由以下实体组成：全局控制器（GC）、本地控制器（LC）、无线接入点（WAP）和基站（BS）、OpenFlow 交换机以及车载单元（OBU），OBU 会预先配置在车辆上。其中，GC 是完全可

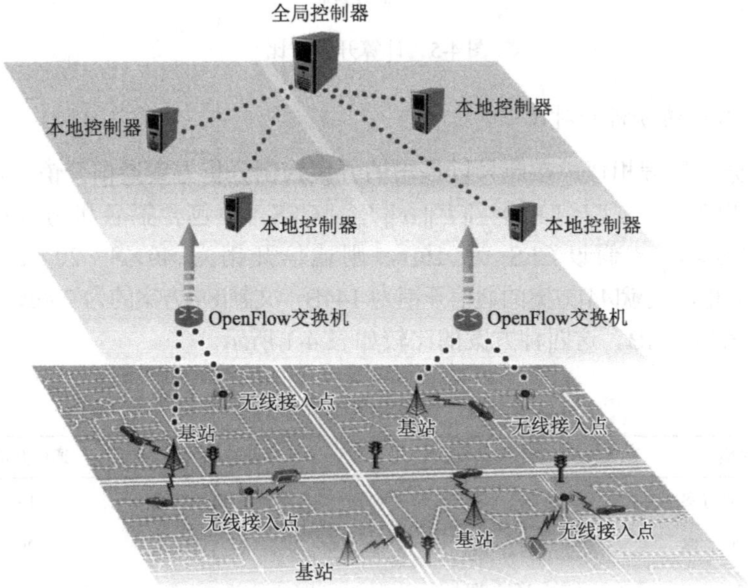

图 4-6 基于组播机制的软件定义车联网系统模型

信任的且不会被攻破，且GC具有足够的运算和存储能力。LC是可信的，但其计算和存储能力有限，远远不能取代 GC，只在区域内工作。车辆是半可信的，但储存在车内的重要参数不可被敌手获得。接下来详细介绍各个实体的作用。

（1）全局控制器：GC 具有非常突出的存储和计算能力。在此系统中，GC 主要负责生成系统参数、计算车辆的行驶路径和建立 OpenFlow 交换机的转发表。当发生事故或紧急情况时，GC 选择受影响的车辆并形成临时的组播组。它为这个组生成一个组播树，以便及时通知车辆路况信息。然后 GC 通过车辆位置和城市道路的通行能力来为车辆计算新的行驶路径，并平衡道路的吞吐能力以避免二次拥堵。

（2）本地控制器：LC 在地理上是分散的，分别管理一个特定的小区域。在此系统中，LC 主要负责本地系统参数的设置并与车辆通信。它们可以在本地验证车辆发出的消息，并为车辆计算区域内的细粒度导航。当出现拥堵路况时，它们也会参与组播节点构成，用于通知和引导所在区域的车辆。

（3）OpenFlow 交换机：与传统交换机不同，OpenFlow 交换机是支持 OpenFlow 的数据交换机，通过 OpenFlow 通道与外部控制器通信。在此系统中，OpenFlow 交换机根据其上加载的流表执行数据包查找和转发。

（4）车载单元：OBU 预装载在车辆上，通过提供网络接入服务而使得车辆具有无线通信能力，但其自身计算能力和存储能力有限。此外，在每个 OBU 中嵌入了一个防篡改设备，该设备是健壮的，负责生成密钥密码参数并执行许多加密和解密操作。

（5）无线接入点和基站：车载 OBU 终端可以通过各种方式接入互联网。系统支持 5G 网络等蜂窝网络（通过 BS）和城市 WiFi（通过 AP）等。

4.3.2 组播子系统

当发生交通事故或道路拥堵等紧急情况时，受紧急事件影响的车辆可能会请求新的行驶路径，而不是一直保持拥堵状态。传统的道路规划系统一般只根据当前的路况重新规划新的路径，而没有考虑动态的瞬时变化。以一般情况为例，某一特定区域发生车祸，造成小范围交通堵塞。此时此刻，一些驶往该地区的车辆还没有接到通知，仍保持原有的行驶路线。另一些车辆会及时收到通知，因此它们会根据导航应用程序提供的驾驶建议选择新的路径，这些导航应用程序是根据当前的城市道路状况计算的，但无法提供预测了后续路况变化的结果。例如，如果一个驾驶员在变更路线时面临两种选择：一种是八车道高架桥，另一种是四车道的城市隧道。在两条道路车辆密度相同的情况下，根据常识，大多数人会选择前者以更快地到达目的地，但由于大部分人都会如此做出选择，就会造成事故后的二次拥堵。传统的行车导航系统很少有能够解决这些问题的原因是：①通知系统往往会严重延迟；②路线重新规划系统不能适应快速变化的路况，因此需要一个能够处理上述问题的系统来实现安全高效的驾驶的目标[88]。

方案设计了一个基于组播机制的应急子系统，利用斯坦纳树计算节点间的组播树，以及时通知受影响车辆。

（1）斯坦纳树：一般来说，为了连接多个节点，若只考虑最短距离最常用的算法是最小生成树（minimum spanning tree，MST）。但在车联网环境中需要考虑很多因素，如车辆密度、网络带宽和传输时延等。因此，斯坦纳树作为一种带权值的生成树算法将会更为合适。斯坦纳树的生成通常被认为是计算密集型的，因此在传统车联网环境下的组播方案中很少有应用。但对于软件定义网络的环境来说，转发信息是预加载在网络交换机中的，因此斯坦纳树的应用变得可行。此外，全局可见性和可编程性也有助于更有效地构造组播树。

（2）组播树：在此采用了文献[90]方案提出的基于度的分支节点加权斯坦纳树生成算法来构造组播树。在加权斯坦纳树生成算法中，有一无向图 $G_v=\{V,L\}$，其中 V 表示参与组播树生成的车辆节点以及系统中其他参与通信的节点，L 表示连接节点的边的合集。例如，$l=(v,w)\in L, v\in V, w\in V$，则 l 表示连接 v 和 w 和边。那么 l 的开销就表示为 $\mathrm{Cst}(l): L\to R^+$，其中 R^+ 为非负数。让 s 表示一个组播组的源点，$U\subset V-\{s\}$ 则表示剩下的组播成员节点，也就是方案系统中受到事件影响的车辆。$|R|$ 表示当前群组的大小。$T=(s,U)$ 表示以 s 为源点，且覆盖了所有车辆 $v_i\in U$，其中 $1<i<|U|$。根据斯坦纳树中对分支节点的定义，如果 v_i 的度不小于 3，那么 v_i 就将成为分支节点。让 π_u 表示 U 是树 T 中的一个分支节点。基于以上描述，那么树 T 最后的开销则可以表示为式（4-5）。加权斯坦纳树生成算法计算后得到一棵树 $T=(s,U)$ 使得 $\mathrm{Cst}(T)$ 的开销值最低。构建成功的组播树不仅有助于提高消息的分发效率，而且可以继续应用于视频会议、流媒体订阅等领域。

$$\mathrm{Cst}(T)=\sum_{l\in T}\mathrm{Cst}(l)+\sum_{u\in T}\mathrm{Cst}(u) \tag{4-5}$$

（3）应用过程：在组播树已经构建好的情况下，整个订阅过程将描述如下。当车辆开始行驶时，它首先会向控制器请求一条路径。通常地，操作方法是将所有的转发条目存储在控制平面上以供编程后续路由过程。然而，给定 m 个车辆和 n 个本地控制器，最坏的情况是空间复杂度将达到 $O(n^m)$，即使最低的也会达到 $O(n^2)$。因此，方案在每个本地控制器中维护一个订阅表。例如，车辆 v_i 获得了一条经过 x 个连续本地控制器的路径，令 C 表示 x 个本地控制器的集合，$|C|=x$。收到指令后本地控制器会把 v_i 添加进其维护的订阅表ST中。每当 v_i 离

开一个区域时，它会向本地控制器发送离域通知。随后 v_i 和本地控制器分别执行 $C=C-\{\mathrm{LC}_k\},1<k\leqslant n$ 和 $\mathrm{ST}=\mathrm{ST}-\{v_i\},0\leqslant|\mathrm{ST}|\leqslant m$ 。此步骤旨在防止已经通过该区域的车辆仍被系统判定为需要被通知到的节点。通过维护订阅表的方式，空间复杂度可以降低到 $O(m^n)$ ，其中 $n\ll m$ 。

4.3.3 设计目标

方案的目标是设计一个有效的系统能为车辆提供安全的通信环境，以及一些道路服务如路况信息和避免风险。它将满足下列理想特性。①道路规划。利用控制器的全局能力，控制平面将生成最适合车辆的驾驶计划。②紧急状况处理。当道路发生紧急情况时，为了避免二次堵塞的发生，控制系统将通过其组播机制及时通知受影响的车辆。然后通过平衡所有路面及交通状况，重新规划车辆的新路线。③安全通信。最重要的是，车辆发送的所有消息都需要确保可信和真实。考虑到这一点，系统应该具有以下安全属性[88]。

（1）匿名性：方案所设计的系统中的车辆不会用真实身份与系统中的其他实体进行通信。恶意用户仅仅凭借车辆发送的信息和一些公共信息，无法获得发送者的真实身份。这样，车辆就可以在不暴露敏感隐私的情况下发送信息。

（2）可认证和隐私保护：系统中的所有参与通信的实体都可以相互认证对方发出的消息，以保证消息的可靠性和完整性。特别地，在不同的区域车辆发送的信息应反映当前本地控制器的信息，但是此信息不能暴露给敌手而只能被全局控制器提取获得，从而保证车辆的位置隐私不被暴露。

（3）可追踪性：方案不能排除不诚实实体存在的可能性。这些敌手的目的是中断或干扰正常的通信，或散布虚假和欺骗性的信息以为自己谋取方便和利益。有不当行为发生时，控制层应该能够追踪真实身份，并通过切断服务或将其信息提交给相关部门来对其进行惩罚。

（4）不可链接性：提出的方案将不允许未授权的第三方通过收集分散的信息而确定不同的信息来自同一车辆。也就是说，任何第三方都无法通过分析这些截获的信息来了解某一特定车辆的活动轨迹。

（5）抵抗常见攻击：该方案还应该能够抵抗发生在传统网络中的常见攻击，如重放攻击、模仿攻击、篡改攻击等。

4.3.4 安全通信方案

本节将详细介绍所提出的基于组播机制的软件定义车联网下安全通信方案的实施细节。该方案主要包括系统初始化阶段、一次密钥生成和消息签名阶段、位置提取阶段以及消息认证阶段。方案中，首先对消息进行签名，然后分发消息，以确保消息的不可否认性。然后，为了防止车辆隐私被暴露，车辆应该通过伪身份进行通信。车辆当前所在本地控制器区域的大致位置只能由全局控制器提取而不能由其他第三方获得。当发生紧急情况时，全局控制器将从车辆发送的消息中提取车辆的位置。当发现恶意消息时，全局控制器将从这些消息中提取车辆的真实身份，并对其进行惩罚。

1. 系统初始化

设 F_p 是一个有限域，p 是一个大素数表示域的大小。$(a,b)\in F_p$ 是椭圆曲线 $E=y^2=x^3+ax+b \bmod p$ 的参数。P 是 E 的生成元，q 是 E 的素数阶。全局控制器执行以下操作完成系统初始化。

（1）选择 $s\in Z_q^*$ 作为系统的密钥，然后计算 $P_{\text{pub}}=sP$ 作为其公钥。计算 $\alpha=s\cdot h(P_{\text{pub}})$。然后全局控制器选择哈希函数 $h:G\to Z_q^*$，$H_0:G\times\{0,1\}^*\to Z_q^*$，$H_1:\{0,1\}^*\to Z_q^*$，$H_2:\{0,1\}^*\times\{0,1\}^*\times\{0,1\}^*\times G\times G\to Z_q^*$。最后全局控制器通过安全通道将 α 参数传输到本地控制器，并发布 $\{P_{\text{pub}},p,q,a,b,P,H_0,H_1,H_2\}$ 作为其系统参数。

（2）由安全通道接收到 α 后，本地控制器 LC_i 计算 $l_i=\alpha\cdot\text{NLC}_i$ 作为其私钥，其中 NLC_i 是 LC_i 的唯一编号，此编号列表只存储在全局控制器中由全局控制器保存管理。由于 s 是私密的且 NLC_i 也不是公开的，要根据公开信息计算出 l_i 是计算不可行的。随后 LC_i 计算 $L_i=l_i\cdot P$ 作为其公钥。将 L_i 插入系统参数 $\{P_{\text{pub}},p,q,a,b,P,H_0,H_1,H_2\}$ 后，L_i 发布 $\{P_{\text{pub}},p,q,a,b,P,H_0,H_1,H_2,L_i\}$ 作为其区域内系统参数。

（3）当车辆进入 L_i 的区域内且需要在区域网络中发送消息时，车辆加载系统参数并由 TPD 选取任意 sk_i 作为其私钥，计算能 $\text{PK}_i=\text{sk}_i\cdot P$ 作为其公钥，然后计算式（4-6）以及式（4-7）为车辆生成假名。车辆使用 $\text{PID}_i=\{\text{PID}_{i,1},\text{PID}_{i,2}\}$ 作为其伪身份。

$$\text{PID}_{i,1}=\text{ID}_i\oplus H_0(\text{sk}_i\cdot L_i\,\|\,T_t) \tag{4-6}$$

$$\text{PID}_{i,2}=(\text{sk}_i\cdot L_i)\oplus H_1(T_t) \tag{4-7}$$

2. 一次密钥生成和消息签名

消息 M_i 包含着路况信息、紧急事件或者是其他交通相关的请求。当车辆 V_i 需要发送 M_i 时，将执行以下操作。

（1）首先车辆选择一个随机数 $r_i\in Z_q^*$，接着计算 $R_i=r_i\cdot P$，计算哈希值 $w_i=H_2(M_i\,\|\,\text{PID}_i\,\|\,T_t\,\|\,R_i\,\|\,\text{PK}_i)$，其中 T_t 是签发消息时的即时时间戳。

（2）然后车辆通过计算 $\sigma=\text{sk}_i+w_i\cdot r_i \bmod q$ 作为当前消息的签名。

（3）最后车辆发送封装的消息 msg : $\{M_i,T_t,\mathrm{PK}_i,R_i,\mathrm{ID}_i\}$ 给附近的参与通信的实体。

3. 位置提取

为了保证车辆的基本位置隐私，其所在的特定本地控制器不能暴露在 msg 中。否则，通过链接分析它发送的多条消息，敌手就有可能模拟出一条粗略的行驶路线以及车辆的活动区域。但当紧急情况发生时，控制平面需要大致定位受影响的车辆来充分平衡受影响区域和未受影响区域的车辆密度，从而来构造一个平均消耗 Cst(T) 最低最有效的组播树。

（1）当出现异常路况时，事发点周围注意到这一情况的车辆会广播相关信息并进行报告。

（2）在收到这些消息后，全局控制器将执行式（4-8）以确定本地控制器的大致位置。通过定位区域 NLC_i，全局控制器将优先处理该区域的数据包以处理紧急情况。

$$\mathrm{NLC}_i=(\mathrm{PID}_{i,2}\cdot H_1(T_t))\cdot(\mathrm{PK}_i\cdot\alpha)^{-1} \tag{4-8}$$

4. 消息认证

当车辆接收到相邻车辆的消息时，其需要通过验证消息的签名来确保消息的完整性和可靠性。

（1）单条消息认证：当接收车辆的节点接收到消息 $\{M_i,T_t,\mathrm{PK}_i,R_i,\mathrm{PID}_i\}$ 时，车辆首先从封装的消息中提取时间戳 T_t，通过验证 T_t 的新鲜度来确认收到的消息的时效性，同时也能防范重放攻击。由于 $P_{\mathrm{pub}}=s\cdot P$，$R_i=r_i\cdot P$，$\mathrm{PK}_i=\mathrm{sk}_i\cdot P$ 以及 $\mathrm{PID}_i=\{\mathrm{PID}_{i,1},\mathrm{PID}_{i,2}\}$，根据式（4-9）～式（4-12），接收者通过计算式（4-13）是否成立来确认消息的签名的可靠性。

$$w_i=H_2(M_i\,\|\,\mathrm{PID}_i\,\|\,T_t\,\|\,R_i\,\|\,\mathrm{PK}_i) \tag{4-9}$$

$$\mathrm{PID}_{i,1}=\mathrm{ID}_i\oplus H_0(\mathrm{sk}_i\cdot L_i\,\|\,T_t) \tag{4-10}$$

$$\mathrm{PID}_{i,2}=(\mathrm{sk}_i\cdot L_i)\oplus H_1(T_t) \tag{4-11}$$

$$\sigma\cdot P=\mathrm{PK}_i+w_i\cdot R_i \tag{4-12}$$

$$(e_i\cdot\sigma_i)\cdot P=(e_i\cdot\mathrm{PK}_i)+e_i\cdot w_i\cdot R_i \tag{4-13}$$

（2）批量消息认证：当一个接收者在短时间内获得 n 条消息时，逐一进行验证将消耗大量的时间和计算能力。所以此方案支持批量验证以节省资源。首先，为了保证批量验证签名的不可否认性，选择一个由小的随机整数组成的向量 $e_1,e_2,e_3,\cdots,e_n$，其中 $e\in[1,2^t]$，t 为一个小整数。在接收到批量消息 $\{M_1,T_{t,1},\mathrm{PK}_1,R_1,\mathrm{PID}_1\}$，$\{M_2,T_{t,2},\mathrm{PK}_2,R_2,\mathrm{PID}_2\}$，…，$\{M_n,T_{t,n},\mathrm{PK}_n,R_n,\mathrm{PID}_n\}$ 后，首先接收方验证时间戳$T_{t,1},T_{t,2},\cdots,T_{t,i},\cdots,T_{t,n}(1<i\leqslant n)$是否依旧在有效期内，如果已经过期，那么验证方将抛弃过期的消息。如果全部有效，验证方则根据系统分发的参数$\{P_{\text{pub}},p,q,a,b,P,H_0,H_1,H_2\}$来计算式（4-14）是否成立，以此证明了批量消息验证的有效性。

$$\sum_{i=1}^{n}(e_i\cdot\sigma_i)\cdot P=\sum_{i=1}^{n}(e_i\cdot \text{PK}_i)+\sum_{i=1}^{n}(e_i\cdot w_i\cdot R_i) \tag{4-14}$$

4.3.5　安全性证明和分析

本小节将会对所提出的基于权重分析系统的软件定义车联网条件隐私保护认证方案进行安全性证明和分析，从而证明方案采用的加密方法在软件定义车联网环境下的安全性。

1. 安全性证明

前面的背景知识中已经对椭圆曲线离散对数困难问题做了定义。首先设计一个在敌手$\mathcal{A}$和挑战者$\mathcal{C}$之间的博弈游戏并以此来设计方案的安全模型。

（1）初始化预言机：此查询中，挑战者$\mathcal{C}$生成公私钥对和其他的系统参数，并将生成的系统参数返回给敌手$\mathcal{A}$。

（2）H_0预言机：敌手$\mathcal{A}$输入m，挑战者$\mathcal{C}$随机选择一个$r\in Z_q$并将元组(m,r)插入到哈希列表L_{H0}中，并将r返回给敌手$\mathcal{A}$。

（3）H_1预言机：敌手$\mathcal{A}$输入m，挑战者$\mathcal{C}$随机选择一个$r\in Z_q$并将元组(m,r)插入到哈希列表L_{H1}中，并将r返回给敌手$\mathcal{A}$。

（4）H_2预言机：敌手$\mathcal{A}$输入m，挑战者$\mathcal{C}$随机选择一个$r\in Z_q$并将元组(m,r)插入到哈希列表L_{H2}中，并将r返回给敌手$\mathcal{A}$。

（5）签名预言机：此查询中，收到敌手$\mathcal{A}$发送的消息M，挑战者$\mathcal{C}$随机生成封装消息msg返回给敌手$\mathcal{A}$。

如果敌手$\mathcal{A}$能够成功生成登录请求信息，则证明其能够攻破提出方案的签名认证方案。设$\Phi(\mathcal{A})$表示敌手$\mathcal{A}$能够在线性时间内成功攻破所提出方案的概率。

定理 4.2　敌手$\mathcal{A}$在线性时间内攻破所提出的加密方案的概率$\Phi(\mathcal{A})$是可忽略的。

证明　假设存在一个可以伪造消息的敌手$\mathcal{A}$能构造伪造消息$\{M_i,T_t,\text{PK}_i,R_i,\text{PID}_i\}$，并构造一个挑战者$\mathcal{C}$，它能够通过将$\mathcal{A}$作为子程序运行并以不可忽略的概率来解决ECDLP问题。

（1）初始化预言机：首先将安全参数k作为输入，然后挑战者$\mathcal{C}$随机选取一

个数 s 作为其私钥并计算 $P_{\text{pub}} = s \cdot P$，接着 $\mathcal{C}$ 将 $\{P_{\text{pub}}, p, q, a, b, P, H_0, H_1, H_2\}$ 发送给敌手 $\mathcal{A}$ 。

（2）H_0 预言机：挑战者 $\mathcal{C}$ 维护着一个哈希列表 $L_{H0}:(\text{sk}_i, L_i, T_t, H_{0,i})$ 并初始化为空。当敌手 $\mathcal{A}$ 用 (sk_i, L_i, T_t) 发起查询时，$\mathcal{C}$ 首先查询 $L_{H0}:(\text{sk}_i, L_i, T_t, H_{0,i})$ 是否已经存在于 L_{H0} 中。如果已经存在，那么 $\mathcal{C}$ 返回 $H_{0,i}$ 给敌手 $\mathcal{A}$ 。如果不存在，那么其生成一个随机数 $H_{0,i} = H_0(\text{sk}_i \cdot L_i \| T_t)$ 并插入到 $L_{H0}:(\text{sk}_i, L_i, T_t, H_{0,i})$ 中，然后将 $H_{0,i}$ 返回给敌手 $\mathcal{A}$ 。

（3）H_1 预言机：挑战者 $\mathcal{C}$ 维护着一个哈希列表 $L_{H1}:(T_t, H_{1,i})$ 并初始化为空。当敌手 $\mathcal{A}$ 用 (T_t) 发起查询时，$\mathcal{C}$ 首先查询 $L_{H1}:(T_t, H_{1,i})$ 是否已经存在于 L_{H1} 中。如果已经存在，那么 $\mathcal{C}$ 返回 $H_{1,i}$ 给敌手 $\mathcal{A}$ 。如果不存在，那么其生成一个随机数 $H_{1,i} = H_1(T_t)$ 并插入到 $L_{H1}:(T_t, H_{1,i})$ 中，然后将 $H_{1,i}$ 返回给敌手 $\mathcal{A}$ 。

（4）H_2 预言机：挑战者 $\mathcal{C}$ 维护着一个哈希列表 $L_{H2}:(M_i, \text{PID}_i, T_t, R_i, \text{PK}_i, H_{2,i})$ 并初始化为空。当敌手 $\mathcal{A}$ 用 $(M_i, \text{PID}_i, T_t, R_i, \text{PK}_i)$ 发起查询时，$\mathcal{C}$ 首先查询 $L_{H2}:(M_i, \text{PID}_i, \text{PID}_i, T_t, R_i, \text{PK}_i, H_{2,i})$ 是否已经存在于 L_{H2} 中。如果已经存在，那么 $\mathcal{C}$ 返回 $H_{2,i}$ 给敌手 $\mathcal{A}$ 。如果不存在，其选择一个随机数 $H_{2,i} = H_2(M_i \| \text{PID}_i \| T_t \| R_i \| \text{PK}_i)$ 并插入到 $L_{H2}:(M_i, \text{PID}_i, T_t, R_i, \text{PK}_i, H_{2,i})$ 中，然后将 $H_{2,i}$ 返回给敌手 $\mathcal{A}$ 。

（5）签名预言机：当接收到敌手 $\mathcal{A}$ 关于 M_i 和伪身份 PID_i 的查询时，挑战者 $\mathcal{C}$ 首先确认 $(\text{sk}_i, L_i, T_t, H_{0,i})$ 和 $(T_t, H_{1,i})$ 是否已经分别存在于 $L_{H0}:(\text{sk}_i, L_i, T_t, H_{0,i})$ 和 $L_{H1}:(T_t, H_{1,i})$ 中。如果存在，$\mathcal{C}$ 从 L_{H0} 和 L_{H1} 中分别获取 $H_{0,i}$ 和 $H_{1,i}$ 。否则，$\mathcal{C}$ 分别选择 3 个随机数 $(\sigma, w_i, \text{PID}_i) \in Z_q^*$，其中 $\text{PID}_i = f_1(H_{0,i}, H_{1,i})$，$\sigma = f_2(w_i, \text{PID}_i)$，然后 $\mathcal{C}$ 将 $\{M_i, \text{PID}_i, T_t, R_i, \text{PK}_i\}$ 发送给 $\mathcal{A}$ 。可以通过计算 $\sigma \cdot P = \text{PK}_i + w_i \cdot R_i$ 计算签名是否成立。

通过 Forking 引理可得，假设敌手 $\mathcal{A}$ 生成了两条签名 $\sigma \cdot P = \text{PK}_i + w_i \cdot R_i$ 和 $\sigma' \cdot P = \text{PK}_i + w_i' \cdot R_i$，为了攻破方案，$\mathcal{A}$ 可以通过执行式（4-15）：

$$(\sigma - \sigma') \cdot P = (w_i - w_i') \cdot r_i \cdot P^2 \tag{4-15}$$

得出 $r_i = (\sigma - \sigma')((w_i - w_i') \cdot P^2)^{-1}$ 。结果表明，挑战者 $\mathcal{C}$ 可以作为多项式敌手来解决 ECDLP 问题，这与定理 4.2 相矛盾。因此可以得出结论，在随机预言模型下，该方案在选择消息攻击下是安全的。

2. 安全性分析

前面设定了所提出基于组播机制的软件定义车联网下安全通信方案的安全目标。针对性的安全性分析如下。

（1）匿名性：在方案中车辆使用假名 $\text{PID}_i = \{\text{PID}_{i,1}, \text{PID}_{i,2}\}$ 进行通信，其中 $\text{PID}_{i,1} = \text{ID}_i \oplus H_0(\text{sk}_i \cdot L_i \| T_t), \text{PID}_{i,2} = (\text{sk}_i \cdot L_i) \oplus H_1(T_t)$，恶意用户无法仅通过其发送的公共参数和消息获取发送者的身份隐私。这样，车辆就可以在不暴露真实身份的情况下发送信息。

（2）可认证和隐私保护：所有发送方在发送消息时都必须使用伪身份为消息签名，发送方通过计算 $\sigma = \mathrm{sk}_i + w_i \cdot r_i$，其中 $w_i = H_2(M_i \| \mathrm{PID}_i \| T_t \| R_i \| \mathrm{PK}_i)$，然后将封装的消息 $\mathrm{msg} = \{M_i, T_t, \mathrm{PK}_i, R_i, \mathrm{PID}_i\}$ 发送出去。因此，系统中的所有参与通信的实体都可以相互认证，以确保消息的可靠性和完整性。此外，一个封装的消息 msg 没有显式地包含本地控制器，这可以使车辆保持其基本位置隐私。但是当需要的时候，GC 可以通过计算 $(\mathrm{PID}_{i,2} \cdot H_1(T_t)) \cdot (\mathrm{PK}_i \cdot \alpha)^{-1}$ 提取出车辆的大致位置。

（3）可追踪性：有不当行为发生，如中断或干扰正常的通信，或散布虚假和欺骗性的信息以为自己谋取方便和利益时，控制层应该能够追踪真实身份，通过计算 $\mathrm{ID}_i = H_0(\mathrm{PK}_i \cdot \alpha \cdot \mathrm{NLC}_i \| T_t) \cdot \mathrm{PID}_{i,1}$，由于 $\mathrm{sk}_i \cdot \alpha \cdot \mathrm{NLC}_i \cdot P = \mathrm{PK}_i \cdot \alpha \mathrm{PK}_i \cdot \mathrm{NLC}_i$ 且 $\mathrm{NLC}_i = (\mathrm{PID}_{i,2} \cdot H_1(T_t)) \cdot (\mathrm{PK}_i \cdot \alpha)^{-1}$，要计算 ID_i 是可行的。

（4）不可链接性：每生成消息 $\mathrm{msg} = \{M_i, T_t, \mathrm{PK}_i, R_i, \mathrm{PID}_i\}$，车辆都会选择随机数 $r_i \in Z_q^*$ 和计算 $w_i = H_2(M_i \| \mathrm{PID}_i \| T_t \| R_i \| \mathrm{PK}_i)$。由于 r_i 和 w_i 的随机性，恶意方无法通过收集分散的信息而确定不同的信息来自同一车辆。也就是说，任何第三方都无法通过分析这些截获的信息来了解某一特定车辆的活动轨迹。因此，该方案在交互式通信中提供了不可链接性。

（5）抵抗常见攻击：该方案还应该能够抵抗发生在传统网络中的常见攻击，具体如下所示。

①重放攻击：封装的消息包含时间戳 T_t，这可以防止消息被截获后重新转发。当接收到消息时，接收者首先检查消息的新鲜度。如果 T_t 仍然有效，接收方将开始验证这些消息的有效性；否则，消息将被抛弃。

②模仿攻击：如果敌手试图模拟合法车辆，它必须生成消息 msg 的签名，该消息满足 $\sigma \cdot P = \mathrm{PK}_i + w_i \cdot R_i$。但根据定理 4.1，没有敌手能够在多项式时间内生成这样的消息，这证明了此方案能够抵抗模仿攻击。

③篡改攻击：签名 $\sigma = \mathrm{sk}_i + w_i \cdot r_i \bmod q$ 是与 M_i 相关的数字签名，其中 $w_i = H_2(M_i \| \mathrm{PID}_i \| T \| R_i \| \mathrm{PK}_i)$。如果敌手修改了 M_i，那么 w_i 也会随之改变，这也会使 σ 改变。因此，如果消息本身被篡改，则可以容易地检测到篡改痕迹。这样，此方案就能够抵抗篡改攻击。

④女巫攻击：要启动女巫攻击，敌手必须生成多个身份来扮演多个角色。然而，伪身份是由防篡改设备进行计算的。敌方必须首先侵入设备才能生成这些伪造身份，这在当前的技术中是不可行的。因此，当前方案能够抵抗女巫攻击。

4.3.6 性能分析

本小节将会通过与文献[91]、[92]、[93]方案三个方案进行对比来分析所提出的方案的计算开销及性能开销方面的性能。

1. 计算开销分析与对比

计算开销即为实体实行通信过程中产生的计算方面的开销。由于控制器层面的实体都拥有足够的算力，本节方案的计算开销主要聚焦在车辆签名计算开销及各实体的验证计算方面开销两个方面上。首先，假设双线性配对操作 $E:G_1 \times G_1 \to G_T$ 达到 80bit 的安全级别，且 P' 是 G_1 的生成元。q' 是 G_1 的阶，$E':y^2 = x^3 + x \bmod p'$，$p'$ 是 512bit 的素数，q' 是 160bit 的素数。其次，令椭圆曲线群 Q 阶为 q 且 $E:y^2 = x^3 + ax + b \bmod p,(a,b) \in Z_p^*$，其中 q,p 是 160bit 的素数。在 Windows 7 操作系统，处理器 i7-6700 频率为 3.40GHz 且 8GB 内存的环境下得到椭圆曲线加密算法里各种计算操作的时间如下。

（1）T_{bp}：进行一次双线性配对操作运算 $e(Q',R'),Q',R' \in G_1$，所需要花费的时间。操作时间为 5.086ms。

（2）T_{bm}：双线性配对操作进行一次点乘运算 $x' \cdot P'$ 所需要花费的时间，其中 $x' \in Z_p^*, P' \in G_1$。操作时间为 0.694ms。

（3）T_{ba}：双线性配对操作进行一次点加法运算 $Q' + R'$ 所需要花费的时间，其中 $Q',R' \in G_1$。操作时间为 0.0018ms。

（4）T_{mtp}：进行一次 MapToPoint 运算所需要花费的时间。操作时间为 0.0992ms。

（5）T_{em}：椭圆曲线进行一次点乘运算 $x \cdot P$ 所需要花费的时间，其中 $x \in Z_p^*, P \in G$。操作时间为 0.3218ms。

（6）T_{ea}：椭圆曲线进行一次点加法运算 $Q + R$ 所需要花费的时间，其中 $Q,R \in G$。操作时间为 0.0024ms。

（7）T_h：进行一次哈希运算所需要花费的时间。操作时间为 0.001ms。

分析分别从消息签名和批量消息验证两个方面进行。在文献[93]方案中，要为一条消息签名，需要在双线性配对操作上进行 4 次点乘、1 次点加法、1 次 MTP 和 2 次哈希函数操作，也就是 $4T_{\text{bm}} + T_{\text{ba}} + T_{\text{mtp}} + 2T_h \approx 2.8790\text{ms}$。在对 n 条消息进行批量验证时，共需要在双线性配对操作上进行 $3(n-1)$ 次点加法操作、n 次点乘、3 次双线性配对操作、n 次 MapToPoint 操作和 n 次哈希函数操作，也就是 $3(n-1)T_{\text{ba}} + nT_{\text{bm}} + 3T_{\text{bp}} + nT_{\text{mtp}} + nT_h \approx 0.7996n + 15.2598\text{ms}$。

在文献[92]方案中，要为一条消息签名，需要在双线性配对操作上进行 3 次点乘和 2 次哈希函数操作，也就是 $3T_{\text{bm}} + 2T_h \approx 2.0840\text{ms}$。在对 n 条消息进行批量验证时，共需要在双线性配对操作上进行 $2n+1$ 次点加法操作、$2n+1$ 次点乘操作、2 次双线性配对操作和 n 次哈希函数操作，也就是 $(2n+1)T_{\text{ba}} + (2n+1)T_{\text{bm}} + 2T_{\text{bp}} + nT_h \approx 1.3926n + 10.8678\text{ms}$。

在文献[91]方案中，要为一条消息签名，需要在椭圆曲线上进行 1 次点乘，以及进行 2 次哈希函数操作，也就是 $1T_{\text{em}} + 2T_h \approx 0.3238\text{ms}$。在对 n 条消息进行批量验证时，共需要在椭圆曲线上进行 $2n+2$ 次点乘操作、n 次点加法和 $2n$ 次哈希函数操作，也就是 $(2n+2)T_{\text{em}}+nT_{\text{ea}}+(2n)T_h \approx 0.648n+0.6436\text{ms}$ 。

在所提出的方案中，要为一条消息签名，需要在椭圆曲线上进行 1 次点乘，以及进行 1 次哈希函数操作，也就是 $1T_{\text{em}}+1T_{\text{h}} \approx 0.3228\text{ms}$ 。在对 n 条消息进行批量验证时，共需要在椭圆曲线上进行 $2n$ 次点乘操作、$2n$ 次点加法和 n 次哈希函数操作，也就是 $(2n)T_{\text{em}}+(2n)T_{\text{ea}}+nT_h \approx 0.647n\ \text{ms}$ 。

图 4-7 针对多条消息验证场景进行了性能对比。结果证明本节方案有更好的计算开销性能。

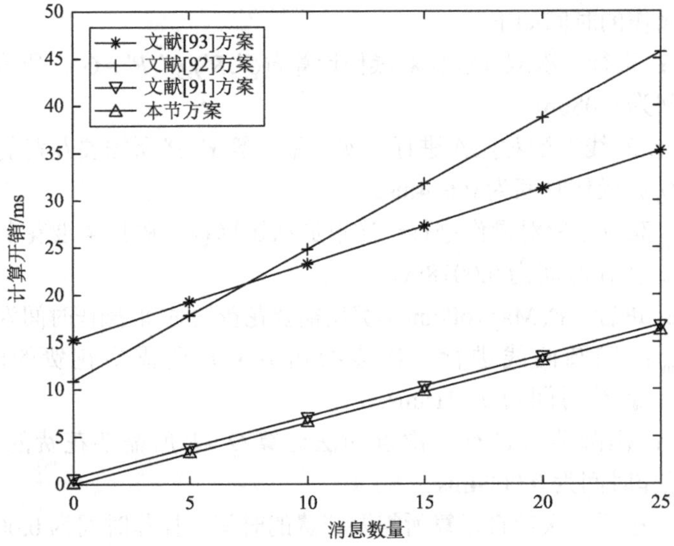

图 4-7　计算开销对比

2. 通信开销分析和对比

由于分析过程相似，在此只以所提出的方案为例分析方案通信开销。在所提出的方案中，车辆发送的消息 $\{M_i,T_i,\text{PK}_i,R_i,\text{PID}_i,\sigma_i\}$ 中包含签名和伪身份。其中 $\text{PID}_i=\{\text{PID}_{i,1},\text{PID}_{i,2}\}\in G,\sigma_i\in Z_q$ ，则通信开销为 $40\times4+20+4=184\text{B}$ 。相同地，文献[93]方案通信开销为 296B，文献[92]方案通信开销为 388B，文献[91]方案通信开销为 144B。计算和通信开销总结在表 4-2。

表 4-2　计算和通信开销对比

方案	签名/ms	批认证/ms	通信开销/B
文献[93]方案	$4T_{\text{bm}}+T_{\text{ba}}+T_{\text{mtp}}+2T_h$	$3(n-1)T_{\text{ba}}+nT_{\text{bm}}+3T_{\text{bp}}+nT_{\text{mtp}}+nT_h$	296
文献[92]方案	$3T_{\text{bm}}+2T_h$	$(2n+1)T_{\text{ba}}+(2n+1)T_{\text{bm}}+2T_{\text{bp}}+nT_h$	388

续表

方案	签名/ms	批认证/ms	通信开销/B
文献[91]方案	$1T_{em}+2T_h$	$(2n+2)T_{em}+nT_{ea}+(2n)T_h$	144
本节方案	$1T_{em}+1T_h$	$(2n)T_{em}+(2n)T_{ea}+nT_h$	184

4.4 本章小结

本章首先介绍了软件定义网络背景下的车联网，包括软件定义网络的概念、体系结构和特征属性，以及引入软件定义网络后车联网的系统模型以及主要研究问题。其次，介绍一种基于权重分析的软件定义车联网下的条件隐私保护认证方案，该方案提供了一种保护车辆隐私和车辆间通信的安全方法。通过采用基于权重的系统，降低了恶意车辆的参与率和通信冗余度，减轻了通信实体的计算开销，保持了车辆通信环境的畅通。两步跟踪方案允许本地控制器不需要存储旧的参数来追踪车辆的身份，同时也降低了部署成本。然后，介绍了一种基于组播机制的软件定义车联网下的安全通信方案。本节方案提出在道路发生突发情况时利用软件定义网络下的组播机制来快速建立组播树的协议，从而使得受影响的车辆能及时得到通知；与此同时该方案设计了一种在车辆与车辆、车辆与基础设施通信时保障多方通信安全的签名认证系统，使得系统能够达到匿名性、隐私保护和可追踪性等安全要求。

第5章　区块链背景下的车联网安全通信技术

车联网的高度集中式架构导致海量数据的管理难度急剧加大，难以满足日益复杂的智能交通系统的性能要求。然而，区块链技术的去中心化、不可篡改、匿名性以及开放透明等性质为车联网提供了新的发展契机。区块链应用于车联网，可满足现有传统集中式架构带来的挑战，构建一个安全的、可信的、分布式的智能交通系统。本章首先介绍区块链技术的基本概念以及区块链背景下的车联网安全通信模型，接着介绍区块链背景下的一种车联网安全数据共享技术，最后介绍区块链背景下的一种车联网数据访问控制技术。

5.1　区块链背景下的车联网

区块链技术最早出现于中本聪提出的比特币系统。作为该分布式系统的底层技术，它保证了交易信息的点对点（peer to peer，P2P）加密传输。区块链技术可以看作分布式数据存储、P2P 传输、共识机制、非对称加密、数字签名等多种技术的有机整合，从而形成一种新的数据记录、存储和表达的方式。区块链技术保证系统各节点的对等关系，去除了第三方可信实体的参与，实现达成一致的节点就可直接支付，构建了一个可信的、匿名的、去中心化的交易环境[94]。

5.1.1　区块链的架构

如表 5-1 所示，区块链的架构自底向上可分为六层，分别是数据层、网络层、共识层、激励层、合约层和应用层。数据层是区块链架构的底层，封装了区块数据和链式结构。该层还涉及了一些密码学技术，如默克尔（Merkle）树、数字签名、哈希函数、非对称加密等。网络层包括 P2P 网络协议、传播和验证机制。共识层是区块链实现分布式系统一致性的关键技术。其中有以比特币系统为代表的工作量证明共识机制，以点点币平台为代表的权益证明共识机制，还有企业商用应用服务程序较多使用的实用拜占庭容错共识机制等。激励层主要包括代币的发行、分配机制。合约层是区块链一大“杀手级”应用，具有广泛的前景，当中内含了代码函数，能够实现和其他智能合约相互交互、协作决策、存储及发送等功能。当前智能合约主要实现 IF-THEN 的顺序逻辑，通过条件触发和逻辑判断，并执行相应代码。智能合约为无第三方实体参与的 P2P 交易提供可信的信息传输环境，且交易一经确认便可追溯、不可逆转。合约层包含脚本代码、算法机制和以太坊虚拟机（ethereum virtual machine，EVM）。应用层是区块链开发上层应用的平台，其中有可编程货币、可编程金融、可编程社会等应用场景[95]。

表 5-1　区块链的架构

<table>
<tr><td colspan="2">可编程货币</td><td colspan="2">可编程金融</td><td colspan="2">可编程社会</td></tr>
<tr><td colspan="6">应用层</td></tr>
<tr><td colspan="2">脚本代码</td><td colspan="2">算法机制</td><td colspan="2">EVM</td></tr>
<tr><td colspan="6">合约层</td></tr>
<tr><td colspan="3">发行机制</td><td colspan="3">分配机制</td></tr>
<tr><td colspan="6">激励层</td></tr>
<tr><td colspan="2">PoW</td><td colspan="2">PoS</td><td colspan="2">PBFT</td></tr>
<tr><td colspan="6">共识层</td></tr>
<tr><td colspan="2">P2P 网络</td><td colspan="2">传播机制</td><td colspan="2">验证机制</td></tr>
<tr><td colspan="6">网络层</td></tr>
<tr><td colspan="2">区块数据</td><td colspan="2">链式结构</td><td colspan="2">数字签名</td></tr>
<tr><td colspan="2">哈希函数</td><td colspan="2">默克尔树</td><td colspan="2">非对称加密</td></tr>
<tr><td colspan="6">数据层</td></tr>
</table>

5.1.2　区块链的结构

如图 5-1 所示，区块链由若干个区块构成，每个区块包括上一个区块的哈希值，经过时间顺序链接而成。若干个交易被矿工打包，形成一个区块。区块还可以结构划分为区块头和区块体，区块头主要包含前一个区块的哈希、默克尔树根、区块高度、随机值等字段。区块体存储区块中的所有交易数据。

5.1.3　共识机制

共识机制是区块链的核心技术之一，主要实现区块链分布式存储的一致性。共识机制的目的就是制定一套算法使得各个平行且分散的区块链节点之间达成共识，共同认定交易的有效性并传播，严格维护区块链系统的运作顺序，并对诚实执行的区块链系统维护者予以激励。共识机制一般分为三个步骤：矿工节点的选择、竞争记账权的方式和区块的验证。本章主要详细介绍四种共识机制[96]。

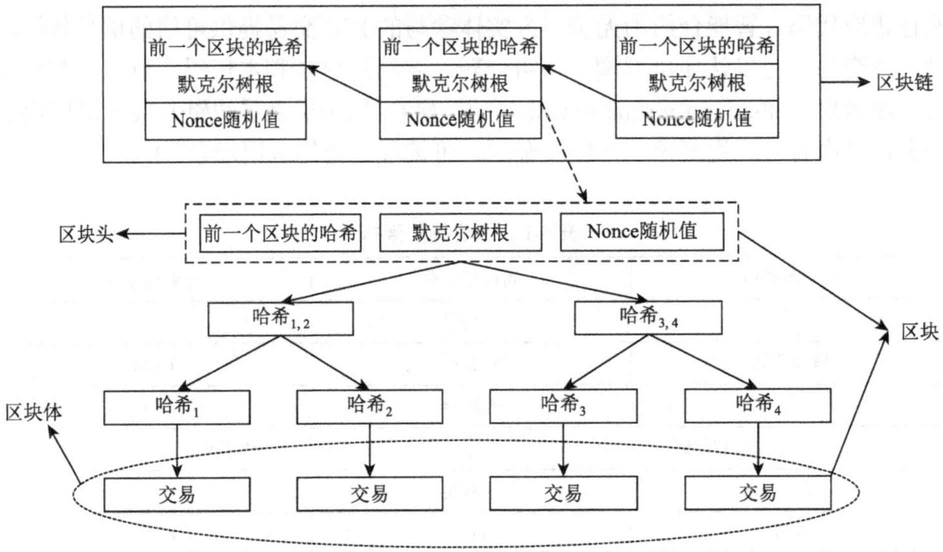

图 5-1　区块链的结构

1. 工作量证明

工作量证明（proof of work，PoW）的核心思想是依赖机器算得符合系统要求的哈希值，提供庞大的算力以竞争记账权。谁最先解决这个困难问题，就可获得记账权。矿工不断尝试，寻找答案的过程就是“挖矿”。如式（5-1）所示，矿工必须找到合适的 Nonce 值，使得等式成立，便可公布这个新挖得的区块。

$$H(\text{Nonce} \| \text{Prev\_Hash} \| \text{Tx}) < \text{Bits} \tag{5-1}$$

其中，Nonce 是矿工选取的符合等式成立的随机值；Prev_Hash 是父区块的哈希值；Tx 是矿工新打包的交易池；Bits 是由 48bit 的比特串构成的目标值。比特币系统中，Bits 的值每 2016 个区块之后（两周 = 2016×10min = t_{design}）会调整一次，如式（5-2）所示：

$$\text{Bits}_{i+1} = \text{Bits}_i \times \frac{t_{\text{actual}}}{t_{\text{design}}} \tag{5-2}$$

其中，t_{actual} 是生产 2016 个区块的实际时间。如果 $t_{\text{actual}} < t_{\text{design}}$，那么 $\text{Bits}_{i+1} < \text{Bits}_i$，从而矿工解决这个困难问题的难度就会增加。Bits 值不断调整的目的是让区块链的增长速度趋于稳定。

2. 权益证明

权益证明（proof of stake，PoS）的核心思想是代币的持有量越多，成功竞争记账权的可能性就越高。相较 PoW，PoS 减少了竞争记账权时的计算资源消耗，获得一定的性能提升。但是，其算法依然采取的是运算符合等式的哈希值的方式获取记账权。PoS 是 PoW 共识机制的升级，基于持有代币的数量和时间，等比例提高困难值，从而降低挖矿的难度，加快节点获取新区块的速度。

3. 委托权益证明

委托权益证明（delegated proof of stake，DPoS）与 PoS 原理相同，但是该算法牺牲了一定程度的去中心化。DPoS 的做法是通过区块链节点选举奇数个的代理人，依靠选举的代理人执行验证和记账的共识过程。该算法可以大幅缩小执行共识的节点数量，从而实现秒级的区块确认和验证，初步解决区块链共识速度缓慢的问题，为区块链商业化应用落地提供了新思路。

4. 实用拜占庭容错

实用拜占庭容错（practical Byzantine fault tolerance，PBFT）在保证灵活性和安全性的前提下，提供了 $(n-1)/3$ 节点的容错性。该算法保证只要不超过 1/3 的节点出错、故障，系统就可以实现一致性。该共识算法的确认时延在 2～5s，基本满足了企业对于实时处理的商业实际需求。

5.1.4 区块链的类型

依据区块链所使用的共识机制的不同，按照去中心化程度由高到低将区块链划分为三类，分别是公有区块链（public blockchain）、联盟区块链（consortium blockchain）和私有区块链（private blockchain）。

1. 公有区块链

公有区块链是指系统内的任何一个节点都有权记账，都能参与共识过程，都可以发送交易并验证。公有区块链以比特币系统为代表，其去中心化程度最高。

2. 联盟区块链

联盟区块链是指由某个群体内部指定多个预选的节点作为记账人，预选节点共同决定区块的生成，其他节点可发送、验证交易，但不参与区块链的共识阶段。联盟区块链如以太坊（Ethereum）、超级账本（Hyperledger）和比特股（Bitshare）等，其去中心化程度较好。

3. 私有区块链

私有区块链仅仅使用区块链技术记账，将区块链用作一个不可篡改、开放透明和分布式的数据库。由一个公司或者个人作为记账人，拥有区块链包括写入权限在内的所有权限。私有区块链的去中心化程度最低。

如表 5-2 所示为公有区块链、联盟区块链和私有区块链类型与区别。

表 5-2　三种区块链类型与区别

特性	公有区块链	联盟区块链	私有区块链
参与者	任何人	联盟成员	个体或企业
共识机制	PoW/PoS	分布式一致性算法	分布式一致性算法
记账人	所有参与者	联盟成员协商确定	自定义
激励机制	需要	可选	不需要
中心化程度	去中心化	多中心化	（多）中心化
突出特点	信用的自建立	效率和成本优化	透明和可追溯
承载能力	3～20 笔/s	1000～10000 笔/s	1000～100000 笔/s
典型场景	虚拟货币	支付、结算、数据共享	审计、发行

值得一提的是，随着未来应用场景的需求越来越复杂，技术发生快速迭代，区块链的技术也将日趋复杂。但是，无论公有区块链、联盟区块链还是私有区块链都不存在绝对的优势和劣势。在部署应用时，往往会选择合适的区块链类型以适配不同的场景。

5.2　车联网中基于区块链的安全数据共享技术

5.2.1　基于联盟区块链的车辆间数据共享的系统模型

区块链技术保障车辆数据不会被篡改，帮助车辆之间构建一个可信的无线通信环境。为了将区块链技术更好地应用于车联网中，需要针对性地设计区块链背景下的车联网安全通信模型。图 5-2 设计了一个基于联盟区块链的车联网安全通信模型[97]。模型由 3 层组成：边缘层、共识层和可信机构。

1. *边缘层*

在边缘层，本章定义了两个实体。一是搭建车联网环境的基础设施——5G 基站；二是数据共享服务参与的主体——道路车辆。

（1）5G 基站：沿路上部署 RSU 所花费的社会资源过于昂贵。此外，随着 5G 时代的到来，5G 基站可以支持高数据率、低时延和高可靠性的 V2V 通信。为了重用道路设施，该方案只使用 5G 基站来实现车辆间的数据共享。在文献[97]方案中，5G 基站负责转发消息而不参与计算任务。

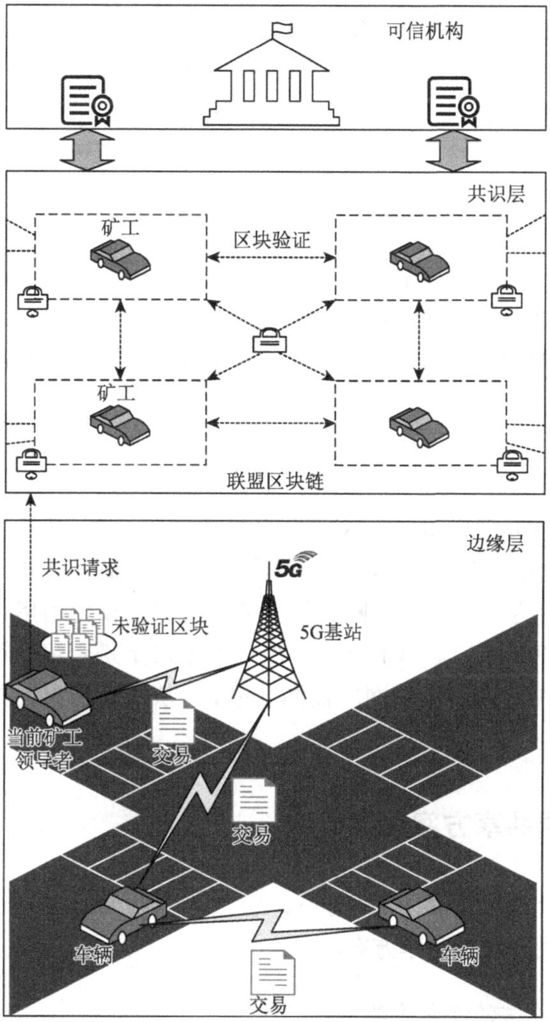

图 5-2　基于联盟区块链的车联网安全通信模型

（2）道路车辆：每辆车都配备了车载单元和可信平台模块（trusted platform module，TPM）[98]，其中 TPM 的配备保障存储的传感信息不被篡改。该方案定义了车辆可自由选择的两个基本角色：数据提供者和数据请求者。数据提供者主动选择上传的数据，然后通过 5G NR-V2X 通信技术共享数据[99]。同时，数据提供者生成数据共享记录（交易）。注意到，使用区块链技术可以追踪记录，且不可篡改。数据请求者根据驾驶兴趣请求指定的数据。在确认交易已添加到区块链后，数据请求者将通过钱包地址向数据提供者支付车辆代币。数据请求者基于共享数据的质量上传评级并本地更新直接信任分数。部署的智能合约将会被消息触发，自动地按照其设定的逻辑验证评级。通过验证之后，评级将会被打包进区块链中。数据提供者和数据请求者不需要为维护区块链提供计算能力。他们不需要同步整个区块链，只需要同步区块头，而不是区块体。区块头包含默克尔树根，因此可以验证该交易的正确性。

2. 共识层

在共识层中，本章设计了一种增强的委托权益证明（DPoS）共识算法，以降低网络规模，提高区块链的交易吞吐量。在本节方案中，车辆中的一部分将会作为矿工负责维护区块链。矿工持有整个区块链数据并支持区块链节点的所有功能。

3. 可信机构

可信机构（TA）负责验证加入网络的车辆的合法性，为合法车辆发行证书，并且通过一个安全的信道为车辆分发公私钥对。TA 存储了区块链地址和车辆伪身份的映射。此外，为了车辆加入网络的灵活性，我们仅使用黑名单机制。当车辆实施非法行为时，TA 将根据车辆行为的严重程度决定是否将车辆的区块链地址添加到黑名单中。TA 定期向车联网广播黑名单。区块链节点将会拒绝与黑名单上的车辆通信。

5.2.2 安全数据共享方案具体实施

本小节详细介绍了文献[97]的方案，包括车联网中信任评分管理机制和基于联盟区块链的车辆间数据共享方案。

1. 车联网中的信任评分管理

信任评分管理是 V2V 数据共享方案的重要组成部分。该信任评分模型主要用于车辆配对、改善数据质量和增强的委托权益证明共识算法过程。

在车与车通信中，车辆之间的交互可以定义为成功的或不成功的。成功的交互意味着数据请求者相信其已获得了由数据提供者提供的有用的和相关的数据。相反地，不成功的交互在本书被定义为由数据提供者提供的数据是质量较低的或不相关的。数据共享后，车辆为数据提供者生成评分。通常来说，信任分较高的车辆将会提供高质量的数据，从而产生积极的反馈[100]。同时，信任分可以应用于增强的委托权益证明共识算法中的矿工选择阶段。信任分高的矿工能够可靠地执行算法的共识过程[101]。为了鼓励车辆共享高质量的数据，确保车辆选择更可靠的矿工，设计一个高效的车辆信任评分计算模型是十分必要的。

1）信任评分模型

车辆的信任由相关的信任系统[102, 103]之间的 β 分布来表示。根据 β 分布与指数分布的关系，导出了车辆信任计算表达式。假设车辆之间的交互次数是 $\alpha+\beta$ 次，其中 α 和 β 分别表示成功的和不成功的交互。模型如下：

$$f(p)=\text{exponential}(x=\alpha)=\frac{1}{(\alpha+\beta)p}\mathrm{e}^{-\frac{\alpha}{(\alpha+\beta)p}} \tag{5-3}$$

式中，p 代表成功交互的概率。车辆 V_x 持有车辆 V_y 信誉分布，标记为 $R_{x\to y}$，见式（5-4）。

$$R_{x\to y}=\frac{1}{(\alpha+\beta)p}\mathrm{e}^{-\frac{\alpha}{(\alpha+\beta)p}} \tag{5-4}$$

$f(p)$ 是信誉 p 可能的分布，因此，定义 $f(p)$ 的最大值作为车辆的信任分。式（5-5）～式（5-7）展示了此过程。

$$f'(p)=\left(\frac{1}{(\alpha+\beta)p}\mathrm{e}^{-\frac{\alpha}{(\alpha+\beta)p}}\right)'=0 \tag{5-5}$$

通过计算 $f(p)$ 的导数，可以得到最大值，如式（5-6）所示。

$$p=\frac{\alpha}{\alpha+\beta} \tag{5-6}$$

信誉分布的最大值是信任分。于是，信任分可被定义为

$$T=\frac{\alpha}{\alpha+\beta} \tag{5-7}$$

当恶意车辆的数量增加时，式（5-8）和式（5-9）证明了算法的有效性。

$$\lim_{\beta\to 0}\frac{\alpha}{\alpha+\beta}=1,\quad \lim_{\beta\to\infty}\frac{\alpha}{\alpha+\beta}=0 \tag{5-8}$$

$$T'=\left(\frac{\alpha}{\alpha+\beta}\right)'=-\frac{1}{(\alpha+\beta)^2} \tag{5-9}$$

式（5-8）表明函数有界。式（5-9）表明函数是单调递减的。无论恶意节点数量是否增加，信任函数都会收敛。

2）信任分的计算

信任分主要分为直接信任和间接信任。直接信任是 V_x 向 V_y 的一个直接评价，间接信任的计算需要来自周围车辆的建议，如 V_z 。

直接信任（T）：直接信任能够被认为是 V_x 和 V_y 之间成功的数据共享的概率。直接信任的计算如式（5-10）所示，即

$$T_{x\to y}=\frac{\alpha_{x\to y}}{\alpha_{x\to y}+\beta_{x\to y}} \tag{5-10}$$

间接信任（IT）：为了对 V_y 有一个更加全面且客观的评价，V_x 将会考虑邻近车辆（如 V_z）的建议。V_x 收到响应（$\alpha_{z\to y},\beta_{z\to y}$），$V_x$ 对 V_y 和 V_z 的信任评分分别是（$\alpha_{x\to y},\beta_{x\to y}$），（$\alpha_{x\to z},\beta_{x\to z}$），根据给出的信任分，$V_x$ 能够执行如下计算：

$$\mathrm{RT}\alpha_{x\to y}^{z}=\alpha_{x\to y}+\frac{\alpha_{x\to z}}{\alpha_{x\to z}+\beta_{x\to z}}\times\alpha_{z\to y} \tag{5-11}$$

$$\mathrm{RT}\beta_{x\to y}^{z}=\beta_{x\to y}+\frac{\beta_{x\to z}}{\alpha_{x\to z}+\beta_{x\to z}}\times\beta_{z\to y} \tag{5-12}$$

$$\mathrm{RT}_{x\to y}^{z}=\frac{\mathrm{RT}\alpha_{x\to y}^{z}}{\mathrm{RT}\alpha_{x\to y}^{z}+\mathrm{RT}\beta_{x\to y}^{z}} \tag{5-13}$$

式中，$\mathrm{RT}_{x\to y}^{z}$ 表示 V_x 根据邻近车辆 V_z 的推荐向 V_y 的评分。

假设 V_x 从 n 个推荐者收到了建议，V_x 根据 $T_{x\to *}$ 评估推荐者的建议值。如果 $T_{x\to *}\leqslant\chi$（$0\leqslant\chi\leqslant 1$ 是一个自定义阈值），V_x 将会忽略该条建议。V_x 为每条建议分配权重 w，方法如下：

$$w_z=\frac{T_{x\to z}}{\sum_{z=1}^{q}T_{x\to z}},\quad z=1,2,\cdots,q \tag{5-14}$$

式中，$w_z\left(0\leqslant w_z\leqslant 1,\sum_{z=1}^{q}w_z=1\right)$ 是 $\mathrm{RT}_{x\to y}^{z}$ 的权重；q 是收到建议的数量。结合权重和建议，可以得到式（5-15）：

$$\sum_{z=1}^{q}w_z\times\mathrm{RT}_{x\to y}^{z} \tag{5-15}$$

但是，在分布式的信任分管理中存在形成恶意集体的可能性。所谓的恶意集体是指一组互相认识的恶意节点发布一个共谋攻击，通过给彼此高的直接信任分和给其他所有节点低的直接信任分的方式获取高的利益。本章通过加入预先可信节点 P_j 解决这个问题[104]。加入不属于此集体的预先可信节点可以有效地打破恶意集体的抱团行为。因此，预先可信节点的选择显得尤为重要。系统应该确保不存在预先可信节点成为恶意集体成员的可能性。为了避免这个事件发生，信任评分管理可能需要选择少量的预先可信节点（例如，本节研究中的矿工节点或者网络的设计者）。预先可信节点的选择方法是个十分有趣的研究议题，但是其不在本书的研究范围之内。

结合推荐者的建议和预先可信节点的建议，间接信任分的计算方式如式（5-16）所示：

$$\mathrm{IT}_{x\to y}=(1-c)\sum_{z=1}^{q}w_z\times\mathrm{RT}_{x\to y}^{z}+c\times T_{P_j\to y} \tag{5-16}$$

式中，c 是一个常数（$c \in (0,1)$）；$T_{P_j \to y}$ 是预先可信节点 P_j 对 y 的直接信任分。如果存在多个预先可信节点 P_j，则 $T_{P_j \to y}$ 为所有节点的直接信任分的平均值。

3）总信任分聚合

V_x 持有 V_y 的总信任分 $\mathrm{TT}_{x \to y}$，见式（5-17）：

$$\mathrm{TT}_{x \to y} = \psi \times T_{x \to y} + (1-\psi) \times \mathrm{IT}_{x \to y} \tag{5-17}$$

式中，ψ 是预先定义的置信因子。通过设定置信因子，系统可以有效地抵御恶意车辆的错误建议。本书中的置信因子定义为

$$\psi = 1 - \zeta^{-a}, \quad a \in (0,1) \tag{5-18}$$

式中，ζ 表示 V_x 和 V_y 间的交互数量；a 是一个动态值，并且随着应用场景的改变而改变。

4）直接信任的更新

在近几天，如一周内，V_x 和 V_y 存在 $\eta + \theta$ 交互次数。其中 η 和 θ 分别表示成功的和不成功的交互次数。V_x 将会为 V_y 更新直接信任分。相比于分析所有先前的行为，车辆在近几天的行为更会精确地预示车辆的未来行为[105]。因此，最新的交互行为理应分配更高的权重，即

$$\alpha_{x \to y}^{\text{new}} = \alpha_{x \to y} \times \tau + \eta_{x \to y}, \quad \beta_{x \to y}^{\text{new}} = \beta_{x \to y} \times \tau + \theta_{x \to y} \tag{5-19}$$

式中，τ 是先前行为的权重，$\tau \in (0,1)$。于是有

$$T_{x \to y}^{\text{new}} = \frac{\alpha_{x \to y}^{\text{new}}}{\alpha_{x \to y}^{\text{new}} + \beta_{x \to y}^{\text{new}}} \tag{5-20}$$

2. 基于联盟区块链的车辆间数据共享方案

本小节详细描述基于联盟区块链的车辆间数据共享方案。表 5-3 列出了本节所用的符号与对应的含义。

表 5-3　主要符号与含义

符号	描述
V_x	车联网中的第 x 辆车
PID_x^k	V_x 的第 k 个伪身份，每辆车有 i 个伪身份，$\{\mathrm{PID}_x^k\}_{k=1}^i = \{\mathrm{PID}_x\}$
$x \to y$	实体 x 发送一个消息给实体 y
$a \Vert b$	元素 a 连接元素 b
$\mathrm{PK}_x, \mathrm{SK}_x, \mathrm{Cert}_x$	实体 x 的公私钥对和相应证书

续表

符号	描述
$E_{\mathrm{PK}_x}(m)$	实体 x 使用公钥加密消息 m
$E_{\mathrm{SK}_x}(m)$	实体 x 使用私钥加密消息 m
$\mathrm{Sig}_{\mathrm{SK}_x}(m)$	实体 x 使用私钥对消息 m 签名
timestamp	当前消息的时间记录

1）系统初始化

在基于联盟区块链的 V2V 数据共享方案中，系统初始化阶段采用椭圆曲线数字签名技术和非对称加密算法。为了获得有效的监管，每辆车成为合法的车辆之前必须由 TA 认证通过。合法车辆将会收到公私钥对和相应证书用于加密共享数据（如 $\{\mathrm{PK}_{\mathrm{PID}_x^k},\mathrm{SK}_{\mathrm{PID}_x^k},\mathrm{Cert}_{\mathrm{PID}_x^k}\}_{k=1}^{i}$）。之后，TA 批准合法车辆加入区块链服务并分配匿名的区块链地址。车辆随之从附近的边缘计算节点同步区块。

2）数据提供者上传数据

第一步：共享数据至区块链。数据提供者收集数据，并在驾驶时将数据存储于车内。其中数据主要包括两种类型：一种是车辆传感器探测到的数据；另一种是由用户观测到的数据。如图 5-3(a)-①所示，当一个异常情况（如前方交通事故）被探测到，数据提供者选择该数据并且共享它以挣得车辆代币。车辆生成共享数据段的索引 index，供数据请求者检索，其中 $\mathrm{index}=\{\mathrm{Hash},\mathrm{Metadata}\}$。Hash 是由车辆利用 SHA-256 算法生成的一段字符串；Metadata 是对共享数据段的描述；Metadata 包括数据提供者当前的伪身份、数据的大小、类型、数据描述、存储地址、上传时间和其他内容。

数据提供者 V_x 将会上传索引至区块链，格式定义为

$$V_x \to \mathrm{blockchain}:\mathrm{Tx}_{\mathrm{index}}=\{\mathrm{Hash}\,\|\,\mathrm{Metadata}\} \tag{5-21}$$

式中，$\mathrm{Metadata}=\{\mathrm{PID}_x^k\,\|\,\mathrm{size}\,\|\,\mathrm{type}\,\|\,\mathrm{des}\,\|\,\mathrm{addr}\,\|\,\mathrm{timestamp}\,\|\,\mathrm{other}\}$。

第二步：交易生成。参考图 5-3(a)-②，从数据请求者 V_y 收到共享请求 Req 之后，数据提供者验证 Req 并且生成一笔交易 Tx 作为一个数据共享记录 record。值得一提的是，record 可以被追溯，从而防止未经授权的数据共享。record 形式如下：

$$V_x \to \mathrm{blockchain}:\mathrm{Tx}_{\mathrm{record}}=\{\mathrm{PID}_x^k\,\|\,\mathrm{PID}_y^k\,\|\,\mathrm{Request}\,\|\,\mathrm{timestamp}\} \tag{5-22}$$

第三步：提供共享数据段。如图 5-3(a)-③所示，Tx 被确认打包进区块链之后，数据提供者 V_x 将会向数据请求者 V_y 提供共享数据段 Data。本书中，5G 基站被用于数据传输。V_x 将用当前 V_y 的伪身份对应的公钥 $\mathrm{PK}_{\mathrm{PID}_y^k}$ 加密后的数据包 Package 发送给 V_y，形式如式（5-23）所示：

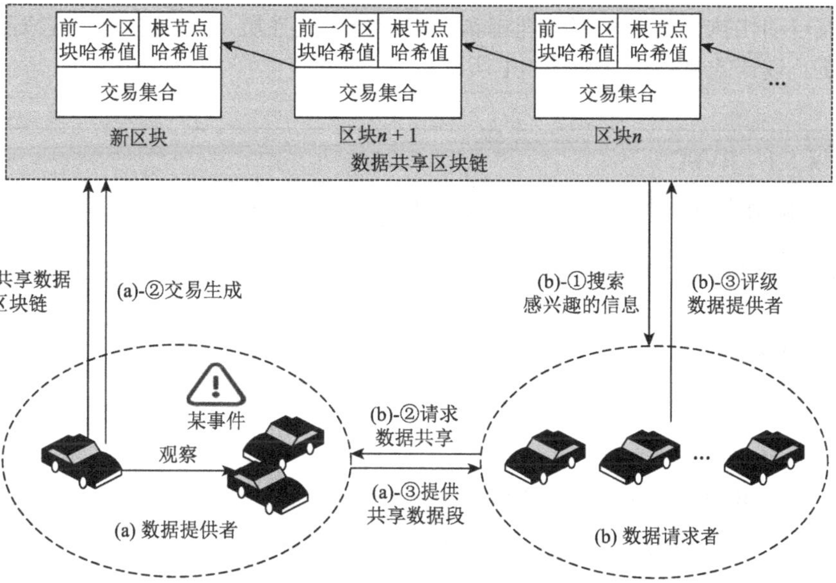

图 5-3　方案流程图

$$V_x \to V_y : \text{Package} = E_{\text{PK}_{\text{PID}_y^k}}\{\text{Data} \| \text{Cert}_{\text{PID}_x^k} \| \text{Sig}_{\text{PID}_x^k} \| \text{timestamp}\} \quad (5\text{-}23)$$

式中，$\text{Sig}_{\text{PID}_x^k} = \text{Sign}_{\text{SK}_{\text{PID}_x^k}}\{\text{Data}\}$。

3）数据请求者获得数据

第一步：搜索感兴趣的信息。如图 5-3(b)-①所示，数据请求者 V_y 检索区块链中的索引 index。然后，可能存在有 M 个数据提供者候选人提供某种类型的数据。V_y 通过区块链找到其他车辆（如 V_z）对候选人（如 V_x）的评级。V_y 计算成功的评级 $\text{rt}_{z\to x}^{\text{suc}}$ 数量和不成功的评级 $\text{rt}_{z\to x}^{\text{unsuc}}$ 数量形成（$\alpha_{z\to x},\beta_{z\to x}$）。$V_y$ 使用信任评分模型选择最佳数据提供者。关于计算信任分的更多细节在信任评分模型管理中给出。一段时间之后，拥有最高信任分的最佳数据提供者能够被找到，即执行 $V_x^* = \arg\max\limits_{x\in M}(\text{TT}_{y\to x})$。

第二步：请求数据共享。如图 5-3(b)-②所示，V_y 向最佳数据提供者 V_x 发送数据共享请求 Req。请求包括时间、请求数据的目的和内容、$\text{Tx}_{\text{index}}^{\text{id}}$ 等。

第三步：评级数据提供者。如图 5-3(b)-③所示，获得数据之后，数据请求者 V_y 可能对本次的数据共享评级为成功的（$\text{rt}_{z\to x}^{\text{suc}} = 1$）或者不成功的（$\text{rt}_{z\to x}^{\text{unsuc}} = -1$）。同时，信任评分管理也应该确保 V_y 基于一次真实的数据共享事件为 V_x 评级。这就使用到了评级验证智能合约（rating verification smart contract，RVSC）。设计的 RVSC 可以自动地验证评级的正确性和真实性。所谓的智能合约是一段驻留在区块链内可被自动化执行的多步骤处理脚本。由于分布式性质，该脚本无法被修改或者被中断。设计的 RVSC 如协议 5.1 所示。

协议 5.1　RVSC

1. 数据请求者 V_y 向矿工发送评级消息以验证和审计。

$$V_y \to \text{blockchain} : \text{Message} = E_{\text{PK}_{\text{PID}^k_{\text{miner}_j}}} \{\text{rt}_{y\to x} \,\|\, \text{Tx}^{\text{id}}_{\text{record}} \,\|\, \text{Cert}_{\text{PID}^k_y} \,\|\, \text{timestamp}\}$$

2. 矿工验证：

For 每个 Message

　if 证书合法 then

　　if $\text{Tx}^{\text{id}}_{\text{record}} \notin \text{ID}_{\text{used}}$ then

　　　if PID^k_y 与 $\text{Tx}^{\text{id}}_{\text{record}}$ 中的 PID^k_y 一致 then

　　　　block ← packageTransaction($\text{rt}_{y\to x}$)　　▷打包评级形成区块

　　　　$\text{ID}_{\text{used}} \leftarrow \text{Tx}^{\text{id}}_{\text{record}}$　　▷加入已用列表

　　　else 发送“PID 不匹配”给 V_y

　　else 发送“已评级”给 V_y

　else 发送“证书无效”给 V_y

RVSC 被来自 V_y 的 Message 所触发。矿工先验证 V_y 的证书，并检查 $\text{Tx}^{\text{id}}_{\text{record}}$ 是否为第一次被使用。为了方便检验，矿工将会维护一个已使用列表 ID_{used}。如果是第一次使用，矿工将进一步检查 V_y 的伪身份是否与 $\text{Tx}^{\text{id}}_{\text{record}}$ 记录的伪身份完全一致。这将确保共享双方的每次数据共享仅可以被评级一次。如果验证通过，矿工将评级交易打包至区块链并在列表 ID_{used} 中存储 $\text{Tx}^{\text{id}}_{\text{record}}$。否则，矿工对 V_y 发送反馈。一段时间之后，V_y 本地更新 V_x 的直接信任分。

4）增强的委托权益证明共识算法

DPoS 已经被证明是一种高效的共识算法，其中用户选择一部分代表节点以轻微的成本便可执行共识过程。此外，最近的几项研究文献还表明 DPoS 适合应用于车联网环境[106, 107]。自然而然地，DPoS 可用于本节研究。

但是，在传统的 DPoS 中，矿工集（代表的一部分）被权益持有者选择，矿工轮流打包交易并生成区块。考虑到当前矿工在其时间间隙内的权力过大，这可能带来安全威胁，如共谋攻击和矿工恶意产生错误区块。面对这些挑战，本节设计了一种增强的 DPoS 共识算法，以权衡效率和安全性。如算法 5.1 所示，共识过程主要包括矿工选举、未验证区块生成、区块验证和确认三个部分。提出的算法主要增强了 DPoS 共识中的矿工选举、区块验证和确认阶段。

矿工选举：首先，想要加入矿工集的车辆会向一个公共账户提交存款。如果矿工行为不当（如在其时间间隙内无法生成块或生成错误块），该存款将被没收。其次，在第 r 轮投票中，车辆（数据提供者或数据请求者）根据本章中的信任分模型对矿工进行投票。前 M 个获得投票数最多的矿工被添加到矿工集 minerSet_r 中，其中 M 是一个奇整数。假设 $M=3f+1$，其中 f 是可能发生故障的矿工节点的最大数量。

未验证区块生成：在 minerSet_r 中的矿工轮流成为领导者，在其时间间隙内生成未验证的区块。

区块验证和确认：leader_i 生成一个未验证区块之后，将会向 minerSet_r 内的其他矿工发送一个共识请求 CReq。矿工审计未验证的区块，并且向 leader_i 返回审计结果 Result。leader_i 收到 CReply，并分析结果。当存在 $2f+1$ 个矿工同意该区块 Block，该区块将会被加入到区块链中。否则，leader_i 重新发布一个新的共识请求 CReq。

算法 5.1　增强的委托权益证明共识算法

procedure 矿工选举

　　while $r \neq 0$ **do**　　▷选择矿工

　　　　$\text{minerSet}_r \leftarrow$ 取投票数排名前 M 个矿工

　　　　$\text{minerSet}_r \leftarrow \text{shuffle}(\text{minerSet}_r)$　　▷打乱序列

　　end while

procedure 未验证区块生成

　　$\text{slot} \leftarrow \text{global\_time\_offset}$　　▷区块间隙

　　$\text{pos} \leftarrow \text{slot} \bmod M$　　▷生成区块领导者编号

　　$\text{leader}_i \leftarrow \text{minerSet}_r[\text{pos}]$

　if $\text{leader}_i = \text{True}$ **then**

　　　generate Unverified Block(key pair of leader_i)　　▷生成未验证区块

　　else skip

　　end if

end procedure

procedure 区块验证和确认

　$\text{minerSet}_r \leftarrow \text{CReq} = \{\text{Block} \| \text{Block}_h \| \text{Hash(Block)} \| \text{Sig}_{\text{leader}_i} \| \text{timestamp}\}$

　$\text{leader}_i \leftarrow \text{CReply}_j = \{\text{miner}_j^{\text{id}} \| \text{Result} \| \text{Sig}_{\text{miner}_j} \| \text{timestamp}\}$

　if $\text{Result} = 1$ **then**

　　$c++;$

　　if $c \geqslant 2f+1$ **then**

　　　Broadcast Block　　▷ 广播区块

　　else Resend new CReq　　▷ 重新发送共识请求

　　end if

　end if

end procedure

5.2.3　安全性分析

本小节将会对基于联盟区块链的车辆间数据共享方案做出详细的安全性分析。首先，分析方案抵御恶意车辆和被妥协的矿工的能力。其次，分析车联网中车辆维护区块链的可行性。最后，将本节方案与他人方案做出详细的对比，对比结果表明本节方案能够满足更多的安全需求。

1. 抵御恶意车辆

1）消息欺骗攻击

恶意车辆可能上传虚假消息，这将导致交通拥堵或事故。在所提出的方案中，使用信任评分模型来防范这一攻击。数据请求者可以选择信任分数最高的最优提供者。信任分数越高意味着数据质量越好。当数据提供者提供不相关数据时，数据请求会降低数据提供者的信任分数，从而产生积极的反馈。此外，由于区块链的不可更改和可追溯的性质，当数据请求者报告提供者上传恶意消息时，TA 可以使用区块链中的数据共享记录作为惩罚它的证据。

2）恶意中伤攻击

恶意车辆可能会产生不公平的信任分数。然而，信任评分模型使用了多辆相邻车辆和可信节点的推荐值来抵御这种攻击。每辆车仅可为一个特定的数据共享事件生成一个信任分数。由于攻击者的数量有限，小部分不公平的信任分数很难改变车辆的总信任分。同时，在共识算法中的矿工选择阶段，恶意车辆可能不会基于信任分数投票给矿工。然而，在投票过程中，每辆车的票数与车辆代币的数量成正比，这在一定程度上限制了攻击者的能力。

2. 抵御被妥协的矿工

1）矿工宕机

矿工可能被破坏或离线，导致无法生成区块。然而，如果矿工不工作，系统将自动转移区块的生产许可给到下一个矿工。这保证了系统的稳定性。此外，在下一轮投票中，被妥协的矿工极有可能被移除。

2）大多数矿工欺诈

如果大多数矿工实施恶意行为，他们可以产生无限数量的分叉。在这种情况下，最长链同步机制将消除分叉。然后，诚实的矿工最终会投票否决未纠正的区块。只要故障节点数不超过 1/3，就能保证系统的可靠性。

3. 车辆的可用性

对于数据共享方案，车辆维护的区块链网络的可用性分析至关重要。在这一小节中，讨论了使用区块链技术的局限性和对在时间敏感场景下的系统的评估。

1）去中心化和可恢复性

该方案是将数据存储在由矿工集维护的联盟链中，其中矿工由车辆选择。车辆将选择受信任的节点，以确保其资产不被损害。与公共区块链中使用的 PoW 和 PoS 等共识机制相比，如表 5-4 所示，增强的 DPoS 共识算法具有更高的事务吞吐量，使得事务能够更快速地被确认，并减少了集中化的动机。

表 5-4　三种共识算法的对比

对比特性	PoW	PoS	增强的 DPoS
缺少中心化动机	×	×	√
更高的交易体量	×	×	√
更快的确认时间	×	×	√
能源高效	×	√	√

此外，每个矿工都保留一个区块链数据的副本。故障节点将由表现良好的矿工更新数据，从而使系统具有可恢复性。

2）区块链的大小

区块链中上传的数据数量有增加的趋势。同步整个区块链和车辆内存储不足可能成为挑战。然而，车辆（数据请求者和数据提供者）不需要同步整个区块链。

它们只需要同步区块头而不是区块体。数据提供者上传数据索引和数据共享记录，而不是完整的传感器数据。车辆将上传最为关键的信息，以获得更多的奖励，从而在源头减少不必要的信息。此外，车辆还可以备份车载数据。这些都提高了区块链网络的可扩展性。

3）生成区块的速度

与其他共识不同，增强的 DPoS 共识具有更快的区块形成速度。此外，在 5G 环境下，车辆通信能力将被极大地改善。通过将联盟区块链与边缘计算相结合，方案可以很好地满足车联网的低延迟要求。

4. 安全性对比

将本节所提出的方案与文献[77]、[108]以及[109]方案进行对比。各个方案的安全性对比见表 5-5。对比结果清晰地表明，只有本节提出的方案在满足去中心化结构的同时，还满足更多的车联网中的安全要求，能够为共享数据提供一定程度的改善。

表 5-5　安全性对比

特性	文献[77]方案	文献[108]方案	文献[109]方案	本节方案
去中心化	×	√	√	√
隐私保护	√	√	√	√
匿名性	√	×	×	√
防篡改和不可伪造	√	√	√	√
可追溯	×	√	√	√
改进数据质量	×	×	×	√

5.2.4　性能分析

本节首先评估所提出的信任评分模型的性能，接着评估了区块链的几个关键指标。本节方案的实验参数将车辆数量设置为 400 辆，矿工节点为 21 个。其主要参数详见表 5-6。

表 5-6　主要参数

参数	值
车辆数	400 辆
矿工节点数	21 个
车辆之间的距离	[100, 500]m

续表

参数	值
哈希算法	SHA-256
Package 大小	900B
Index 大小	96B
Record 大小	96B
Block 大小	1.5MB
a	0.5
τ	0.5

1. 信任评分模型的性能

在提出的信任评分模型中，车辆基于直接信任和间接信任计算数据提供者的总信任分。本节方案将信任分数更新周期设置为 1min，并在 50min 内观察车辆总信任分的变化。

在车辆 V_x 向车辆 V_y 请求数据之前，V_x 将评估 V_y 的信任分。假设 V_x 对 V_y 的信任分为(6, 6)，V_z 对 V_y 的信任分是(6, 6)，V_x 对 V_z 信任分为(25, 5)。如图 5-4 所示，带星号的线表示 V_y 在 on-off 攻击下的总信任分数的变化。V_y 在前 20min 试图把自己伪装成一辆行为良好的汽车，然后在接下来的 20min 里表现不佳，最后又表现得很好。如仿真结果所示，所提出的信任分模型能够很好地抵御 on-off 攻击。由

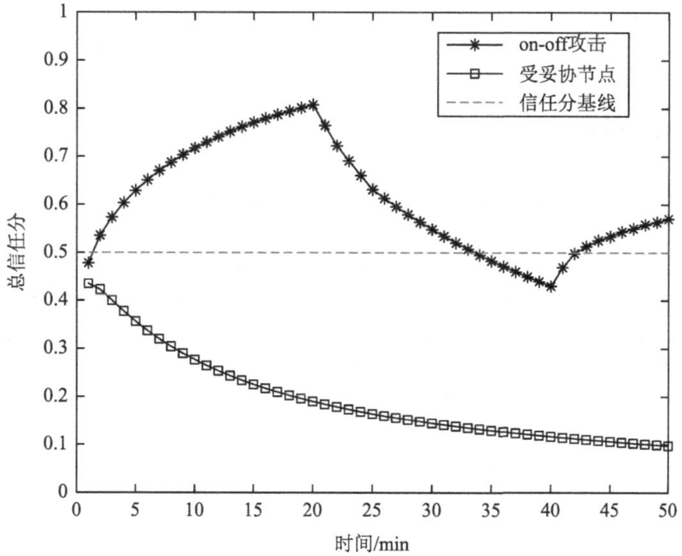

图 5-4　不同情形下信任分的变化

图 5-4 可以看出，当V_y执行不良行为时，总信任分数在短时间内迅速下降。另外，带方框的线表示当V_y被妥协时，总信任分的变化。受妥协的车辆随机地与正常车辆共享数据。由于不良行为事件，V_y的总信任分随时间的推移而不断下降。

对于异常车辆，其总信任得分受到不同不良行为概率的影响。如图 5-5 所示为不同的不良行为概率影响总信任分的情况。发生不良行为的概率越高，异常车辆的平均总信任分越低。因此，信任评分模型有利于及时发现和消除车辆的不良行为。

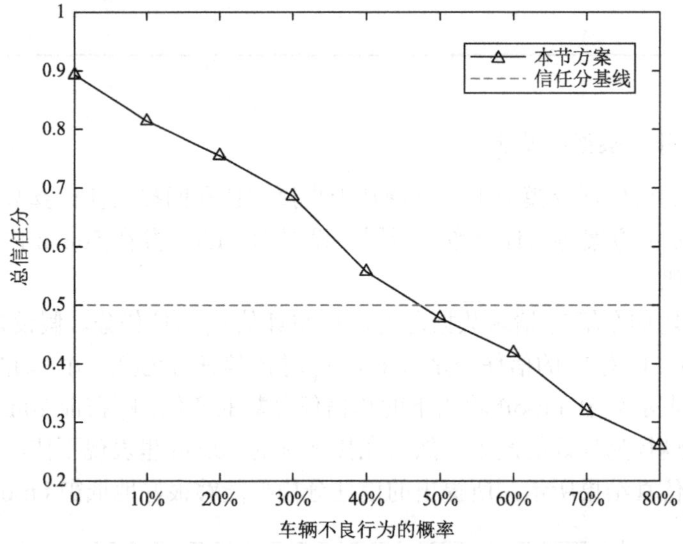

图 5-5 不同不良行为概率下异常车辆的信任分变化

2. 区块链的性能

如表 5-7 所示，本小节评估了区块链的三大关键指标。

表 5-7 区块链的性能对比

对比	比特币平台	以太坊平台	本节方案
区块生成速度	600s	15s	1.5s
交易吞吐量	6.67TPS	25TPS	4000TPS
传输性能	3600s	90s	12s

1）区块生成速度

确定性的矿工选择可以使交易平均只需 1s 的时间被确认。经过测试，提出的方案平均的区块生成间隔是 1.5s，其改进比特币（600s）系统性能 400 倍，以太坊（15s）性能 10 倍。

2）交易吞吐量

最大交易吞吐量受区块大小、交易大小和区块生成间隔三个因素影响，其公式定义如下：

$$\max(\text{throughput}) = \frac{\text{block size}}{\text{trans size} \times \text{interval}} \tag{5-24}$$

在比特币系统中，区块大小限制在 1MB，间隔稳定在 600s。假设交易大小为 250B，因此根据式（5-24），吞吐量为 6.67TPS。以太坊的块大小不固定，但有 Gas 限制。目前，以太坊的理论交易吞吐量为 25TPS。然而，在提出的区块链系统中，块大小为 1.5MB，平均间隔为 1.5s，理论最大吞吐量可达 4000TPS。值得一提的是，交易吞吐量的实际值还会受到网络条件、延迟和其他因素等影响。

3）传输性能

传输性能是指交易的确认速度。通常认为，只有当包含该交易的区块不可颠覆、不可被篡改时，该交易才可被确认。在增强的 DPoS 共识算法中，当一个数据块被 2/3 的矿工确认时，该数据块可以被视为一个不可逆的数据块。因此，在上述的实验设置中，数据块的交易确认时间为 12s。然而，在比特币系统中，区块确认时间为3600s。该DPoS共识过程只在矿工集中执行而不是所有的网络节点。因此，节点达成一致的速度会更快。

5.3　车联网中基于区块链的属性加密技术

5.3.1　系统描述

1. 系统模型

在图 5-6 所示的系统模型中，参与的实体由车辆、路边单元节点（roadside unit，RSU）、可信机构（trust authority，TA）、策略管理中心（policy manager，PM）和星际文件系统（interplanetary file system，IPFS）五个部分组成。每个实体都有不同的功能，其中 RSU 作为矿工节点，负责维护区块链。具体描述如下。

1）车辆

车辆不仅是数据上传者，也是请求者。数据上传者可以加密上传车辆传感器采集到的一些车辆驾驶辅助信息，如道路信息、路况信息、路线信息、性能信息，甚至车主的操作信息等。这些消息将会被共享至拥有访问权限的数据请求者。

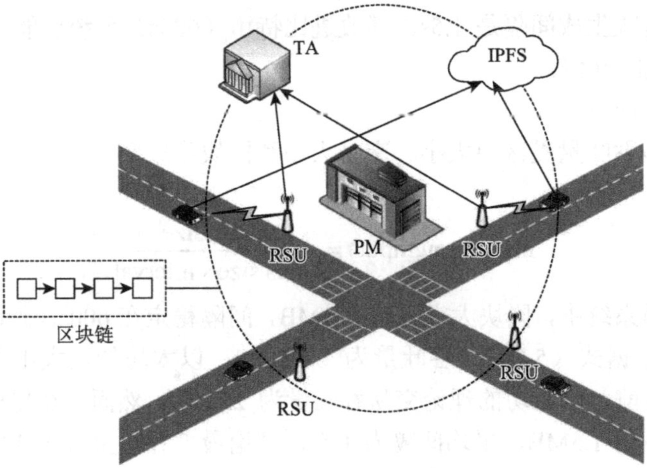

图 5-6　系统模型

2）TA

TA 是车联网中可信的权威机构组织，其主要负责所有的 RSU 和车辆的登记、认证和识别工作。车辆在加入车联网之前，需要取得 TA 的认证。未经 TA 的授权，车辆将不能获得车联网中相关服务的访问权限。同样地，RSU 也需要获得 TA 的认证。

3）PM

车辆将其访问策略备份到 PM。当保存原有策略的本地 RSU 被销毁后，其他 RSU 可以向 PM 请求相应的访问策略。

4）IPFS

IPFS 是一个旨在创建持久且分布式存储和共享文件的网络传输协议。它是一种基于内容寻址存储（content-addressable storage）的对等超媒体分发协议。在 IPFS 网络中的节点将构成一个分布式文件系统。该文件系统可以通过多种方式访问，包括 FUSE 与 HTTP。将本地文件添加到 IPFS 文件系统可使其面向全世界可用。文件的分发采用一个基于 BitTorrent 的协议。其他查看内容的用户也有助于将内容提供给网络上的其他人。基于此，本节方案采用 IPFS 托管车辆上传者的信息。另外，数据上传者用对称密钥将内容的哈希值加密，并与对称密钥一起上传到 RSU。这里的 IPFS 用于存储车辆上传的文件，并确保信息不会被篡改。

5）RSU

RSU 与车辆通过无线连接通信，并与 TA 保持有线连接。在本节方案中，RSU 是一个具有计算和存储能力的节点。同一区域内的 RSU 共同维护区块链。本地控制器充当数据代理，负责管理来自本地数据请求者的数据请求。区域内的其他节点也同步该密文，并将对称密钥记录到区块链中。数据上传者将一些消息外包给 RSU 进行加密，然后这些消息被数据上传者重新加密。每个数据请求者需要某种类型的数据时，就向最近的 RSU 发送请求。请求消息以事务的形式记录在区块链上。

2. 基于存储量的共识机制

在车联网中，车辆是高速移动的节点，PoW、PoS 等共识机制无法满足车辆快速移动的需求。本节将介绍一种基于存储量的共识机制，具体内容如下。

基于存储量的共识机制：基于文献[110]提到的存储量证明共识机制。结合文献[49]提出的激励方案，本节提出了一种新的代币——存储代币（storage-coin），用来奖励在一段时间内做出最大存储贡献的 RSU。这将会激励 RSU 贡献存储空间。这些代币由车辆支付给 RSU，可以用于电子收费（electronic toll collection，ETC）或路边加油。

3. 安全性假设

为了保证本章系统的安全，本节做了以下安全假设。

假设 1：在本节的系统中，假设不满足访问策略和访问利益的用户为非法用户。包括已在 TA 注册的用户和尚未注册的用户。

假设 2：RSU 为半信任状态。这意味着它将准确地执行每一个任务，但数据可能会被销毁，或者它可能会拒绝合法用户访问数据。在本节的假设中，属性管理中心和 TA 是完全可信的。

4. 安全性目标

（1）保密性和访问控制：为了保证传输数据的安全性，方案应保证只有属性满足访问策略的用户才能解密密文。

（2）隐私保护：除 TA 和属性管理中心外，其他任何实体都无法获取车辆的真实身份。

（3）可追溯性：车辆上传的信息可通过区块链记录的内容进行追溯。

（4）区块链的安全性：通过对存储共识算法的证明，可以保证区块链的安全性。

5. 系统流程

系统流程分成两部分，分别为上传过程和下载过程，具体流程如下。

1）上传过程

系统初始化后，TA 首先为每个实体注册，然后分发公私钥对给每个实体。类似地，对于那些已注册的车辆，本地 TA 分配相应的兴趣集。这些兴趣集可以满足请求者的需求，从而提供更有针对性的服务。车辆获得一系列密钥后，首先使用对称密钥 st 加密消息，然后上传加密后的密文 $\langle c,T\rangle$ 给附近的 RSU 节点，如式（5-25）所示：

$$c = E_{\mathrm{st}_{v_i}}(m \| t) \tag{5-25}$$

IPFS 存储这些密文、车辆请求存储散列和密钥消息，RSU 根据上传者定义的策略和 TA 定义的车辆属性进行第一步外包加密。从 RSU 处接收到 $\{E_{\mathrm{RSU}}.\mathrm{ABE(st)}, \mathrm{index}_{\mathrm{addr}}\}$ 后，车辆重新加密对称密钥。基于属性加密完成两步流程，实现对消息的细粒度访问控制。车辆将发出最终消息 $\{E_{v_i}.\mathrm{ABE(st)}, \mathrm{timestamp}\}$ 给 RSU，RSU 根据存储量共识机制选择唯一的节点在区块链上记录这些消息。这些信息包括 $\{E_{v_i}.\mathrm{ABE(st)}, \mathrm{index}_{\mathrm{addr}}, \mathrm{timestamp}\}$ 和上传事务 $\mathrm{TX}_{\mathrm{upload}}$。过程如图 5-7 所示。

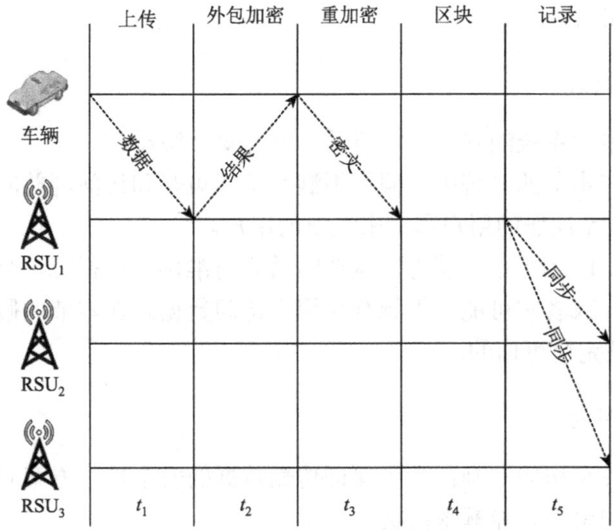

图 5-7　车辆消息上传流程

2）下载过程

当车辆根据其兴趣请求数据时，车辆首先发送一个请求 $\{\mathrm{Req}, t\}$ 给 RSU，车辆认证通过后，RSU 根据属性 attr 和车辆发送的兴趣 t 对数据进行解密，RSU 将记录请求事务 $\mathrm{TX}_{\mathrm{req}}$，随后 RSU 将密文 $\{D_{\mathrm{RSU}}.\mathrm{ABE(st)}, \mathrm{index}_{\mathrm{addr}}\}$ 发送给车辆，车辆再解密该密文。通过对称密钥 st 和索引地址 $\mathrm{index}_{\mathrm{addr}}$，车辆可以从 IPFS 中获取密文 c。如式（5-26）所示：

$$m \| t = D_{\mathrm{st}_{v_i}}(c) \tag{5-26}$$

最终，车辆解密消息 m。

5.3.2 基于区块链的车辆数据属性加密方案

在本小节中，将描述文献[111]提出的车联网中基于区块链的车辆数据属性加密方案的具体步骤，该方案可以通过外包加密方法对车辆数据进行属性加密并将事务记录在区块链中，该方案适用于车联网中车辆间细粒度的数据共享。具体来说，在系统设置和注册之后，授权方 TA 向每个车联网节点发布初始化值。节点基于初始化值生成公私钥对。该方案共分为五个阶段：系统初始化、RSU 外包加密、车辆加密、RSU 外包解密和车辆解密阶段。本节方案所用主要符号与定义如表 5-8 所示。

表 5-8　本节方案中使用的主要符号和定义

符号	定义
v_i	第 i 辆车
L_i	第 i 块区域
$i \leftrightarrow j$	实体 i 与实体 j 通信
$X_i \parallel X_j$	实体 X 的元素 i 连接到元素 j
RSU_i	第 i 个 RSU
attr	车辆的一组属性
I	一组用于上传者和请求者的兴趣集
t	兴趣集 I 的一个兴趣
$E_{\mathrm{st}_x}(m)$	消息 m 由实体 x 通过对称密钥 st 加密
$D_{\mathrm{st}_x}(m)$	消息 m 由实体 x 通过对称密钥 st 解密
$E_x.\mathrm{ABE}(m)$	消息 m 是根据实体 x 的属性对 x 加密的
$D_x.\mathrm{ABE}(m)$	消息 m 是根据实体 x 的属性对 x 解密的
T	访问策略树
timestamp	数据的唯一标识，也就是某一时刻的时间

1. 密码学定义

（1）设置 $\mathrm{Setup}(k)$：TA 以 k 为输入，运行设置算法，然后取 MSK、PK 作为输出。

（2）密钥生成算法 $\mathrm{KGen}(\mathrm{MSK},\mathrm{PK},A,t)$：系统运行密钥生成算法，以 MSK、PK、属性 A 和订阅兴趣集 t 为输入，输出密钥 sk。

（3）RSU 加密算法 RSU.Encrypt(PK,T)：RSU 运行加密算法将公钥 PK 和属性策略 T 作为输入，然后将 ct′ 作为输出。

（4）车辆加密算法 Vchicle.Encrypt(m,ct′,PK)：车辆运行加密算法，将消息 m、密文 ct′、公钥 PK 作为输入，并输出 ct。

（5）RSU 解密算法 RSU.Decrypt(ct,sk_0)：如果车辆的属性满足属性策略 T，并且兴趣集也相匹配，则 RSU 运行解密算法，以密文 ct 和 sk_0 为输入，然后以密文 ct_0 为输出。

（6）车辆解密算法 Vehicle.Decrypt(ct_0,sk)：该解密算法由车辆运行，以密文 ct_0 和 sk 为输入，车辆输出消息 m。

2. 系统初始化

系统建立：由 TA 执行设置算法来构造一个双线性映射 $e: G_0 \times G_0 \to G_1$，其中 G_0 是 p 素数的加法循环群，G_1 是素数 p 的乘法循环群。TA 从 G_0 中选择 P 和 Q，随机选择两个数字 a 和 b，其中 $a,b \in Z_p$。TA 选择如下哈希函数：

（1）$H_1: \{0,1\}^* \to G_0$；

（2）$H_2: G_0 \to Z_p^*$；

（3）$H_3: \{0,1\}^* \to Z_p^*$；

（4）$H_4: G_0 \to Z_p^*$。

系统公钥 PK 和系统主密钥 MSK 也是由 TA 生成的。具体地，其中各参数的集合为 $\text{PK} = (P, Q, aP, bQ, e(P,P)^{ab})$，$\text{MSK} = a,b$。

密钥生成：TA 运行 KGen 算法，并为每辆车选择独特的秘密值 $\alpha, \beta \in Z_p$，假设属性集为 A，对于每个属性 $j \in A$，TA 将随机选择 $r_j \in Z_p$。假设 t 是一个订阅兴趣，I 是一个订阅兴趣集，$t \in I$。然后 TA 输出对应车辆的密钥 sk。式（5-27）展示具体的密钥生成过程。

$$\begin{aligned} \text{sk} = (D = (a + \beta b)P, D_1 = \beta P + \alpha Q, D_2 = \alpha P, \{\tilde{D}_j \\ = \beta bP + r_j (H_1(j) + H_4(t)), \tilde{D}_j' = r_j P\}_{j \in A}) \end{aligned} \tag{5-27}$$

车辆首先使用随机对称密钥加密消息 st，其中对称密钥 $\text{rs} \in G_1$，假设对称加密算法为 SE，因此加密后的密文可以表示为 $C = \text{SE}_{\text{rs}}(\text{st})$。然后，车辆将待上传的访问策略 T 上传到 RSU。

3. RSU 外包加密

RSU 运行加密算法实现外包加密。RSU 根据上传的访问策略树 T，选择一个多项式 q_x，x 是访问树 T 上的一个节点。多项式从根节点 R 开始，自顶向下选择。假设 d_x 是 q_x 的度数，$\forall x \in T, d_x = k_x - 1$，其中 q_x 比阈值 k_x 小 1。当策略树的根节

点为 R 时，如果 x 为 R，那么对 $s \in Z_p$，当策略树的度为 d_R 时，RSU 可以选择多项式 $q_R(0)=s$。当 y 是 x 的子节点时，对 $\forall y$，$q_y(0)=q_x(\text{index}(y))$。式（5-28）展示了外包加密的具体实现。

$$\text{ct}'=(T, C_3'=sbP, C_4'=sbQ, \{\tilde{C}_y=q_y(0)P, \tilde{C}_y'=q_y(0)H_1(\text{attr}_y)\}_{y\in Y}) \tag{5-28}$$

其中，Y 是 T 中的叶子节点的集合。

4. 车辆加密

当车辆接收到外包密文 ct′ 时，首先它要判断 $e(C_3',Q)$ 与 $e(C_4',P)$ 是否相等。并且根据每个属性 attr_y 判断 $e(\tilde{C}_y, H_1(\text{attr}_y))$ 与 $e(C_y',P)$ 是否相等。当两个方程都为真时，车辆开始运行车辆加密算法。车辆随机选择 $\varphi \in Z_p$，然后有

$$\begin{cases} C_1=\text{rs}\cdot e(P,P)^{a\varphi} \\ C_2=\varphi P \\ C_3=C_3'+\varphi bP=(s+\varphi)bP \\ C_4=C_4'+\varphi bQ=(s+\varphi)bQ \end{cases} \tag{5-29}$$

然后车辆输出密文 ct。其中

$$\text{ct}=(\text{SE}_{\text{rs}}(\text{st}), C_1, C_2, C_3, C_4, \{\tilde{C}_y=q_y(0)P, \tilde{C}_y'=q_y(0)[H_1(\text{attr}_y)+H_4(t)]\}_{y\in T}) \tag{5-30}$$

当目标车辆请求访问消息时，该车辆首先随机选取一个 $\lambda \in Z_p$ 并且输出一个外包密钥 sk′：

$$\text{sk}'=(D_1'=\lambda D_1, D_2'=\lambda D_2, \{\tilde{E}_j=\lambda\tilde{D}_j, \tilde{E}_j'=\lambda\tilde{D}_j'\}_{j\in A}) \tag{5-31}$$

车辆将 sk′ 发送到 RSU。RSU 帮助车辆外包解密，然后将最终的密文发送给车辆，由车辆解密。

5. RSU 外包解密

RSU 首先使用 sk′ 运行解密算法。对所有的节点 x 的子节点 z，运行算法 DecryptNode(ct,sk′,z)，并以 F_z 来存储输出。在 DecryptNode(ct,sk′,x) 算法中，x 是一个输入。如果 x 是叶子节点、$i=\text{attr}_x$，并且 $i \in A$，则有

$$\begin{aligned} \text{DecryptNode}(\text{ct},\text{sk}',x) &= \frac{e(\tilde{E}_i, \tilde{C}_x)}{e(\tilde{E}_i', \tilde{C}_x')} \\ &= \frac{e(\lambda\beta bP+\lambda r_i(H_1(i)+H_4(t)), q_x(0)P)}{e(\lambda r_i P, q_x(0)(H_1(\text{atr}_x)+H_4(t)))} \\ &= e(P,P)^{\lambda\beta b q_x(0)} \\ &= F_x \end{aligned} \tag{5-32}$$

如果$i \notin A$，那么DecryptNode(ct,sk′,x)返回失败标识⊥。当$F_z \neq \perp$时，定义S_x为节点x的一个子节点。$S'_x = \text{index}(z : z \in S_x)$并且$j = \text{index}(z)$。

$$\begin{aligned} F_x &= \prod_{z \in S_x} F_z^{\Delta_{j,S'_x}(0)} \\ &= \prod_{z \in S_x} e(P,P)^{\lambda\beta b q_x(\Delta_{j,S'_x(0)} j)} \\ &= e(P,P)^{\lambda\beta b q_x(0)} \end{aligned} \tag{5-33}$$

当属性树中的所有属性T都满足时，则有

$$\begin{aligned} F_R &= \text{DecryptNode}(\text{ct},\text{sk}',R) \\ &= e(P,P)^{\lambda\beta q_R(0)} \\ &= e(P,P)^{\lambda\beta s} \end{aligned} \tag{5-34}$$

然后，RSU将执行以下公式的计算：

$$\begin{aligned} B &= \frac{e(D'_1, C_3)}{e(D'_2, C_4)} \\ &= \frac{e(\lambda\beta P + \lambda\alpha Q, (s+\varphi)bP)}{e(P,P)^{\lambda\beta bs}} \\ &= e(P,P)^{\lambda\beta(s+\varphi)b} \end{aligned} \tag{5-35}$$

并且有

$$M = \frac{B}{F_R} = \frac{e(P,P)^{\lambda\beta(s+\varphi)b}}{e(P,P)^{\lambda\beta bs}} = e(P,P)^{\lambda\beta b\varphi} \tag{5-36}$$

因此，如果车辆满足所有的属性要求，并且订阅的兴趣集满足要求，RSU将为车辆生成一个结果$\text{ct}_0 = (C, C_1, C_2, M)$。

6. 车辆解密

当车辆接收到ct_0时，它用特殊参数λ运行车辆解密算法并解密对称密钥rs，然后车辆解密密文。

$$\begin{aligned} \text{rs} &= \frac{C_1 \cdot (M)^{\frac{1}{\lambda}}}{e(C_2, D)} \\ &= \frac{\text{rs} \cdot e(P,P)^{a\varphi} \cdot e(P,P)^{\beta b\varphi}}{e(\varphi P, (a+\beta b)P)} \\ &= \frac{\text{rs} \cdot e(P,P)^{a\varphi} \cdot e(P,P)^{\beta b\varphi}}{e(P,P)^{a\varphi} \cdot e(P,P)^{\beta b\varphi}} \end{aligned} \tag{5-37}$$

车辆解密得到rs后，即可解出密文对应的明文。此时，车辆已经获得了信息。如果一个地区中的车辆v_i想要访问另一个地区的车辆v_x上传的信息，如图5-8所示。

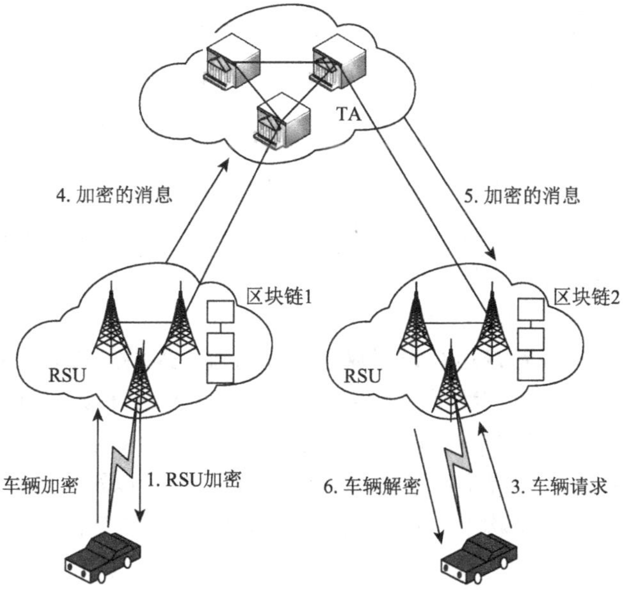

图 5-8　车辆跨区域数据共享

图 5-8 包括步骤 1～6，具体如下。

步骤 1：$\mathrm{RSU}_j \xrightarrow{E_{\mathrm{RSU}_j}.\mathrm{ABE}} v_j$。

步骤 2：$v_j \xrightarrow{E_{v_j}.\mathrm{ABE(st)}} \mathrm{RSU}_j$，然后 RSU_j 把此过程记录在区块链上。

步骤 3：$v_i \xrightarrow{\mathrm{Req}} \mathrm{RSU}_i$。

步骤 4：$\mathrm{RSU}_i \xrightarrow{\mathrm{sk}'} \mathrm{TA}_i$，$\mathrm{TA}_i \xrightarrow{\mathrm{sk}'} \mathrm{TA}_j$，$\mathrm{TA}_i \xrightarrow{\mathrm{sk}'} \mathrm{RSU}_j$，其中 RSU_i、TA_i 在 L_i 地区，RSU_j 和 TA_j 在 L_j 地区。

步骤 5：$\mathrm{RSU}_j \xrightarrow{m'} v_i$，其中 $m' = \langle D_{\mathrm{RSU}}.\mathrm{ABE(st)}, \mathrm{index}_{\mathrm{addr}} \rangle$，$D_{\mathrm{RSU}}.\mathrm{ABE(st)} = \mathrm{ct}_0$。

步骤 6：$\mathrm{st} = D_{\mathrm{rs}_{v_i}}(E_{\mathrm{rs}_{v_j}}(\mathrm{st}))$，$m = D_{\mathrm{st}_{v_i}}(E_{\mathrm{st}_{v_j}}(m))$。

5.3.3　安全性证明与分析

1. 安全性证明

本节主要分为选择明文攻击安全的安全性证明和定性的安全性分析。

选择明文攻击安全与外包解密的 CPA-ABE 方案被描述为挑战者和敌手之间的游戏。CPA 安全游戏如下。

定义 5.1　如果敌手在游戏的所有多项式时间内的优势都是可忽略的，那么可以被认为 CP-ABE 方案是安全的。

定理 5.1 假设不存在具有不可忽略优势的多项式时间使得敌手可以破坏CP-ABE 的安全性，这样就不会有敌手以不可忽视的优势 $\mathcal{A}\text{dv}=\left|\Pr[b=b']-\frac{1}{2}\right|$ 破坏相应的系统。

证明 假设敌手 $\mathcal{A}$ 以不可忽视的优势赢得了攻击游戏，敌手 $\mathcal{A}$ 将以不可忽视的优势解决问题。首先，在进攻游戏中设置了挑战者 $\mathcal{B}$。挑战者 $\mathcal{B}$ 是由模拟器实现的。挑战者 $\mathcal{B}$ 可以用 CP-ABE 的类似游戏。CP-ABE 方案安全模型由五个步骤组成：设置、阶段 1、挑战、阶段 2、猜测。

（1）设置：挑战者 $\mathcal{B}$ 运行设置算法，并向敌手提供公共参数 PK。

（2）阶段 1：当收到敌手 $\mathcal{A}$ 针对属性集 $S_1,\cdots,S_{q_1}$ 的私钥查询时，挑战者通过运行属性密钥生成算法产生相应的私钥 SK_i，并发送 SK_i 给敌手 $\mathcal{A}$ 作为回应。

（3）挑战：敌手 $\mathcal{A}$ 提交两条等长的消息 M_0、M_1，以及兴趣 t。此外，敌手 $\mathcal{A}$ 给出了一个挑战访问结构 $\mathbb{T}$，这样就没有从阶段 1 中的集合 $S_1,\cdots,S_{q_1}$ 满足该访问结构。

挑战者 $\mathcal{B}$ 随机选择一个比特位 $b\in\{0,1\}$，并在访问结构 $\mathbb{T}$ 下加密消息得到 M_b。接着将密文 CT^* 发给敌手 $\mathcal{A}$。

（4）阶段 2：重复阶段 1，同时规定没有属性集 $S_{q_1+1},\cdots,S_q$ 满足了访问结构所对应的挑战。

（5）猜测：若敌手 $\mathcal{A}$ 输出的猜测 $b'\in\{0,1\}$ 有 $b=b'$，则敌手赢得本次游戏。敌手 $\mathcal{A}$ 在这个游戏中的优势可被定义为 $\mathcal{A}\text{dv}=\left|\Pr[b=b']-\frac{1}{2}\right|$，其中概率是挑战者 $\mathcal{B}$ 和敌手 $\mathcal{A}$ 使用的随机比特。

2. 安全性分析

从以上的安全证明可以知道，本节的外包加密方案是安全的。另外，基于区块链的不可篡改的特点，保证了区块链上记录的内容也是安全可靠的，从而保护了信息的完整性。此外，事务记录在区块链上，可用于跟踪和审计。根据现阶段存在的问题，本节方案与文献[112]和[113]方案进行了功能对比分析。从表 5-9 可以看出，本节的方案比文献[112]和[113]方案更全面。

表 5-9 功能比较

特性	文献[112]方案	文献[113]方案	本节方案
可信实体	RSU	AAS, CA	TA, PM
隐私保护	$P_1\cup P_2$	$P_1\cup P_2$	$P_1\cup P_2$
可追溯性	$t_1\cup t_2$	t_2	t_2

续表

特性	文献[112]方案	文献[113]方案	本节方案
可更新性	U_d	U_p	$U_d \cup U_p$
机密性	S_1	$S_1 \cup S_2$	$S_1 \cup S_2$

设 P_1、P_2 分别表示消息隐私保护和身份隐私保护。这三种方案都实现了对消息隐私和身份隐私的保护。让 t_1 表示消息可追溯性，t_2 表示身份可追溯性。文献[112]方案实现了身份和消息的可追溯性。文献[113]方案和本节方案可以实现身份可追溯性。本节假设数据更新功能分为消息更新功能和访问策略更新功能。设 U_d 表示消息更新能力，U_p 表示访问策略更新能力。文献[112]方案实现了消息更新能力，文献[113]方案实现了访问策略更新能力。本节方案可以同时实现消息更新和访问策略更新功能。让 S_1、S_2 分别表示上传消息的保密性和身份的保密性。文献[112]方案只实现了上传消息的机密性。文献[113]方案和本节方案同时实现了消息机密性和身份机密性。

机密性：本节方案采用了基于密文策略的属性加密（CP-ABE）方案。因此，加密的消息可以由上传者定义。这样，上传者控制请求者，数据的访问权限由上传者主动控制。而且，对称密钥是基于属性进行加密的，并且上传的消息已经通过对称密钥进行加密，从而实现了消息的保密性。

隐私保护：车辆的真实身份信息等信息都记录在 TA 中。消息的地址索引存储在区块链上，由 TA 签名验证。对于其他车辆、RSU 而言，车辆的隐私严格保密。

可追踪性：当车辆与 RSU 通信时，其身份已被验证。如果车辆上传的消息是假的，上传的消息交易将记录在区块链中。如果发生事故，它可以精确地追踪到消息的上传者，然后离线追究责任。对于请求者，请求的消息也记录在区块链上。区块链不仅保证了密文的安全性，而且记录了每个消息请求者，防止了消息的滥用。

区块链的安全性：敌手根据区块链中的共识机制进行攻击，从而修改相应数据。例如，PoW 机制中，假如存在两条链，一条是诚信链而另一条是攻击链，二者互相竞争，当恶意敌手伪造的攻击链比诚实链长时，可以认为攻击成功。假设敌手补偿的链长为 m，则成功的概率为

$$q_m = \begin{cases} 1, & p \leqslant q \\ \left(\dfrac{q}{p}\right)^m, & p > q \end{cases} \tag{5-38}$$

式中，p 表示诚实节点成为矿工的概率；q 表示敌手成为矿工的概率，$p+q=1$；

q_m 表示敌手成功补偿 m 块长度的概率。当诚实节点生成一个新的块时，其期望值如下：

$$\lambda = m \cdot \frac{q}{p} \tag{5-39}$$

因此，敌手的链长大于诚实节点的概率，即将上述两个公式相乘。敌手成功的概率为

$$\begin{aligned} p_a &= \sum_{k=0}^{+\infty} \frac{\lambda^k \cdot \mathrm{e}^{-\lambda}}{k!} \cdot \begin{cases} \left(\dfrac{q}{p}\right)^{(m-k)}, & k \leqslant m \\ 1, & k > m \end{cases} \\ &= 1 - \sum_{k=0}^{m} \frac{\lambda^k \cdot \mathrm{e}^{-\lambda}}{k!} \cdot \left(1 - \left(\frac{q}{p}\right)^{(m-k)}\right) \end{aligned} \tag{5-40}$$

通过概率 P_a 与区块链长度 m 的关系，可以得出，当 $m=6$ 时，敌手需要掌握整个网络计算能力的 50%才能控制整个网络。因此，当区块链长度达到 6 时，区块链可以实现抗篡改。

5.3.4　性能分析

BC-ABE 系统的密码学实验的主机处理器为 3.4GHz，内存为 8GB，操作系统为 Windows7 操作系统。将本节所介绍方案与文献[114]和[115]方案进行对比。外包加密以相同的密文长度执行。车辆加密时间比较如图 5-9 所示。

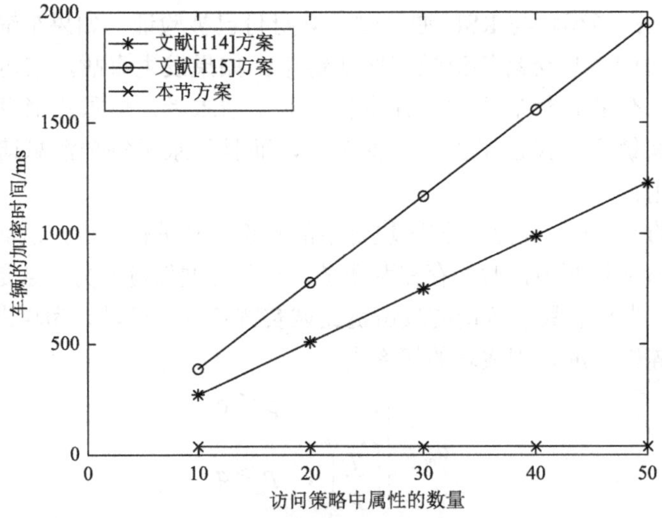

图 5-9　车辆加密时间比较

从图 5-9 的计算开销可以看出，BC-ABE 方案优于文献[114]和[115]方案。随着属性数量的增加，被对比的两种方案的时间开销都线性增加。从图 5-9 可以看出，BC-ABE 方案的时间开销最小，性能最好。原因是车辆只需要对会话密钥进行对称加密。BC-ABE 方案的计算模型由车辆外包给 RSU 对消息进行加密，然后车辆进行加密。因此，车辆执行加密操作的时间成本与访问策略中属性的数量并不呈正相关关系。

此外，当车辆接收到由 RSU 发来的密文时，解密时间开销如图 5-10 所示。文献[114]和[115]方案的时间开销非常接近，并且呈线性增长趋势。BC-ABE 方案是由车辆将消息外包给 RSU 进行解密，然后车辆进行解密。因此，本节方案的时间开销更低。此外，为了讨论本节方案的可行性，本节还在以太坊测试网络 Rinkeby 上实现了该方案。实现细节如下。

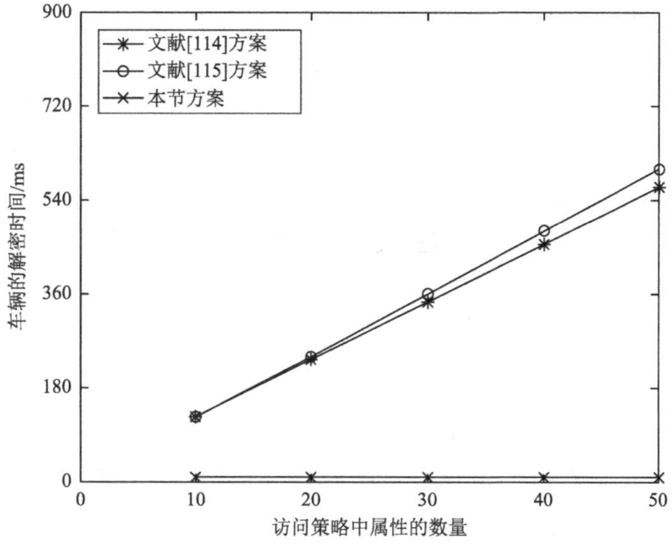

图 5-10　车辆解密时间比较

测试中，使用 MetaMask 生成两个账户（RSU、车辆），随后切换到车辆的账户。

如图 5-11 所示，本章使用 Remix 部署智能合约并获取其地址。

BC-ABE 方案模拟车辆向 RSU 发送一个事务。存储在智能合约中的交易标识是十进制的，RSU 和车辆的地址分别是 0xca35b7d915458ef540ade6068dfe2f44e8fa733c 和 0xba8dcla692093d8abd34e12aa05a4fe691121bb6。在用于检索事务数据之前应该将其转换为十六进制（图 5-12）。

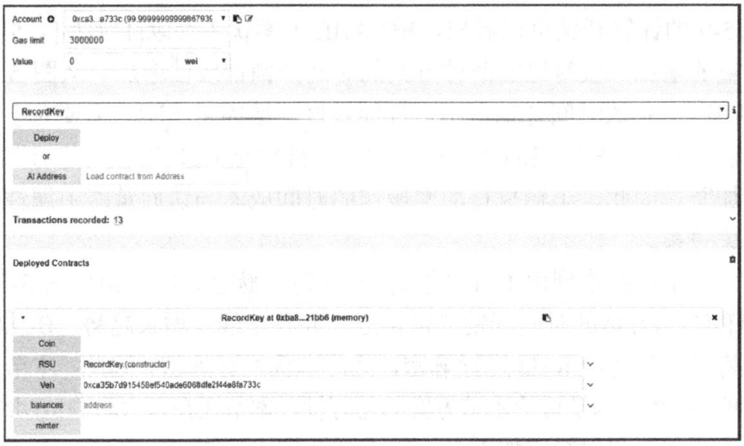

图 5-11　BC-ABE 方案的智能合约的部署

transaction hash	0xa b824006328f326c1 a7a1 d42cfd8c3cdfdfe59d054b539c67c670 571453d971
from	0xca35b7d915458ef540ade6068dfe2f44e8fa733c
to	RecordKey. minter() 0xba8dc1 a692093d8abd34e12aa05a4 fe6911 21bb6
transaction cost	21824 gas (Cost only applies when called by a contract)
execution cost	552 gas (Cost only applies when called by a contract)
hash	0xa bb8a006328f326c1 a7a1 d42cfd8c3cdfdfe59d054b539c67c670 571 453d971
input	0x075. . . 46172
decoded input	{}
decoded output	"0": "address: 0x0000000000000000000000000000000000000000000000000" }
logs	[]

图 5-12　BC-ABE 方案中车辆与 RSU 之间的交易

此外，本节利用 Omnet++[47]对车辆丢包率进行了仿真实验。Omnet++是 C++仿真库，可以构建支持有线网络和无线自组网仿真的网络模拟器。仿真参数如表 5-10 所示。

表 5-10　BC-ABE 方案仿真参数

参数	数值
仿真范围	$2500\times2500\text{m}^2$
传输功率	50mW
灵敏度	−89dBm
最大干扰距离	2600m
使用通道	CCH

图 5-13 展示了当车速最高为 20m/s 时，本节方案的丢包率随消息数量（消息大小为 384B）的增加而增加。实验表明，随着消息数量的增加，车辆的丢包率也呈现出增加的趋势。如图 5-14 所示，当车速分别为 30m/s 和 40m/s 时，RSU 的丢包率整体上随着数据包数量的增加而增加。图 5-14 中出现拐点的原因与 VANET 中的 MAC 层数据包封装机制有关。总体来说，丢包率不超过 1%，说明该网络的数据传输是有效的。

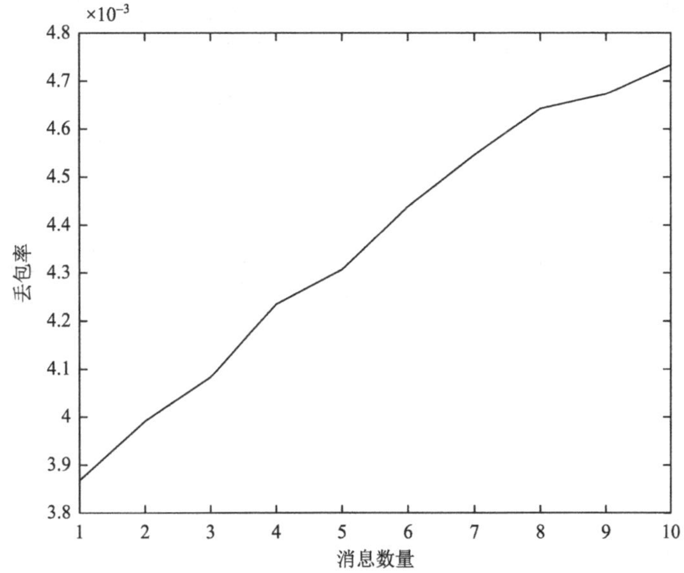

图 5-13　BC-ABE 方案中车辆丢包率实验

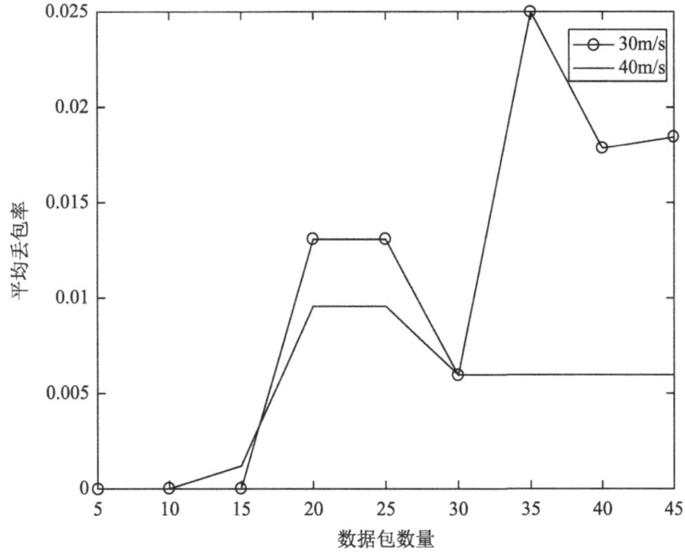

图 5-14　BC-ABE 方案中 RSU 丢包率实验

5.4 本章小结

随着 5G 通信技术研究的不断深入，车载应用服务日趋丰富多样，车辆间交互所产生的数据量也呈爆炸式增长趋势。为了实现安全的数据共享服务，前人做出了大量的研究工作。但是，现有的基于云数据中心的集中式数据管理研究已不再能够满足日益增长的车联网中的数据共享服务需求。因此，分布式的、可控的、可管理的智能交通系统生态的研究将会是未来车联网的趋势之一。由于区块链技术具有去中心化、可追溯和不可更改等优势，针对现有方案的不足，本章在前人工作的基础上，开展了基于区块链的创新性研究。本章首先介绍了区块链技术的基本概念；接着介绍了车联网中基于联盟区块链的车辆间数据共享方案，并分析了该方案的安全性和性能；最后介绍了车联网中基于区块链的属性加密方案，其实现了数据共享服务的细粒度的访问控制。

第6章　车联网位置隐私保护技术

车联网的发展为用户的出行提供了便利，用户在行驶过程中会发送位置消息以提高驾驶体验，然而由于消息是通过无线形式进行传输的，势必会带来极大的威胁。一旦攻击者窃听到这些消息，就可以根据内容推测用户的个人隐私，从而导致用户的个人安全隐私受到威胁。因此，本章介绍车联网位置隐私的基本概念及安全策略；接着介绍一种灵活的位置隐私保护方案，车辆可以随时地动态产生虚拟位置以混淆行驶轨迹，达到位置隐私保护的目的；最后本章还介绍了一种基于车辆移动规律性的个性化位置隐私保护方案。

6.1　位置隐私基本概念及安全策略

6.1.1　位置隐私基本概念

典型的位置隐私系统结构有两种：安全信息模型和基于位置服务（location-based service，LBS）模型[116]。安全信息模型指的是车辆在行驶过程中会广播安全信息，而这些安全信息则会包含车辆的位置；LBS 模型指的是车辆在行驶过程中会向 LBS 服务器请求基于位置的服务，其中也包含位置信息。显而易见，攻击者一旦窃听到这两种消息，就可以根据车辆的身份、位置和时间等信息，获取车辆的实时位置，推测出车辆的移动轨迹，得到车主的个人隐私，如车辆经常访问的地址可能是车主的家庭住址、工作单位等，从而对用户进行跟踪甚至入室盗窃等，危害用户的人身安全。

6.1.2　攻击者模型

位置隐私保护方案中考虑的攻击者主要是全局被动攻击者（global passive adversary，GPA），它可以窃听车辆广播的安全消息和 LBS 消息，并随时跟踪特定的车辆。在实际场景中，GPA 是一个配备有窃听设备的外部攻击者[117]。其中，全局指的是攻击者能够窃听网络中所有的消息；被动是指攻击者不能主动攻击合法的通信工具和实体，只能被动地窃听通信。很明显，也存在其他攻击方式，如使用摄像机监控车辆。然而，这些方法的成本较高，攻击者必须承担相应的代价来实施跟踪。

6.1.3 位置隐私保护方法

在关于车联网中位置隐私的研究领域，现有的一些保护隐私的策略主要可以分为几种类型，分别是 k 匿名、假名、空间模糊和坐标转换、位置伪造。

1. *k* 匿名

k 匿名的概念是由 Samarati 等在 1998 年提出的[118]，并在 2003 年被用于位置隐私保护中[119]。k 匿名的主要思想是用户在发送 LBS 请求时使用一个包含其位置的模糊区域代替精确的位置，而且该模糊区域中还包含其他 $k-1$ 个用户。k 匿名是一种广泛的隐私保护策略，除了应用于位置隐私保护的领域，还可以用于数据挖掘等其他研究领域。它保证了在 k 个目标的集合中，被保护的目标与其余 $k-1$ 个目标是不能相互区分的。所以考虑车辆均匀分布的前提下，使用 k 匿名后追踪到某一目标车辆的概率是 $1/k$。另外，后来的一些研究方案对 k 匿名的基本概念进行了扩展以提升位置隐私安全。例如，将增强的 k 匿名与时空隐身结合，被称为 (k,δ) 匿名。其思想是在用户发送位置信息之前将至少 k 个用户的轨迹定位于一个半径为 $\delta/2$ 的“空间隧道”内。

2. 假名

假名是目前常用的位置隐私保护方法之一。车辆在行驶的过程中，使用假名来广播消息而不是使用真实身份，且这些假名并不能反映车辆的真实身份信息，从而使得攻击者无法获取发送消息的车辆的真实身份[120-122]。

假名通常是由 TA 生成，即车辆在行驶之前会向 TA 请求一定数量的假名，每一个假名都带有证书，以证明假名的合法性。同时，车辆收到假名信息后，会将其存储在车辆内部的假名池中。车辆在行驶过程中发送包含位置的消息时，将附带假名和假名证书，其他实体在收到消息时，通过证书验证消息的合法性，一旦不合法，则拒绝该消息。

值得注意的是，如果一个车辆的假名保持不变，攻击者仍然可以将这个假名链接到相应的车辆[123]，车辆的位置隐私就可能被泄露[124]。因此，很多方案都把重点放在研究假名更换的场所上，如混合区域（mix-zone）。混合区域是指一些特定的服务限制区域，车辆用户只能在这些区域中更换假名，从而使得他们之前使用的假名和新的假名之间没有明显的链接关系。在区域中会有许多车辆用户同时更换假名，从而达到位置隐私保护的目的。混合区域的选择一般有两种，一种是由可信机构预先设置并发布给每个车辆，另一种是在车辆行驶的过程中由网络基础设施（如 RSU）或车辆自身动态选择。但是现有的大多数混合区域方案都没有合适的混合区域选择算法以提供有效且足够安全的位置隐私。

3. 位置伪造

位置伪造是指车辆用户使用虚拟的位置信息以混淆恶意攻击者。用户使用 LBS 服务时在发送的位置数据中加入干扰信息，即一些伪造或仿制的位置。LBS 服务器在收到这些消息后无法分辨出用户的真实位置，只能对所有的消息请求进行响应，然后用户根据自己实时的真实位置获取对应的位置服务信息。在这种方式下，车辆用户可以根据自己的需要自主产生虚拟位置并发送 LBS 请求，而且不依赖任何第三方。然而，这同时也带来了一些问题，不合适的虚拟位置方案将导致严重的后果。如果车辆可以随意产生很多的虚拟位置并能传播到车联网中，将可能会导致交通信息混乱甚至交通事故，如女巫攻击。而且车辆伪造出的虚拟位置能否达到混淆真实位置的效果也是这种隐私保护策略的关键问题。

4. 空间模糊和坐标转换

空间模糊的方法通过故意降低用户位置的精确度以保护位置隐私，用户使用坐标转换将真实的位置转换成模糊的附近位置或区域，然后发送给 LBS 服务器。因为用户可以自主选择模糊区域，所以空间模糊策略不依赖任何可信第三方即可实现位置隐私保护。但同时这种方法会降低用户位置的准确度，影响位置服务的质量。除了单独的空间模糊方法，文献[119]还提出了时空结合的隐私保护方案，通过降低时间的精确性，将时间混淆与空间模糊结合，进一步保护用户的移动轨迹和位置隐私。

6.1.4　位置隐私度量标准

许多工作都对车辆的位置隐私保护问题进行探讨，并相应地提出了一些度量标准量化位置隐私保护水平，常用的度量标准如下。

（1）匿名集[125]。匿名集是指在某一区域内，可能对发出某一行为的所有实体的集合。也就是说，车联网中的匿名集是指，对于某一消息，可能是该消息发送方的集合，且集合中车辆与其他车辆无区别性。匿名集的大小反映位置隐私保护水平的高低，当匿名集越大时，表示攻击者混淆的可能性越大，方案的位置隐私保护水平越高，而当匿名集越小时，攻击者追踪消息发送方成功的可能性就越大，混淆的可能性越小，方案的位置隐私保护水平越低。

（2）假名熵。假名熵是由信息熵的公式推导而来的，是常用的位置隐私度量标准之一[126]。假名熵的本质是反映攻击者将特定假名与相应车辆关联的概率。假设某一区域中，对于车辆 V_i（$i=1,\cdots,k$，k 表示该区域的车辆总数），攻击者追踪成功的概率为 p_i，考虑车辆均匀分布，则该区域的假名熵可以表示为 $E=-\sum_{i=1}^{k} p_i \log_2 p_i = \log_2 k$。同样地，假名熵越大，则该区域的位置隐私保护水平越高，方案的安全性越高。

（3）假名年龄。假名年龄，顾名思义，就是假名的使用时间，有些研究把假名年龄作为位置隐私保护水平的度量标准[127]之一。通常，假名使用时间越长表示攻击者追踪该车辆成功的概率越高，车辆的位置隐私就越有可能暴露，车辆的位置隐私保护水平和假名年龄成反比。因此，有些方案在考虑假名更换的时机时，把假名年龄作为影响因素之一，即设定假名年龄阈值，当车辆的假名年龄到达阈值时且在假名更换区域时，车辆才会进行假名更换，从而减少频繁的假名更换带来的额外开销。

6.2 基于虚拟位置和轨迹混淆的车辆位置隐私保护技术

本节介绍了一种基于虚拟位置和轨迹混淆的车辆位置隐私保护方案。在车辆使用基于位置的服务时，除了单纯地更换车辆的假名，还引入虚拟位置的概念，利用周围车辆的位置达到轨迹混淆的效果，进而保护车辆的位置隐私，最后设计交通仿真实验，进行了完善的性能分析及对比。

6.2.1 基于位置的服务系统模型

为了研究车联网系统中的位置隐私问题，首先建立基于位置服务的系统模型。如图 6-1 所示，车辆通过车载 GPS 设备获取实时位置数据，然后通过车联网向路边单元（RSU）发送 LBS 请求，然后由 RSU 转发到 LBS 应用服务器。如果车辆周边没有可以通信的 RSU，也可以通过移动网络直接向 LBS 应用服务器发出请求。车辆之间使用 DSRC 协议进行通信，根据 DSRC 协议规定，车辆每隔 100～300ms 向周围广播信标消息，包括车辆位置信息。如果车辆直接将其实时位置包含在 LBS 请求中并发送给 RSU 或 LBS 服务器，那么攻击者即可以分析 LBS 请求中的信息进而追踪到某一车辆。即使车辆使用基于假名的签名并且每次消息均更换假名，攻击者仍然可以根据更新的位置、速度和方向加上固定的道路推测出车辆的行驶路线。所以如何在向车辆提供精确的 LBS 服务的前提下确保车辆的位置隐私是亟须解决的重要问题。

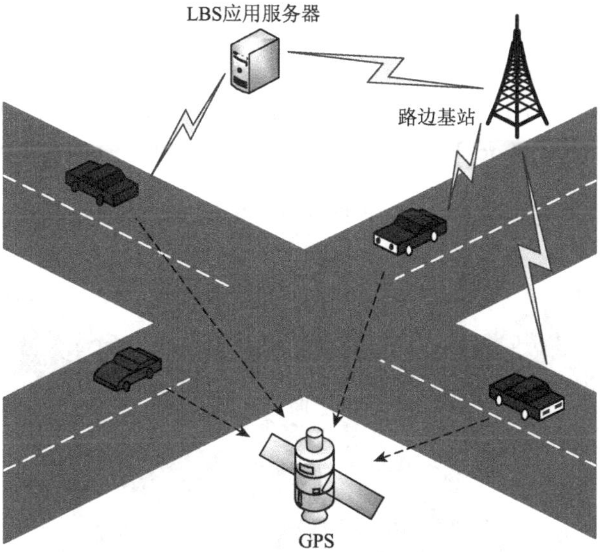

图 6-1　LBS 系统模型图

6.2.2　方案具体实施过程

1. 虚拟位置的产生

当车辆在道路上行驶并需要使用 LBS 服务时，车辆会发送连续的 LBS 请求。假设车辆发送 LBS 请求的时间间隔为 T_{gap}，一般为 1～3s。由于隐私保护和安全认证的需要，综合第 3 章的方案，LBS 请求的消息格式可以描述为 $\{\text{ID}, M, T, \sigma\}$。其中 ID 为假名，用于保护车辆用户隐私；$M$ 为消息内容，包含实时位置信息 Loc 和具体的 LBS 相关消息。

车辆 V_A 在发送 LBS 请求之前选择附近另一车辆 V_B 作为 V_A 的虚拟车辆，称为 V_A 的“影子”。首先，V_A 通过车联网中基于 DSRC 协议的周期性广播可以获得 V_B 车辆的位置 Loc_B。然后 V_A 同时发送两条 LBS 请求消息，一个使用车辆 V_A 自身的位置，另一个使用影子车辆 V_B 的位置 Loc_B。消息中的其他内容保持相同，可以分别表示为 $\text{Req}_1:\{\text{ID}, M(\text{Loc}_A), T, \sigma\}$ 和 $\text{Req}_2:\{\text{ID}, M(\text{Loc}_B), T, \sigma\}$，如图 6-2 所示。LBS 服务器在收到请求 Req_1 和 Req_2 时需要分别回复两个不同位置的服务消息，车辆 V_A 收到消息后根据自己的位置丢弃掉 Loc_B 对应的消息，接收对应于自己位置 Loc_A 的回复消息。

2. 影子车辆的选取

车辆 V_A 通过收集一定范围内的车辆位置信息，并选择未来 T_{gap} 时间内轨迹最相似的车辆作为影子。位置信息 Loc 包括经纬度 x、y，速度 v 和方向 d。V_A 依据当前位置 Loc_A 计算时间 T_{gap} 后的预计位置 $\mathrm{Loc}_{A\_\mathrm{des}}$。然后对周围的每一辆车 V_B 计算其与 $\mathrm{Loc}_{A\_\mathrm{des}}$ 的距离 $\mathrm{Dis}\{\mathrm{Loc}_{A\_\mathrm{des}},\mathrm{Loc}_B\}$，并依据以下公式计算轨迹偏差 $\mathrm{Dev}_{A\to B}=\mathrm{Dis}\{\mathrm{Loc}_{A\_\mathrm{des}},\mathrm{Loc}_B\}-v_B T_{\mathrm{gap}}$。

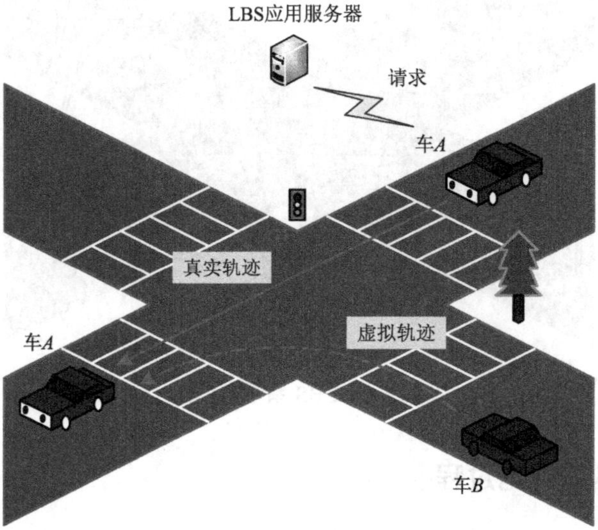

图 6-2　车辆轨迹示意图

选择 $\mathrm{Dev}_{A\to B}$ 最小的车辆 V_B 作为车 V_A 在这个 T_{gap} 时间段内的影子车辆 $\hat{V}_A$。这里我们定义最大轨迹偏差 $\mathrm{Dev}_{\max}$，考虑到速度变化和 GPS 定位误差等问题，$\mathrm{Dev}_{\max}$ 取 10～15m 的范围。若影子 $\hat{V}_A$ 的轨迹偏差小于 $\mathrm{Dev}_{\max}$，则此时的 $\hat{V}_A$ 有效，车辆 V_A 按照上述步骤发送 LBS 请求。否则，$\hat{V}_A$ 的轨迹偏差过大，难以起到混淆的作用时，车辆 V_A 仍然按照正常流程使用 LBS 服务。

车辆选取影子车辆后，只要使用 LBS 服务就会同时伴随着一个影子的信息。因此，对于 LBS 服务器和网络攻击者而言，他们收集的数据里每一个 LBS 请求可能会有两条重复的消息，它们包含相同的假名、时间戳和位置服务请求信息，但是请求的位置不同却相近。每一个真实的车辆位置可能会同时对应一个、两个甚至多个不同的 LBS 请求。另外，对于车辆选取，车辆使用轨迹偏差的度量方法，使得每一次选择的影子都能实现最大程度的混淆。攻击者很难再通过收集多条 LBS 请求消息中的位置信息分析出车辆的路线轨迹，保证车联网用户的位置隐私。

3. 匿名集的生成

1）匿名集大小

车辆 V_A 在道路上行驶时，用 R_A 表示其真实路线。V_A 的匿名集 AS_A 是指可以

混淆 R_A 的所有可能路线 R_B 的集合，匿名集大小 $|AS_A|$ 则是集合中元素的个数。假设 $p(A,B)$ 表示攻击者将 R_B 当作车辆 V_A 的真实路线的概率，那么匿名集可以表示如下：

$$AS_A = \{R_B \mid p(A,B) \neq 0\} \tag{6-1}$$

毫无疑问，在我们的方案中车 V_A 的匿名集大小是和车辆行驶的时间有关系的。当 $t=0$ 时，$|AS_A|=1$；车辆 V_A 每产生一个影子时，由于攻击者很难分辨真实车辆和影子车辆的轨迹，$|AS_A|$ 会成倍增加。

2）匿名集的熵

熵表示车辆 V_A 的真实路线 R_A 和其他所有可能路线 R_A 之间相互关系的不确定程度。熵经常作为车联网中位置隐私的精确度量，匿名集 AS_A 的熵表示如下：

$$H_A = -\sum_{R_B \in AS_A} p(A,B) \times \log_2 p(A,B) \tag{6-2}$$

当熵越大时，匿名集中车辆位置元素的混淆程度越高，攻击者找到对应车辆的可能性就越小，进而车辆的位置隐私程度就越大。

3）追踪成功率

追踪成功率 P_A 是指车辆 V_A 的匿名集大小 $|AS_A|$ 为 1 的概率，表示如下：

$$P_A = \Pr(|AS|=1) \tag{6-3}$$

显而易见，当匿名集中只有一个元素时，$P_A=1$。当匿名集中的元素越多时，P_A 就越小。追踪成功率可以直观地表示出来自网络攻击者的威胁程度。

6.2.3　性能分析

本节进行了交通仿真实验，分别从三个隐私度量的角度分析本节方案的性能，并且与现有的其他方案进行对比分析。

1. 仿真实验

在本节的仿真实验中，车辆将随机分布在一个 $6\text{km} \times 6\text{km}$ 的区域中，并以周期性改变的随机速度在道路上行驶，速度的范围在 $10\sim20\text{m/s}$。根据不同的交通密度，分为城市、郊区和乡村三种类型，车辆数量分别设为 800、350、180。我们依据前面描述的方案使每一辆车在发送 LBS 请求前选择其影子车辆，然后统计每一辆车在行驶过程中产生影子的时间和个数。在实验中我们假设 LBS 请求的时间间隔为 $T_{gap}=3\text{s}$，最大轨迹偏差为 $\text{Dev}_{max}=10\text{m}$，实验时间为 $T_{max}=300\text{s}$。实验结果如图 6-3～图 6-5 所示。

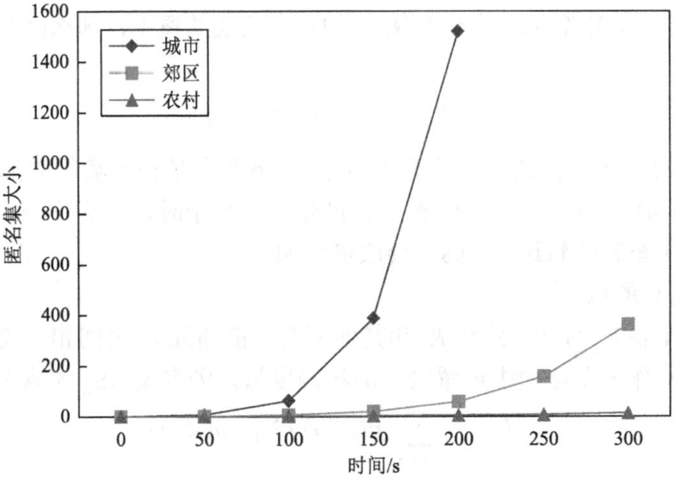

图 6-3　不同交通密度下的匿名集大小比较

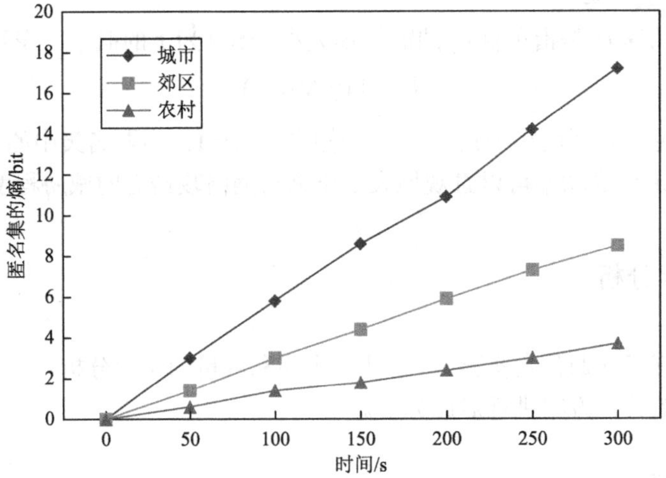

图 6-4　不同交通密度下的匿名集熵的比较

从图 6-3 中可以看出，随着时间推移，匿名集大小呈指数型增长，并且当交通密度越大的时候增幅越明显。在城市中车辆密集时，200s 后的匿名集大小已经达到了 1500 以上。由图 6-4 和图 6-5 可以看到，即使在农村车辆较少的情况下，车辆行驶 5min 时其匿名集的熵也接近了 4bit，而追踪成功率已经降到了 7%以下。

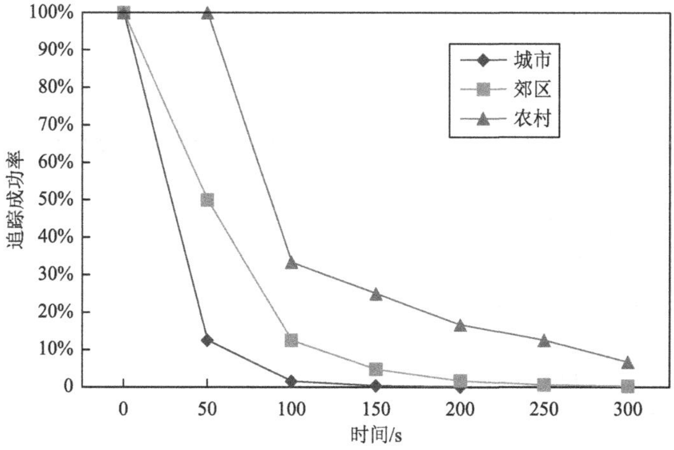

图 6-5　攻击者的追踪成功率分析

2. 性能对比与分析

我们将本节方案与文献[128]方案进行比较，设置车辆数目为 240，在相同的条件下行驶 5min 后的性能对比如图 6-6 和图 6-7 所示。

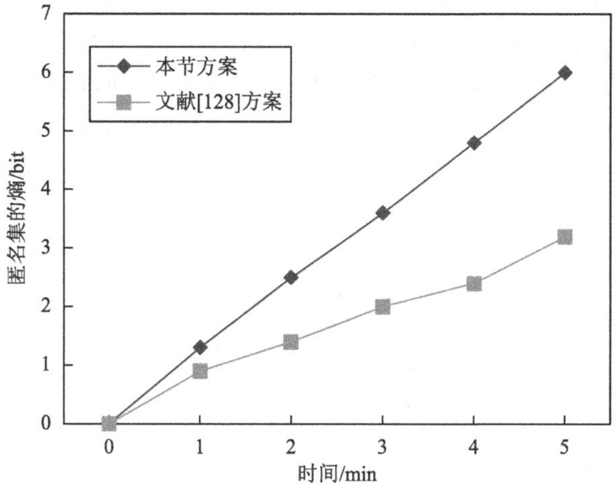

图 6-6　不同方案的匿名集熵的比较

从图中可以看出，本节方案在这两种安全性能方面比文献[128]方案都要好。其中匿名集的熵提高了一倍左右，而在 5min 时车辆被攻击者追踪的成功率从 10%降低到 1%。

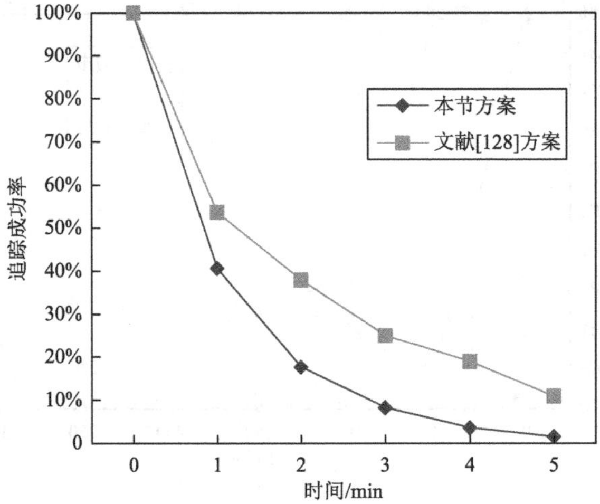

图 6-7　不同方案的追踪成功率比较

与其他类型的位置保护方案相比，本节方案也具有明显的优势，如表 6-1 所示。在文献[24]方案中，混合区域的选择较为固定，车辆只能在经过混合区域时才能受到位置隐私的保护，不能保证实时的安全性且灵活性较差。基于静默周期的方案存在 LBS 服务盲区，在静默时段内车辆用户不能使用任何基于位置的通信和服务[129]。使用空间模糊的方案虽然可以灵活自主地选择模糊区域用以保护位置隐私，但是会降低用户位置的准确度，进而影响 LBS 请求查询的结果和服务质量[130]。而在本节方案中，由于车辆可以根据周围的交通环境实时地动态选择影子车辆进行路径混淆，不仅使用了精确的位置而且达到了位置隐私保护的目的。实验结果表明，在不同的交通密度下本节方案都能表现出非常好的安全性，足以满足车联网用户对位置隐私和位置服务的需求。

表 6-1　不同类型方案的性能比较

方案	实时安全性	位置准确性
文献[24]方案	×	√
文献[129]方案	×	√
文献[130]方案	√	×
本节方案	√	√

6.3　基于车辆移动规律性的个性化位置隐私保护技术

在传统的基于假名的解决方案中，每辆车假名年龄以相同的速度增加，需要更换假名的车辆在某一地点遇到同样想要更换假名的车辆时，车辆将合作进行假名更换。然而，对车辆行驶轨迹的研究发现，由于车主的个人社会特性，车辆的移动存在规律性。显然，车辆对于不同位置的假名更换策略应该有所不同。为了解决这些问题，本节提出了一种基于敏感度的假名更换方案[131]，充分利用车辆运动的规律性，从而实现个性化的位置隐私保护，同时还使用假名年龄分析模型分析方案的性能。此外，设计了一种新的度量标准来衡量个性化位置隐私保护的水平。性能评价结果表明，在实现个性化位置隐私保护方面，本节方案明显优于现有方案。

6.3.1　基于车辆移动规律性的安全信息系统模型

1. 网络模型

图 6-8 展示了本节方案的网络模型，主要存在三种类型的实体，分别是配备 OBU 的车辆、路边单元和可信机构，具体描述如下。

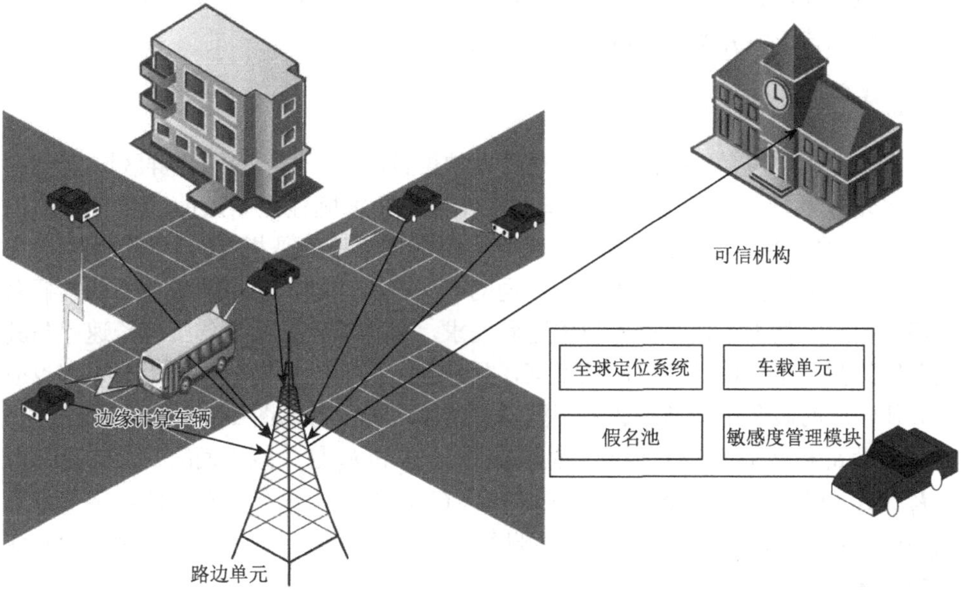

图 6-8　车联网的网络模型

1）车辆

（1）普通车辆：每辆车都配备了用于无线通信的 OBU、用于定位服务的全球定位系统、一个假名池和一个敏感度管理模块。车辆在出行前在 TA 注册时会得到足够多的用于广播消息的假名和相应的假名信息，并将其存储在假名池中。敏感度管理模块负责敏感度的计算和存储。

（2）管理车辆：由于公交车行驶轨迹固定，且体积大，数量多，比其他车辆具有更高的安全性。因此，本节将边缘计算平台放置在公交车上，并选择其为群组的管理员。

2）路边单元

RSU 位于路边，负责将车辆发送的消息转发给可信机构。它是固定的基础设施，通过有线连接实现相互连接，并连接到骨干网。

3）可信机构

TA 是一个具有很强的计算和处理能力的可信实体，负责车辆注册和假名管理。每辆车辆在开始行程前，需以其真实身份到 TA 处登记。TA 首先记录身份信息、车辆的身份类型，然后生成用于通信的车辆的公钥、私钥和证书，并发送给车辆。为了保护车辆的位置隐私，TA 还会根据车辆的注册信息生成一组假名和相应的公钥、私钥、证书集合，并发送给对应车辆。此外，TA 内还放置了一个追踪表，可以追踪每辆车的真实身份，以便 TA 调查违法车辆的责任。为了更精确地定位违法车辆，TA 也会内置一个轨迹表。如果某辆车违反了规则，TA 可以利用轨迹表跟踪该车辆并实时获取车辆的位置。

2. 假名年龄增长模型

本节方案中假名更换区域是一个特定的位置区域，表示为混合群区域[132]（包括停车场以及社会热点区域，如车主工作场所和家庭住址附近的一个十字路口等）。现有的研究大多认为，每辆车假名年龄的增长速度是相同的。但很明显，因为车主的社会特性可能有所不同，不同的车辆在相同的地区可能采取不同的假名策略。因此，基于车辆不同的位置隐私需求，每辆车辆的假名年龄增长速率与其他车辆的假名年龄增长速率应该不同，且在某一区域的单辆车辆的增长速率也应与其他区域的假名年龄增长速率不同。更具体地说，考虑图 6-9 中的场景。

假设 R_1 和 R_4 是车辆 V_i 经常访问的区域，R_2 和 R_3 是其他车辆的社会热点，可见 V_i 在 R_1 和 R_4 中位置隐私的需求应该比其在 R_2 和 R_3 中更高。基于此，本节方案提出根据 V_i 的位置隐私需求水平，其假名年龄在 R_1 和 R_4 中的增长速度相对于其他区域较快。

为了实现上述想法，假设 V_i 的假名年龄增长的基准速度为 k（每单位时间假名年龄增长 k），且在位置隐私需求不同的区域，假名年龄的增长速度不同。本节方案提出使用一个指标来量化不同地区不同车辆的隐私需求，即敏感度（S）。对于车辆 V_i，S_i^l 表示它在区域 R_l 的敏感度，如图 6-10 所示，S_1^1 表示车辆 V_1 在区域 R_1 中的敏感度。令 $\overline{S_1}$ 表示它对于所有区域的敏感度的平均值。

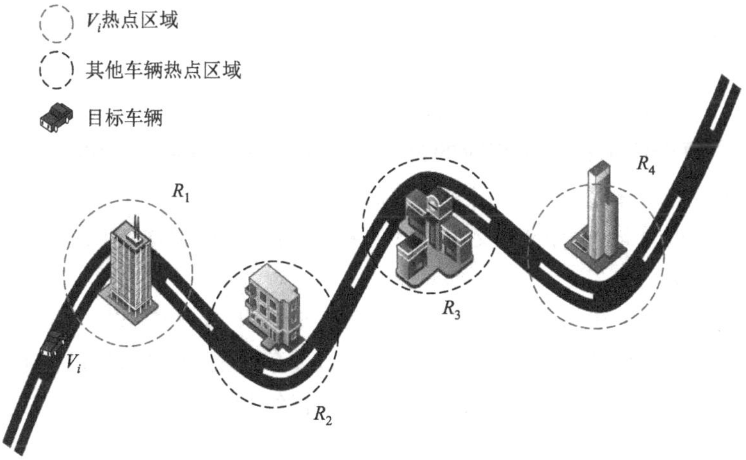

图 6-9　本节方案示意图

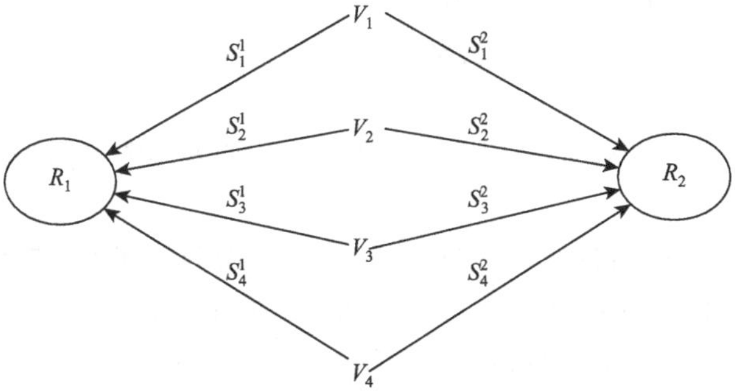

图 6-10　敏感度模型

考虑车辆集合 $N_v=\{V_1,\cdots,V_n\}$ 和区域集合 $R_l=\{R_1,\cdots,R_n\}$，且每辆车在广播消息时，都使用了假名。因此 V_i 的假名年龄 $Z_i(t)$ 可以通过式（6-4）计算，其中 w_i 表示 S_i^l 和 $\overline{S_1}$ 的熵，y 是由用户决定的常数。

$$Z_i(t)=\begin{cases}Z_i(t-1)+k, & w_i\leqslant 1\\ Z_i(t-1)+2k, & 1<w_i\leqslant y\\ Z_i(t-1)+4k, & w_i>y\end{cases} \tag{6-4}$$

6.3.2　方案设计

1. 假名更换协议

1）系统初始化过程

（1）车辆 V_i 在开始行程之前会进行注册，它向 TA 发送自己的真实身份 ID_i 以及相应的身份信息。

（2）TA 根据车辆提供的信息为车辆颁发用于通信的公私钥对 $\{ID_i, PK_i, SK_i, Cert_i\}$，以保证通信安全。

（3）同时，为了保护车辆的位置隐私，TA 还会给车辆 V_i 颁发一定数量的假名 $\{PID_{i,k}\}_{k=1}^{\lambda}$，每个假名都具备相应的公钥、私钥、证书 $\{PK_{PID_{i,k}}, SK_{PID_{i,k}}, Cert_{PID_{i,k}}\}$，车辆使用这些假名来发送包含位置的消息。

（4）作为群管理车辆的公交车，在行程开始之前也会收到用于通信的相应公私钥对和证书集合。

（5）敏感度管理生成：普通车辆的敏感度管理生成是由被放置在车辆内部的敏感度管理模块实现的，敏感度管理模块通过车辆存储的历史轨迹信息计算得出车辆对于每一个热点区域的敏感度值，并将结果存储于车辆中，为假名策略的实施做准备。

2）群加入过程

车辆 V_i 在行驶的过程中会使用 TA 颁发的假名周期性地向周边的车辆广播安全信息。车辆收到群发送的群加入邀请消息，并与群管理员进行通信加入群组。

（1）群管理车辆 GM_l 会向周围的车辆广播群加入邀请 $(R_l \| Join \| GM_l \| Cert_l \| TimeStamp)$；

（2）当车辆行驶到群区域 R_1 中时，它会收到由群管理车辆发送的邀请消息；

（3）车辆 V_i 验证群收到的消息是否合法，如果合法，V_i 会向管理车辆 GM_l 发送群加入申请 $GM_l \| E_{GM_l}(Join \| l_i \| PID_{i,k} \| PK_{PID_{i,k}} \| Cert_{PID_{i,k}} \| Ts)$，否则拒绝该消息；

（4）GM_l 对车辆 V_i 发送的消息进行验证，一旦验证通过且车辆 V_i 在所管理的 GM_l 区域内，GM_l 会向车辆发送群信息 $E_{PK_{PID_{i,k}}}(R_l \| GID_l \| PK_{GID_l} \| Cert_{GID_l} \| Ts)$，反之，则拒绝该消息；

（5）如果车辆 V_i 在有效时间内收到了 GM_l 发送的群信息，并且验证了该信息，车辆 V_i 会向 GM_l 发送应答信息 $E_{PK_{GID_l}}(l_i \| Cert_{GID_l} \| GID_l \| Cert_{PID_{i,k}} \| Ts)$，表示确认加入该群，反之拒绝该消息；

（6）车辆 V_i 使用的假名的年龄一旦大于 $\frac{\tau}{2}$，车辆将会进行假名更换过程。

3）假名更换过程

（1）GM_l 向群内的车辆发送假名更换邀请 $R_l \| content \| GID_l \| Cert_{GID_l} \| Ts$。

（2）车辆 V_i 收到消息并进行验证，如果 V_i 需要进行假名更换，它将进入假名更换准备过程，反之则拒绝。

（3）更换准备过程：车辆 V_i 向 GM_l 发送应答消息 $E_{PK_{GID_l}}(l_i \| S_i^l \| PID_{i,k} \| Cert_{PID_{i,k}} \| Ts)$；$GM_l$ 验证消息后，使用敏感度管理模块对所有车辆进行敏感度管

理，并向 V_i 发送结果 $E_{PK_{PID_{i,k}}}(R_l \| d_i^l \| GID_l \| Cert_{GID_l} \| totalnumber \| Ts)$；车辆 V_i 收到消息后，若选择继续进行假名更换，则向 GM_l 发送回复消息 $E_{PK_{GID_l}}(Agree \| l_i \| S_i^l \| PID_{i,k} \| Cert_{PID_{i,k}} \| Ts)$；$GM_l$ 根据车辆发送的消息再次进行敏感度管理，并将最后结果 $E_{PK_{PID_{i,k}}}(R_l \| d_i^l \| GID_l \| Cert_{GID_l} \| totalnumber \| Ts)$ 发送给 V_i；车辆 V_i 收到消息后，认证该消息，若认证通过，则向 GM_l 发送确认消息 $E_{PK_{GID_l}}(S_i^l \| R_l \| d_i^l \| Cert_{PID_{i,k}} \| Ts)$，准备进行假名更换进程；反之则拒绝该消息，重新进行更换准备过程。

（4）确认参与本轮假名更换进程的车辆执行假名更换实施过程：GM_l 向需要进行假名更换的车辆广播消息 $E_{PK_{PID_{i,k}}}(R_l \| time \| GID_l \| Cert_{GID_l} \| Ts)$；车辆 V_i 收到并认证消息后，在广播的时间更换假名 $PID_{i,k+1} \| Cert_{i,k+1} \| PK_{PID_{i,k+1}}$，并使用新的假名广播安全信息。

4）群离开进程

（1）若 GM_l 在一定时间内没有收到假名为 $PID_{i,k}$ 的车辆发来的消息，为了减少系统开销，它将会删除 $PID_{i,k}$ 的入口。

（2）车辆 V_i 更换假名后，需要使用新的假名和对应信息重新进行加入群，即执行加入过程，GM_l 会将其辨识为新的车辆，即 GM_l 也无法区分假名更换前后对应的具体车辆身份。

（3）车辆 V_i 收到新的群加入邀请时，表示该车辆进入了新的群区域，车辆进行新一轮的群加入过程。

5）条件隐私追踪

V_i 想要更换假名 $PID_{i,k}$ 时，需要与 GM_l 通信。在一段时间内没有收到 V_i 使用 $PID_{i,k}$ 的消息后，GM_l 将删除 $PID_{i,k}$ 的条目。GM_l 会将 V_i 的假名信息及其所在区域发送给 TA。由于假名是由 TA 分发的，并且 TA 内部存在一个追踪列表，所以 TA 可以将假名与车辆的真实身份联系起来。此外，TA 会根据 GM_l 发送的消息建立 V_i 的轨迹列表，因此 TA 可以跟踪 V_i 的运动轨迹。

6）讨论

由于公交车的轨迹固定和容量较大，本节方案选择公交车作为群管理员，普通车辆执行假名更换，很明显，本节方案允许车辆在白天有效地进行更换。同时，对于夜间没有公交车的情况，本节方案的假名更换方法与之前的方法相同，且车辆是否更换仅取决于其假名年龄。这意味着当车辆在假名更换区域以及它的假名年龄达到阈值时，它将与其他车辆合作更换假名。

2. 假名更换博弈

在车联网中，每个车辆 V_i 做出一个假名更换决定，d_i 表示是否参与假名更换，

d_i的值可以表示为$d_i=1$和$d_i=0$（1表示进行更换，0表示维持假名不变）。V_i更换假名产生的成本为$c_i>0$，其他参与车辆的敏感度值越大，V_i在匿名状态下越难以与其他车辆区分，V_i被跟踪的可能性越小。V_i的可用敏感度取决于其他参与假名更换进程的车辆的敏感度，只有满足敏感度需求的车辆才允许更换假名，即车辆将通过计算式（6-5）决定是否参与假名更换，具体过程如算法6.1所示。

$$u(V_i)=\sum_{j=1,j\neq i}^{N} S_j^l d_j - S_i^l - c_i < 0 \tag{6-5}$$

算法6.1　车辆假名策略计算框架

（参与假名更换的车辆构成集合$V=\{V_i,i=1,2,3,\cdots,N\}$，区域为$R_l$）

输入：集合中V所有车辆V_i对应于区域R_l的敏感度值S_i^l

输出：车辆V_i在本区域中应该执行的假名更换策略d_i^l

步骤1：令所有车辆的假名更换策略$d_i^l=1,i=1,2,3,\cdots,N$

步骤2：寻找i值，使得$u(V_i)=\sum_{j=1,j\neq i}^{N} S_j^l d_j - S_i^l - c_i < 0$，其中$j=1,2,3,\cdots,N,j\neq i$

修正车辆V_i的假名更换策略，使得$d_i^l=0$

步骤3：返回所有车辆的假名更换策略集合$D=\{d_i^l,i=1,2,3,\cdots,N\}$

3. 敏感度计算

普通车辆V_i中预先设有用于敏感度生成的敏感度管理模块。敏感度管理模块会存储V_i一段时间的移动轨迹序列，由编号、区域、停留时间组成，表示车辆经过的区域以及停留的时间；敏感度管理模块利用模糊逻辑控制系统对车辆记录的移动轨迹序列进行计算。车辆敏感度生成的具体实现描述如下。

1）模糊化

（1）频率隶属度函数。车辆对于某一区域的访问频率可以反映出车辆主人对于该区域的位置隐私需求，因为访问次数高的地方可能是车辆主人的家庭住址或者是工作单位，而车辆主人对于这些位置的隐私保护需求相对于其他地方来说也相对较高。即可以简单地认为访问次数越多，车辆的位置隐私需求越高。基于此，假设n_i^l为车辆V_i移动轨迹序列中区域R_l出现的次数，N_i为车辆V_i移动轨迹序列中出现的所有区域的个数，令$N(x)=\frac{\sum n_i^l}{N_i}$，则频率隶属度函数如式（6-6）所示，其中$c_{\mathrm{FM}}$为常数，图6-11为频率隶属度函数对应图。

$$\text{FM}(x)=\begin{cases}1, & N(x)\geqslant \dfrac{1}{c_{\text{FM}}}\\ \dfrac{N(x)}{1/c_{\text{FM}}}, & N(x)<\dfrac{1}{c_{\text{FM}}}\end{cases} \tag{6-6}$$

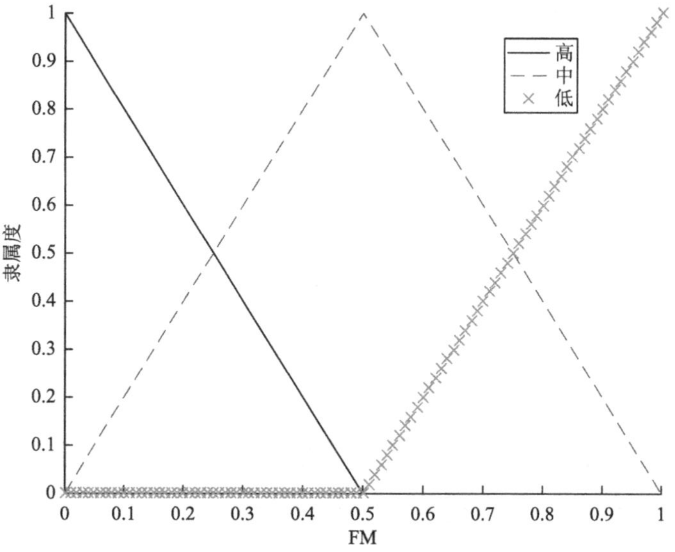

图 6-11　频率隶属度函数对应图

（2）时间隶属度函数：车辆在某一区域的停留时间也可以反映车主的位置隐私需求。对于工作单位和家庭住址等位置，车辆的停留时间更长，位置隐私需求水平更高。考虑 t_i^l 为车辆 V_i 移动序列中区域 R_l 出现的次数，T_i 为车辆 V_i 移动序列中出现的所有区域的个数，令 $T(x)=\dfrac{\sum t_i^l}{T_i}$，时间隶属度函数如式（6-7）所示，其中 c_{TM} 为常数，图 6-12 为时间隶属度函数对应图。

$$\text{TM}(x)=\begin{cases}1, & T(x)\geqslant \dfrac{1}{c_{\text{TM}}}\\ \dfrac{T(x)}{1/c_{\text{TM}}}, & T(x)<\dfrac{1}{c_{\text{TM}}}\end{cases} \tag{6-7}$$

2）模糊规则

本节使用 Min-Max 方法将之前定义的模糊值映射到以下 IF-THEN 规则。模糊规则如表 6-2 所示。

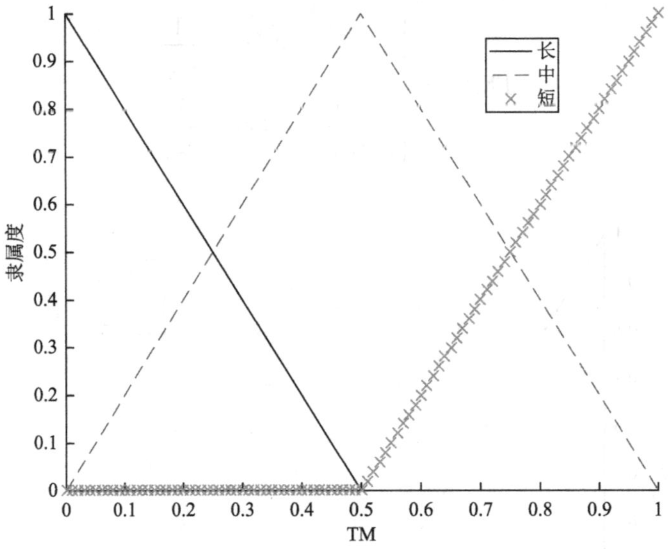

图 6-12　时间隶属度函数对应图

表 6-2　模糊规则

规则	频率	时间	输出
1	高	长	很高
2	高	中	高
3	高	短	中
4	中	长	高
5	中	中	中
6	中	短	低
7	低	长	中
8	低	中	低
9	低	短	很低

3）去模糊化

输出隶属度函数定义同图 2-6，基于输出隶属度函数使用重心法得到去模糊化的结果 De，De 的结果反映了车辆在某一区域的位置隐私需求大小，即敏感度。

4. 假名年龄概率分布

许多传统的方法都使用假名年龄作为位置隐私度量指标之一。在本节方案中，假名年龄也是衡量位置隐私水平的主要标准。本节方案将车辆 V_i 在 t 时刻的假名年龄建模为 $Z(t)$。很明显，假名年龄随时间的演变可以表现为漂移和跳跃的过程，从而动态地反映假名时间的增加和突变（即旧假名向新假名的转变）。因此，定义了一个微分方程来反映假名年龄的变化，如式（6-8）所示，$\varDelta_1$ 表示假名年龄的增加速率，$\varDelta_2$ 表示假名年龄的跳跃过程。

$$\frac{\partial F}{\partial t}=\varDelta_1-\varDelta_2 \tag{6-8}$$

之前已经讨论过，对于特定车辆 V_i，其假名年龄变化率受敏感度大小的影响，在不考虑假名变化的情况下，假名年龄每个时间间隔的平均老化率 m 可由下式表示：$\frac{\partial Z}{\partial t}=P(w\leqslant 1)k+P(1< w\leqslant y)\cdot 2k+P(n> y)\cdot 4k=m$ 。式（6-9）则直接表示了假名年龄普通老化过程的漂移过程。

$$\varDelta_1=m\frac{\partial F}{\partial Z} \tag{6-9}$$

如前所述，假名更换可能导致跳跃过程，在这一过程中假名的年龄可能会突然发生变化。如上所述，假设 V_i 在 t 时刻参与变化过程的策略是 d_i。因此，跳跃过程可以用式（6-10）来说明，该过程将会带来假名年龄的降低。

$$\varDelta_2=\int_0^{\infty}p(t)\frac{\partial F}{\partial x}(x,t)\mathrm{d}x \tag{6-10}$$

本节方案的主要思想是使用平均的概念来分析假名的年龄，考虑到系统稳定的边界条件 $\frac{\partial F}{\partial t}=0,t\to\infty$，结合 $\frac{\partial F}{\partial t}=f(Z)$，可以推出式（6-11）：

$$\begin{cases} m\dfrac{\partial f}{\partial Z}-p_i(Z)f(Z)=0 \\ \displaystyle\int_0^{\infty}f(Z)\mathrm{d}Z=1 \end{cases},\quad d_i(Z)=\begin{cases}0\\1\end{cases} \tag{6-11}$$

正如前面提到的，在两种情况下，V_i 可能会更换假名。显然，跳转过程应该包含这两种情况。在第一种情况下，V_i 持有大于 $\frac{\tau}{2}$ 的假名年龄 Z，由敏感度条件决定假名更换策略是 $d_i^1(Z)$。第二种情况下，V_i 持有的假名年龄大于 τ 且同时存在其他车辆选择更换假名。因此，本节方案详细描述了假名年龄的变化率，如式（6-12）所示：

$$\int_{\frac{\tau}{2}}^{\infty}p_i^1(t)\frac{\partial F}{\partial x}(x,t)\mathrm{d}x+\int_{\tau}^{\infty}p_i^2(t)(1-p_i^1(t))\frac{\partial F}{\partial x}(x,t)\mathrm{d}x \tag{6-12}$$

计算式（6-12）时，分情况讨论，考虑以下几种情况：

（1）当 $Z<\frac{\tau}{2}$ 时，仅考虑漂移过程，假名年龄可以通过 $f(Z)=f(0)\mathrm{e}^{-\frac{Z}{m}}$ 计算；

（2）当 $\frac{\tau}{2}\leqslant Z<\tau$ 时，如前所述，式（6-12）的第二部分等于 0，则

$$m\frac{\partial f}{\partial x}-p_i^1(Z)f(Z)=0 \tag{6-13}$$

结合边界条件，可以得到 $f(Z)=f_{\frac{\tau}{2}}(0)\mathrm{e}^{\frac{p_i^1}{m}\left(Z-\frac{\tau}{2}\right)}$；

（3）当 $Z\geqslant\tau$ 时，上述两种假名更换的情况都有可能存在，此时微分方程为

$$m\frac{\partial f}{\partial x}-p_i^1(Z)f(Z)-p_i^2(Z)(1-p_i^1(Z))f(Z)=0 \tag{6-14}$$

结合边界条件，可以得到 $f(Z)=f_\tau(0)\mathrm{e}^{-\frac{p_i^1+p_i^2-p_i^1p_i^2}{m}(Z-\tau)}$。

综上，将上述三种情况代入式（6-12），结果如式（6-15）所示：

$$f(0)=\frac{1}{m\left(1-\mathrm{e}^{-\frac{\tau}{2m}}a\right)} \tag{6-15}$$

式中，$a=1-\frac{1}{p_i^1}+\frac{p_i^2(1-p_i^1)}{p_i^1(p_i^1+p_i^2-p_i^1p_i^2)}\mathrm{e}^{-\frac{p_i^1\tau}{2m}}$。

上述分析过程表明，影响车辆假名年龄概率分布的核心是 p_i^1 和 p_i^2，即车辆合作参与假名更换的可能性，下面将对这一内容进行详细讨论。

5. 车辆合作概率

为了计算车辆合作概率，应该讨论 d_i^1 和 d_i^2 等于 1 或 0 的几种可能的情况。首先计算 d_i^1，由于在区域 R_l 中，V_i 的敏感度值 S_i^l 是由其历史移动轨迹所决定的。同时，V_i 更换假名的先决条件是 $S_i^l\geqslant\sum_{j=1,j\neq i}^{N}S_j^l d_j-c_i$，此时 $d_i^1=1$；对于其他情况，$d_i^1=0$。

对于 d_i^2 的计算，正如之前提到的，当至少有另外一个车辆选择更换假名时，V_i 将参与合作更换过程。为了得到结果，本节方案首先计算没有车辆愿意参与假名更换的概率。将所有在区域内的车辆敏感度值按从小到大排序，即 $S_1,S_2,\cdots,S_N$，对应的车辆的假名更换的代价为 $c_1,c_2,\cdots,c_N$，也就是说 S_1 为最小值，S_N 为最大值。因此，对于任意车辆，可以得到当 $S_k<\sum_{n=1}^{k-1}S_n-c_k$ 时，$d_i^2=0$。

6. 敏感度-假名熵

在本节方案中，可能导致假名更换的两个主要因素是敏感度和假名年龄，此外，假名熵[133]是常用的位置隐私度量评价标准之一。本节方案提出在计算假名熵时，应考虑敏感度和假名年龄带来的影响，提出新的度量标准——敏感度-假名熵，

如式（6-16）所示，其中，$\Pr_i$ 表示攻击者在区域 R_l 成功追踪车辆 V_i 的概率，g_1 是由系统决定的一个常数，介于 0 和 1 之间，参数的大小表示这两种因素在 V_i 假名更换过程中的重要性。值得注意的是，当假名年龄大于阈值时，式（6-16）的第二部分等于 1。

$$\Pr_i = g_1 \frac{S_i^l}{\sum\limits_{d_j=d_i} S_j^l} + (1-g_1)\frac{Z_i}{\tau} \tag{6-16}$$

同理，区域 R_l 的假名熵如式（6-17）所示，它可以用来量化方案的个性化位置隐私保护的水平：

$$G(V) = -\sum \Pr_i \log_2 \Pr_i \tag{6-17}$$

6.3.3　性能分析

1. *假名年龄数值分析*

假名年龄是影响攻击者追踪成功概率的重要因素之一，假名年龄越大，则意味着车辆的位置隐私越容易暴露。如式（6-11）所示，$f(Z)$ 在假名更换过程中有两种情况：第一种情况，车辆满足敏感度条件从而进行假名更换，此时假名更换的概率为 p_i^1；第二种情况，车辆没有满足敏感度条件，但是假名年龄大于阈值，且存在其他将要更换假名的车辆，此时假名更换的概率为 $p_i^2(1-p_i^1)$。为了简化起见，假设 V_i 所在区域 R_l 是一个四岔路口，并且 V_i 将要更换假名。在 $T=t_s$ 期间车辆数为 $X=x$ 的概率表示为式（6-18），其中 t_s 为停留时间[134]：

$$\Pr[X=x \mid T=t_s] = \frac{(\lambda t_s)^x}{x!} \mathrm{e}^{-\lambda t_s} \tag{6-18}$$

为了分析影响假名更换过程的参数，本节方案首先考虑停留时间 t_s，即四岔路口保持红灯的时间。假设几个交通繁忙的十字路口红灯时间分别为 60s、80s、100s，图 6-13 展示了在不同 t_s 值下的 V_i 假名年龄的概率分布。结果表明，平均假名年龄随着停止时间 t_s 的增加而降低，且高假名年龄的车辆数量减少。原因是随着 t_s 的增加，在路口聚集的车辆数量会增加，从而导致愿意合作参与假名更换过程的车辆数目增加。

图 6-14 展示了当假名年龄阈值为 $\tau = 5\text{min}$ 时，参与假名更换的车辆数目对于假名年龄的概率分布 $f(Z)$ 的影响，车辆数目由 x 表示。从图中可以看出，随着车辆数目 x 的增加，V_i 参与假名更换过程的概率增加，且假名年龄大的车辆维持假名不变的可能性很小，同时，当车辆的假名年龄大于 τ 时，其参与假名更换的可能性大于假名年龄小于 τ 时。

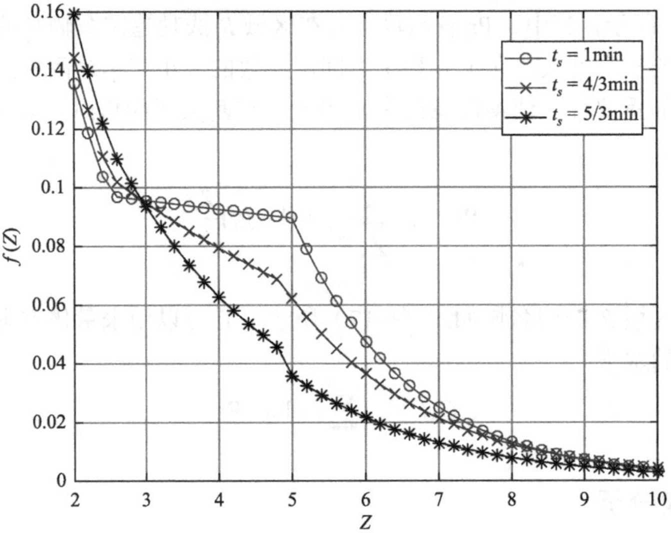

图 6-13　不同 t_s 值下的概率分布函数 $f(Z)$

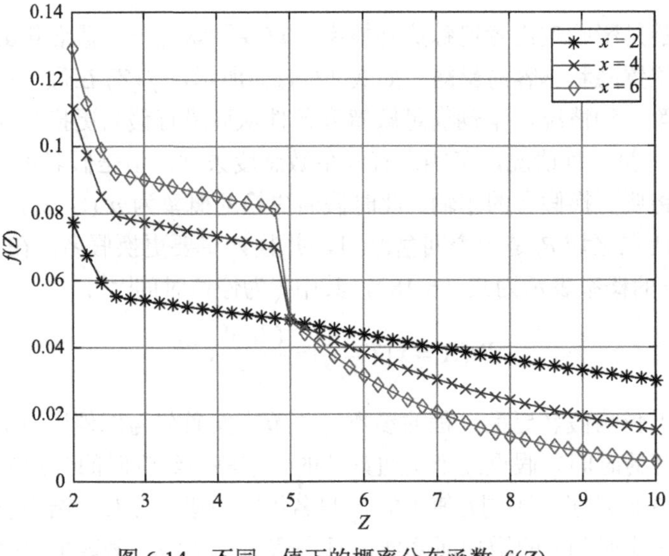

图 6-14　不同 x 值下的概率分布函数 $f(Z)$

2. 敏感度-假名熵数值分析

在传统的假名方法中，每辆车被攻击者跟踪的概率是相同的。本节方案通过计算不同车辆的位置隐私需求来实现车辆的异质性，即敏感度。为了表明本节方案可以实现个性化的位置隐私，对本节方案与文献[135]方案进行了比较，图 6-15 比较了两种方法在区域 R_l 中所有车辆的平均敏感度-假名熵。该图结果表明，本节方案的敏感度-假名熵比文献[135]方案高得多，能够更好地保护车辆位置隐私。

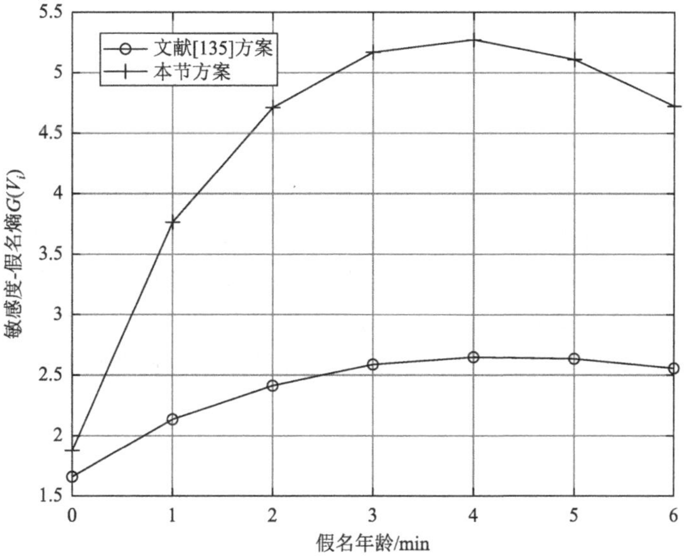

图 6-15　R_l 中的敏感度-假名熵对比

如前所述，本节方案通过敏感度来实现个性化的位置隐私，同时还研究了具有不同敏感度值的车辆的敏感度-假名熵。从图 6-16 可以看出，具有较高敏感度水平的车辆将获得较低的敏感度-假名熵。原因是敏感度的值越大表示车辆的访问频率越高，对位置隐私的需求也就越明显。该图结果表明，个性化的位置隐私可以实现。

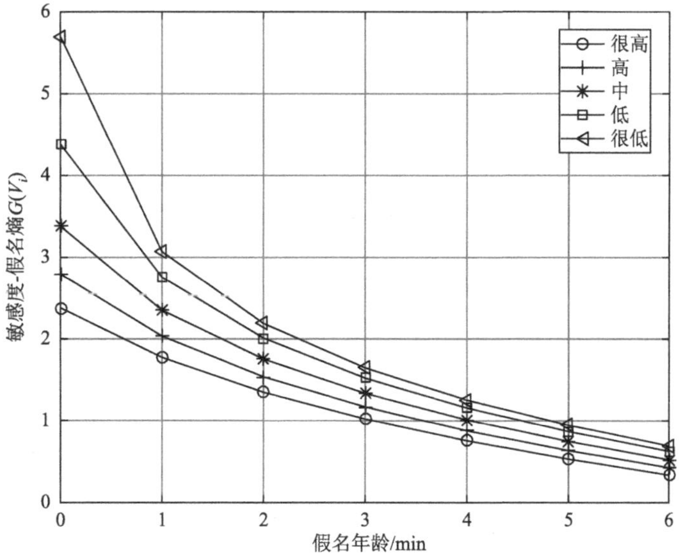

图 6-16　不同敏感度值的车辆的敏感度-假名熵

6.4 本章小结

本章首先介绍了车联网位置隐私的基本概念以及安全策略；接着介绍了一种基于虚拟位置和轨迹混淆的车辆位置隐私保护方案并分析了该方案的性能，该方案通过在车辆使用基于位置的服务时引入虚拟位置的概念，利用周围车辆的位置达到轨迹混淆的效果，可以有效保护车辆的位置隐私；最后介绍了一种基于敏感度的假名更换方案并使用假名年龄分析模型分析了该方案的性能，该方案充分利用了车辆运动的规律性，从而实现个性化的车辆位置隐私保护。

参考文献

[1] de Fuentes J M，González-Tablas A I，Ribagorda A. Overview of Security Issues in Vehicular ad-hoc Networks[M]. New York：IGI Global，2011：894-911.

[2] Chim T W，Yiu S M，Hui L C，et al. VSPN：VANET-based secure and privacy-preserving navigation[J]. IEEE Transactions on Computers，2012，63（2）：510-524.

[3] Zeadally S，Hunt R，Chen Y S，et al. Vehicular ad hoc networks（VANETs）：Status，results，and challenges[J]. Telecommunication Systems，2012，50（4）：217-241.

[4] Dhamgaye A，Chavhan N. Survey on security challenges in VANET[J]. International Journal of Computer Science and Network，2013，2（1）：88-96.

[5] Mejri M N，Ben-Othman J，Hamdi M. Survey on VANET security challenges and possible cryptographic solutions[J]. Vehicular Communications，2014，1（2）：53-66.

[6] Hung C C，Chan H，Wu E H K. Mobility pattern aware routing for heterogeneous vehicular networks[C]//IEEE Wireless Communications and Networking Conference，Las Vegas，2008：2200-2205.

[7] Abassi R. VANET security and forensics：Challenges and opportunities[J]. WIREs Forensic Science，2019，1（2）：e1324.

[8] Yadav V，Misra S，Afaque M. Security of Self-organizing Networks：MANET，WSN，WMN，VANET[M]. Florida：CRC Press（Auerbach Publications），2016：1-593.

[9] Bakhsh K K，Foruhandeh M，Heaslip K，et al. Survey on vehicular ad hoc networks and its access technologies security vulnerabilities and countermeasures[J]. arXiv e-prints，2019，1903：arXiv：1903. 01541.

[10] Kenney J B. Dedicated short-range communications（DSRC）standards in the United States[J]. Proceedings of the IEEE，2011，99（7）：1162-1182.

[11] Jiang D，Taliwal V，Meier A，et al. Design of 5.9 GHz DSRC-based vehicular safety communication[J]. IEEE Wireless Communications，2006，13（5）：36-43.

[12] Aijaz A，Bochow B，Dötzer F，et al. Attacks on inter vehicle communication systems-an analysis[J]. In Proceedings Workshop on Intelligent Transportation，2006：189-194.

[13] Sumra I A，Hasbullah H B，AbManan J B. Vehicular ad-hoc Networks for Smart Cities[M]. Singapore：Springer，2015：51-61.

[14] Foruhandeh M，Gerdes R. Analysis of authentication parameters in uplink scenario of heterogeneous networks[C]//IEEE Trustcom/BigDataSE/ICESS，Sydney，2017：833-838.

[15] Foruhandeh M，Tadayon N，Aïssa S. Uplink modeling of k-tier heterogeneous networks：A queuing theory approach[J]. IEEE Communications Letters，2016，21（1）：164-167.

[16] Shahid M A，Jaekel A，Ezeife C，et al. Review of potential security attacks in VANET[C]//

Majan International Conference，Muscat，2018：1-4.
[17] Blum J，Azim Eskandarian. The threat of intelligent collisions[J]. IT Professional，2004，6（1）：24-29.
[18] Indra A，Murali R. Routing protocols for vehicular ad hoc networks（VANETs）：A review[J]. Journal of Emerging Trends in Computing and Information Sciences，2014，5（1）：25-43.
[19] Isaac J T，Zeadally S，Camara J S. Security attacks and solutions for vehicular ad hoc networks[J]. Inst Engineering Technology communications，2010，4（7）：894-903.
[20] Hubaux J P，Capkun S，Luo J. The security and privacy of smart vehicles[J]. IEEE Security & Privacy，2004，2（3）：49-55.
[21] Qu F，Wu Z，Wang F Y，et al. A security and privacy review of VANETs[J]. IEEE Transactions on Intelligent Transportation Systems，2015，16（6）：2985-2996.
[22] Sadeghi A R，Wachsmann C，Waidner M. Security and privacy challenges in industrial internet of things[C]//ACM/EDAC/IEEE Design Automation Conference，San Francisco，2015：1-6.
[23] Zhang L，Hu C，Wu Q，et al. Privacy-preserving vehicular communication authentication with hierarchical aggregation and fast response[J]. IEEE Transactions on Computers，2016，65（8）：2562-2574.
[24] Lu R，Lin X，Luan T H，et al. Pseudonym changing at social spots：An effective strategy for location privacy in VANETs[J]. IEEE Transactions on Vehicular Technology，2011，61（1）：86-96.
[25] Sun J，Zhang C，Zhang Y，et al. An identity-based security system for user privacy in vehicular ad hoc networks[J]. IEEE Transactions on Parallel and Distributed Systems，2010，21（9）：1227-1239.
[26] Cui J，Wen J，Han S，et al. Efficient privacy-preserving scheme for real-time location data in vehicular ad-hoc network[J]. IEEE Internet of Things Journal，2018，5（5）：3491-3498.
[27] Sun Y，Lu R，Lin X，et al. An efficient pseudonymous authentication scheme with strong privacy preservation for vehicular communications[J]. IEEE Transactions on Vehicular Technology，2010，59（7）：3589-3603.
[28] Lu H，Li J. Privacy-preserving authentication schemes for vehicular ad hoc networks：A survey[J]. Wireless Communications & Mobile Computing，2016，16（6）：643-655.
[29] Petit J，Schaub F，Feiri M，et al. Pseudonym schemes in vehicular networks：A survey[J]. IEEE Communications Surveys & Tutorials，2014，17（1）：228-255.
[30] Consortium C V S C. Vehicle Safety Communications Project：Task 3 Final Report：Identify Intelligent Vehicle Safety Applications Enabled by DSRC[R]. Washington：National Highway Traffic Safety Administration，US Department of Transportation，2005.
[31] Ali I，Hassan A，Li F. Authentication and privacy schemes for vehicular ad hoc networks（VANETs）：A survey[J]. Vehicular Communications，2019，16：45-61.
[32] Han S J，Oh H S，Park J. The improved data encryption standard（DES）algorithm[C]//Proceedings of ISSSTA'95 International Symposium on Spread Spectrum Techniques and Applications，New York，1996：1310-1314.
[33] Kumar P，Rana S B. Development of modified AES algorithm for data security[J]. Optik，2016，

127（4）：2341-2345.

[34] Koblitz N. Elliptic curve cryptosystems[J]. Mathematics of Computation，1987，48（177）：203-209.

[35] Goyal V，Pandey O，Sahai A，et al. Attribute-based encryption for fine-grained access control of encrypted data[C]//Proceedings of the 13th ACM conference on Computer and Communications Security，Berlin，2006：89-98.

[36] Coron J S，Dodis Y，Malinaud C，et al. Merkle-Damgård revisited：How to construct a Hash function[C]//Annual International Cryptology Conference. Heidelberg：Springer，2005：430-448.

[37] Bellare M，Kilian J，Rogaway P. The security of the cipher block chaining message authentication code[J]. Journal of Computer and System Sciences，2000，61（3）：362-399.

[38] Goldwasser S，Micali S，Rivest R L. A digital signature scheme secure against adaptive chosen-message attacks[J]. SIAM Journal on Computing，1988，17（2）：281-308.

[39] 施巍松，张星洲，王一帆，等. 边缘计算：现状与展望[J]. 计算机研究与发展，2019，56（1）：69.

[40] 施巍松，孙辉，曹杰，等. 边缘计算：万物互联时代新型计算模型[J]. 计算机研究与发展，2017，54（5）：907.

[41] Cui J，Wei L，Zhang J，et al. An efficient message-authentication scheme based on edge computing for vehicular ad hoc networks[J]. IEEE Transactions on Intelligent Transportation Systems，2018，20（5）：1621-1632.

[42] Bellare M，Neven G. Multi-signatures in the plain public-key model and a general forking lemma[C]//Proceedings of the 13th ACM conference on Computer and Communications Security，Berlin，2006：390-399.

[43] Chim T W，Yiu S M，Hui L C K，et al. SPECS：Secure and privacy enhancing communications schemes for VANETs[J]. Ad Hoc Networks，2011，9（2）：189-203.

[44] He D，Zeadally S，Xu B，et al. An efficient identity-based conditional privacy-preserving authentication scheme for vehicular ad hoc networks[J]. IEEE Transactions on Information Forensics and Security，2015，10（12）：2681-2691.

[45] Zhang J H，Xu Y W. On the security of a secure batch verification scheme for VANET[J]. Advanced Materials Research，2013，760-762：862-866.

[46] Cui J，Wei L，Zhong H，et al. Edge computing in VANETs-an efficient and privacy-preserving cooperative downloading scheme[J]. IEEE Journal on Selected Areas in Communications，2020，38（6）：1191-1204.

[47] Hao Y，Tang J，Cheng Y. Secure cooperative data downloading in vehicular ad hoc networks [J]. IEEE Journal on Selected Areas in Communications，2013，31（9）：523-537.

[48] Lai C，Zhang K，Cheng N，et al. SIRC：A secure incentive scheme for reliable cooperative downloading in highway VANETs [J]. IEEE Transactions on Intelligent Transportation Systems，2017，18（6）：1559-1574.

[49] Sommer C，German R，Dressler F. Bidirectionally coupled network and road traffic simulation for improved IVC analysis[J]. IEEE Transactions on Mobile Computing，2010，10（1）：3-15.

[50] Shah S A A，Ahmed E，Imran M，et al. 5G for vehicular communications[J]. IEEE Communications

Magazine，2018，56（1）：111-117.
[51] Wu Q，Li G Y，Chen W，et al. An overview of sustainable green 5G networks[J]. IEEE Wireless Communications，2017，24（4）：72-80.
[52] Osseiran A，Boccardi F，Braun V，et al. Scenarios for 5G mobile and wireless communications：The vision of the METIS project[J]. IEEE Communications Magazine，2014，52（5）：26-35.
[53] Wymeersch H，Seco-Granados G，Destino G，et al. 5G mmWave positioning for vehicular networks[J]. IEEE Wireless Communications，2017，24（6）：80-86.
[54] Ge X，Li Z，Li S. 5G software defined vehicular networks[J]. IEEE Communications Magazine，2017，55（7）：87-93.
[55] Chiti F，Fantacci R，Giuli D，et al. Communications Protocol Design for 5G Vehicular Networks[M]. Cham：Springer，2017：625-649.
[56] Yao M，Sohul M，Marojevic V，et al. Artificial intelligence defined 5G radio access networks[J]. IEEE Communications Magazine，2019，57（3）：14-20.
[57] Lin Z，Du X，Chen H H，et al. Millimeter-wave propagation modeling and measurements for 5G mobile networks[J]. IEEE Wireless Communications，2019，26（1）：72-77.
[58] Vladyko A，Khakimov A，Muthanna A，et al. Distributed edge computing to assist ultra-low-latency VANET applications[J]. Future Internet，2019，11（6）：128.
[59] Rasheed I，Hu F，Hong Y K，et al. Intelligent vehicle network routing with adaptive 3d beam alignment for mmwave 5g-based v2x communications[J]. IEEE Transactions on Intelligent Transportation Systems，2020，22（5）：1-13.
[60] Cui J，Zhang J，Zhong H，et al. SPACF：A secure privacy-preserving authentication scheme for VANET with cuckoo filter[J]. IEEE Transactions on Vehicular Technology，2017，66（11）：10283-10295.
[61] Gharba M，Cao H，Gangakhedkar S，et al. 5G enabled cooperative collision avoidance：System design and field test[C]//2017 IEEE 18th International Symposium on A World of Wireless，Mobile and Multimedia Networks（WoWMoM），Macau，2017：1-6.
[62] Huang X，Yu R，Kang J，et al. Distributed reputation management for secure and efficient vehicular edge computing and networks[J]. IEEE Access，2017，5：25408-25420.
[63] Cui J，Zhang X，Zhong H，et al. RSMA：Reputation system-based lightweight message authentication framework and protocol for 5G-enabled vehicular networks[J]. IEEE Internet of Things Journal，2019，6（4）：6417-6428.
[64] Li W，Song H. ART：An attack-resistant trust management scheme for securing vehicular Ad hoc networks[J]. IEEE Transactions on Intelligent Transportation Systems，2016，17（4）：960-969.
[65] Lo N W，Tsai J L. An efficient conditional privacy-preserving authentication scheme for vehicular sensor networks without pairings[J]. IEEE Transactions on Intelligent Transportation Systems，2015，17（5）：1319-1328.
[66] Usman M，Asghar M R，Ansari I S，et al. Towards bootstrapping trust in D2D using PGP and reputation mechanism[C]//2017 IEEE International Conference on Communications，Paris，2017：1-6.

[67] Siddiqui S A，Mahmood A，Zhang W E，et al. Poster：A machine learning based hybrid trust management heuristic for vehicular Ad hoc networks[C]//The 25th Annual International Conference on Mobile Computing and Networking，Los Cabos，2019：95.

[68] Chen R，Guo J. Dynamic hierarchical trust management of mobile groups and its application to misbehaving node detection[C]//2014 IEEE 28th International Conference on Advanced Information Networking and Applications，Victoria，2014：49-56.

[69] Pointcheval D，Stern J. Security arguments for digital signatures and blind signatures[J]. Journal of Cryptology，2000，13（3）：361-396.

[70] Shim K A. CPAS：An efficient conditional privacy-preserving authentication scheme for vehicular sensor networks[J]. IEEE Transactions on Vehicular Technology，2012，61（4）：1874-1883.

[71] Horng S J，Tzeng S F，Pan Y，et al. b-SPECS +：Batch verification for secure pseudonymous authentication in VANET[J]. IEEE Transactions on Information Forensics and Security，2013，8（11）：1860-1875.

[72] Zhang J，Zhong H，Cui J，et al. Edge computing-based privacy preserving authentication framework and protocol for 5G-enabled vehicular networks[J]. IEEE Transactions on Vehicular Technology，2020，69（7）：7940-7954.

[73] Jianhong Z，Min X，Liying L. On the security of a secure batch verification with group testing for VANET[J]. International Journal of Network Security，2014，16（5）：351-358.

[74] Paar C，Pelzl J. Understanding Cryptography：A Textbook for Students and Practitioners[M]. New York：Springer Science & Business Media，2010：519-551.

[75] Malhi A，Batra S. Privacy-preserving authentication framework using bloom filter for secure vehicular communications[J]. International Journal of Information Security，2016，15（4）：433-453.

[76] Jiang S，Zhu X，Wang L. An efficient anonymous batch authentication scheme based on HMAC for VANETs[J]. IEEE Transactions on Intelligent Transportation Systems，2016，17（8）：2193-2204.

[77] Azees M，Vijayakumar P，Deboarh L J. EAAP：Efficient anonymous authentication with conditional privacy-preserving scheme for vehicular ad-hoc networks[J]. IEEE Transactions on Intelligent Transportation Systems，2017，18（9）：2467-2476.

[78] Wu L，Fan J，Xie Y，et al. Efficient location-based conditional privacy-preserving authentication scheme for vehicle ad-hoc networks[J]. International Journal of Distributed Sensor Networks，2017，13（3）：155014771770089.

[79] Scott M. Miracl-multiprecision integer and rational arithmetic C/C++ library[EB/OL]. http://www.shamus.ie[2003-03-01].

[80] Varga A. Discrete event simulation system[C]//Proceedings of the European Simulation Multiconference，Prague，2001：1-7.

[81] Behrisch M，Bieker L，Erdmann J，et al. SUMO–simulation of urban mobility：An overview[C]//Proceedings of SIMUL，the Third International Conference on Advances in System Simulation，ThinkMind，2011：55-60.

[82] Garg S，Kaur K，Kaddoum G，et al. SDN-based secure and privacy-preserving scheme for vehicular networks：A 5G perspective[J]. IEEE Transactions on Vehicular Technology，2019，68（9）：8421-8434.
[83] Sezer S，Scott-Hayward S，Chouhan P K，et al. Are we ready for SDN? Implementation challenges for software-defined networks[J]. IEEE Communications Magazine，2013，51（7）：36-43.
[84] McKeown N，Anderson T，Balakrishnan H，et al. OpenFlow：Enabling innovation in campus networks[J]. ACM SIGCOMM Computer Communication Review，2008，38（2）：69-74.
[85] Benzekki K，El Fergougui A，Elbelrhiti Elalaoui A. Software-defined networking（SDN）：A survey[J]. Security and Communication Networks，2016，9（18）：5803-5833.
[86] Huang J，Qian Y，Hu R Q. Secure and efficient privacy-preserving authentication scheme for 5G software defined vehicular networks[J]. IEEE Transactions on Vehicular Technology，2020，69（8）：8542-8554.
[87] Lai C，Lu R，Zheng D. Achieving secure and seamless IP Communications for group-oriented software defined vehicular networks[C]//International Conference on Wireless Algorithms，Systems，and Applications. Cham：Springer，2017：356-368.
[88] Bousselham M，Abdellaoui A，Chaoui H. Security against malicious node in the vehicular cloud computing using a software-defined networking architecture[C]//2017 International Conference on Soft Computing and its Engineering Applications（icSoftComp），Changa，2017：1-5.
[89] Li J L，Choo K K R，Zhang W G，et al. EPA-CPPA：An efficient，provably-secure and anonymous conditional privacy-preserving authentication scheme for vehicular ad hoc networks[J]. Vehicular Communications，2018，13：104-113.
[90] Zhou S，Wang H，Yi S，et al. Cost-efficient and scalable multicast tree in software defined networking[C]//International Conference on Algorithms and Architectures for Parallel Processing. Cham：Springer，2015：592-605.
[91] Li C，Zhang X，Wang H，et al. An enhanced secure identity-based certificateless public key authentication scheme for vehicular sensor networks[J]. Sensors，2018，18（1）：194.
[92] Tzeng S F，Horng S J，Li T，et al. Enhancing security and privacy for identity-based batch verification scheme in VANETs[J]. IEEE Transactions on Vehicular Technology，2015，66（4）：3235-3248.
[93] Pournaghi S M，Zahednejad B，Bayat M，et al. NECPPA：A novel and efficient conditional privacy-preserving authentication scheme for VANET[J]. Computer Networks，2018，134：78-92.
[94] 袁勇，王飞跃. 区块链技术发展现状与展望[J]. 自动化学报，2016，42（4）：481-494.
[95] 沈鑫，裴庆祺，刘雪峰. 区块链技术综述[J]. 网络与信息安全学报，2016，2（11）：11-20.
[96] Du M X，Ma X F，Zhang Z，et al. A review on consensus algorithm of blockchain[C]// 2017 IEEE International Conference on Systems，Man，and Cybernetics（SMC），Banff，2017：2567-2572.
[97] Cui J，Ouyang F，Ying Z，et al. Secure and efficient data sharing among vehicles based on consortium blockchain [J]. IEEE Transactions on Intelligent Transportation Systems，2021，

1（1）：1-11.

[98] Liu Y，Wang Y，Chang G. Efficient privacy-preserving dual authentication and key agreement scheme for secure V2V communications in an IoV paradigm [J]. IEEE Transactions on Intelligent Transportation Systems，2017，18（10）：2740-2749.

[99] Anwar W，Franchi N，Fettweis G. Physical layer evaluation of V2X communications technologies：5G NR-V2X，LTE-V2X，IEEE 802. 11bd，and IEEE 802.11p[C]//2019 IEEE 90th Vehicular Technology Conference（VTC2019-Fall），Honolulu，2019：1-7.

[100] Su Z，Wang Y，Xu Q，et al. LVBS：Lightweight vehicular blockchain for secure data sharing in disaster rescue [J]. IEEE Transactions on Dependable and Secure Computing，2020，1（1）：1.

[101] Kang J，Xiong Z，Niyato D，et al. Incentivizing secure block verification by contract theory in blockchain-enabled vehicular networks[C]//ICC 2019-2019 IEEE International Conference on Communications（ICC），Shanghai，2019：1-7.

[102] Zhao J，Huang J，Xiong N. An effective exponential-based trust and reputation evaluation system in wireless sensor networks[J]. IEEE Access，2019，7（1）：33859-33869.

[103] Hongjun D，Zhiping J，Xiaona D. An entropy-based trust modeling and evaluation for wireless sensor networks[C]//2008 International Conference on Embedded Software and Systems，Las Vegas，2008：27-34.

[104] Kamvar S D，Schlosser M T，Garcia-Molina H. The EigenTrust algorithm for reputation management in P2P networks[C]//Proceedings of the 12th International Conference on World Wide Web. Budapest：Association for Computing Machinery，2003：640-651.

[105] Dennis R，Owen G. Rep on the block：A next generation reputation system based on the blockchain[C]//2015 10th International Conference for Internet Technology and Secured Transactions（ICITST），London，2015：131-138.

[106] Yuan Y，Wang F. Towards blockchain-based intelligent transportation systems[C]//2016 IEEE 19th International Conference on Intelligent Transportation Systems（ITSC），Rio de Janeiro，2016：2663-2668.

[107] Jiang L，Xie S，Maharjan S，et al. Joint transaction relaying and block verification optimization for blockchain empowered D2D communication[J]. IEEE Transactions on Vehicular Technology，2020，69（1）：828-841.

[108] Liu H，Zhang Y，Yang T. Blockchain-enabled security in electric vehicles cloud and edge computing [J]. IEEE Network，2018，32（3）：78-83.

[109] Dorri A，Steger M，Kanhere S S，et al. Blockchain：A distributed solution to automotive security and privacy[J]. IEEE Communications Magazine，2017，55（12）：119-125.

[110] Kang J，Yu R，Huang X，et al. Blockchain for secure and efficient data sharing in vehicular edge computing and networks [J]. IEEE Internet of Things Journal，2019，6（3）：4660-4670.

[111] Ma J，Li T，Cui J，et al. Attribute-based secure announcement sharing among vehicles using blockchain [J]. IEEE Internet of Things Journal，2021，1（1）：1.

[112] Li H，Pei L，Liao D，et al. FADB：A fine-grained access control scheme for VANET data based on blockchain[J]. IEEE Access，2020，8（1）：85190-85203.

[113] Fan K，Pan Q，Zhang K，et al. A secure and verifiable data sharing scheme based on blockchain in vehicular social networks[J]. IEEE Transactions on Vehicular Technology，2020，69（6）：5826-5835.
[114] Kang Q，Liu X，Yao Y，et al. Efficient authentication and access control of message dissemination over vehicular Ad hoc network[J]. Neurocomputing，2016，181（1）：132-138.
[115] Liu X，Shan Z，Zhang L，et al. An efficient message access quality model in vehicular communication networks[J]. Signal Processing，2016，120（1）：682-690.
[116] 张青云，张兴，李万杰，等. 基于LBS系统的位置轨迹隐私保护技术综述[J]. 计算机应用研究，2020，37（12）：3534-3544.
[117] 张学军，桂小林，伍忠东. 位置服务隐私保护研究综述[J]. 软件学报，2015，26（9）：2373-2395.
[118] Samarati P，Sweeney L. Protecting privacy when disclosing information：k-anonymity and its enforcement through generalization and suppression[J]. Data Privacy Lab，1998，1（1）：1-19.
[119] Gruteser M，Grunwald D. Anonymous usage of location-based services through spatial and temporal cloaking[C]//International Conference on Mobile Systems，Applications and Services，San Francisco，2003：31-42.
[120] Buttyán L，Holczer T，Weimerskirch A，et al. SLOW：A practical pseudonym changing scheme for location privacy in VANETs[C]//IEEE Vehicular Networking Conference，New York，2009：1-8.
[121] Pfitzmann A，Köhntopp M. Anonymity，unobservability，and pseudonymity—A proposal for terminology[C]//Designing Privacy Enhancing Technologies. Berlin：Springer，2001：21-29.
[122] 王宇航. 位置数据的隐私保护技术研究[D]. 哈尔滨：哈尔滨工业大学，2020.
[123] Chen Y S，Lo T T，Lee C H，et al. Efficient pseudonym changing schemes for location privacy protection in VANETs[C]//International Conference on Connected Vehicles and Expo，New York，2013：937-938.
[124] Zhang C，Lin X，Lu R，et al. An efficient message authentication scheme for vehicular communications[J]. IEEE Transactions on Vehicular Technology，2008，57（6）：3357-3368.
[125] 贾金营，张凤荔. 位置隐私保护技术综述[J]. 计算机应用研究，2013，30（3）：641-646.
[126] Bagai R，Malik N，Jadliwala M. Measuring anonymity of pseudonymized data after probabilistic background attacks[J]. IEEE Transactions on Information Forensics and Security，2017，12（5）：1156-1169.
[127] Freudiger J，Manshaei M H，Le Boudec J Y，et al. On the age of pseudonyms in mobile ad hoc networks[C]//Proceedings IEEE INFOCOM，New York，2010：1-9.
[128] Lim J，Yu H，Kim K，et al. Preserving location privacy of connected vehicles with highly accurate location updates[J]. IEEE Communications Letters，2017，21（3）：540-543.
[129] Sampigethaya K，Li M，Huang L，et al. AMOEBA：Robust location privacy scheme for VANET [J]. IEEE Journal on Selected Areas in Communications，2007，25（8）：1569-1589.
[130] Shokri R，Troncoso C，Diaz C，et al. Unraveling an old cloak：k-anonymity for location privacy [C]//Proceedings of the 9th Annual ACM Workshop on Privacy in the Electronic Society，Chicago，2010：115-118.

[131] Zhong H，Ni J，Cui J，et al. Personalized location privacy protection based on vehicle movement regularity in vehicular networks[J]. IEEE Systems Journal，2021，(99)：1-12.

[132] Yu R，Kang J，Huang X，et al. MixGroup：Accumulative pseudonym exchanging for location privacy enhancement in vehicular social networks[J]. IEEE Transactions on Dependable and Secure Computing，2015，13（1）：93-105.

[133] Corser G P，Fu H，Banihani A. Evaluating location privacy in vehicular communications and applications[J]. IEEE Transactions on Intelligent Transportation Systems，2016，17（9）：2658-2667.

[134] Chapelle C A. Computer Applications in Second Language Acquisition[M]. Cambridge：Cambridge University Press，2001：143-175.

[135] Kang J，Yu R，Huang X，et al. Privacy-preserved pseudonym scheme for fog computing supported internet of vehicles[J]. IEEE Transactions on Intelligent Transportation Systems，2017，19（8）：2627-2637.

